Südtoskana

Montalcino
Montepulciano

Slow Food®
Unterwegs zu Wein und Kultur

Südtoskana

Montalcino
Montepulciano

Hallwag

Die italienische Originalausgabe ist unter dem Titel
MONTALCINO E MONTEPULCIANO – VAL D'ORCIA E DINTORNI
bei Slow Food Editore, Bra (Italien) erschienen.

Copyright © 2001 Slow Food Editore

Texte
Kate Singleton

Verantwortliche Herausgeberin
Maria Vittoria Negro

Gestaltung
Stefano Pallaro, Davide Gandino

Fotos
Sandro Michahelles, Diego Banchetti

Deutsche Übersetzung
Stefano Albertini mit Studio Albertini

Redaktion: Jürgen Schönwälder
DTP und Satz: Anja Dengler
Gesamtproduktion der deutschen Ausgabe:
Werkstatt München · Martin Waller

Umschlaggestaltung: KMS Team GmbH, München
Umschlagfoto: Jean-Yves Salabaj, Paris
Herstellung: Maike Harmeier
Fotolithos: Ponti, Boves (Italien)
Druck: Appl, Wemding
Bindung: Auer, Donauwörth

Auflage	4.	3.	2.	1.
Jahr	2005	04	03	02

Copyright © 2002 Gräfe und Unzer Verlag GmbH, München
Alle deutschen Rechte vorbehalten.

Hallwag ist ein Unternehmen des Gräfe und Unzer Verlags, München, Ganske Verlagsgruppe
hallwag-leserservice@graefe-und-unzer.de

ISBN 3-7742-0763-1

Inhalt

Unterwegs zu Wein und Kultur	7
Grund genug für eine Reise: Geschichte erleben	8
Ein kleiner Leitfaden: Eine Landschaft, die vereint	10
Sehen und verstehen: Das System der Sieneser Museen	12
Tourenvorschläge	16
Lauschen und verstehen: Die Stille der alten Pfarrkirchen	18
Erste Tour	22
Montalcino und der Monte Amiata	23
Kosten und verstehen: Trüffeln	62
Berühren und verstehen: Ton und Travertin	63
Zweite Tour	66
Rund um Pienza	67
Dritte Tour	98
Montepulciano und seine Umgebung	99
Für Sie ausgewählt	133
Verzeichnis der Orte	168

Unterwegs zu Wein und Kultur

*Kunst, Wein, Natur und gutes Essen genießen:
Entdeckungsreisen im Auto, mit dem Fahrrad, zu Fuß*

Die Slow-Food-Bewegung wurde 1986 in den piemontesischen Langhe begründet, um dem unverfälschten Genuss und der puren Lebensfreude wieder zu ihrem Recht zu verhelfen, und ist mittlerweile in allen Regionen Italiens und vielen anderen Ländern bekannt. Das Slow-Food-Symbol ist die Schnecke, ein Tier, das sich vorsichtig und geduldig durch die Welt bewegt. Slow Food hat es sich zum Ziel gesetzt, das Essen als Kulturgut zu bewahren und der Bedrohung durch die überall um sich greifende Standardisierung entgegenzuwirken, kulinarische Traditionen wieder zu beleben und mit Gleichgesinnten zu pflegen, Feinschmecker über das Marktangebot zu informieren und ihnen Kriterien zu liefern, mit denen sie gute Ware zu angemessenen Preisen erwerben können, und nicht zuletzt die Umwelt gegen die Auswirkungen der chemischen Landwirtschaft zu schützen.

Der Slow-Food-Verlag ist auf das Thema Wein und Kulinaria spezialisiert und gibt Reiseführer, Handbücher, Atlanten und Kochbücher für einzelne Regionen heraus. Die Reihe «Slow Food – Unterwegs zu Wein und Kultur» wendet sich an Reisende ohne Eile. Denn nicht nur beim Essen und Trinken will gut Ding Weile haben. Die Entdeckung der Langsamkeit hat auch beim Reisen ihre Vorzüge: Man ist mit Muße unterwegs, abseits der üblichen Routen und der überfüllten Touristenorte, in Gegenden, die vielleicht nicht so berühmt sind, die aber womöglich einen noch größeren Reiz ausüben, weil man allemal «näher dran» ist.

Die durch die kleine Schnecke versinnbildlichten Slow-Touren führen durch Natur, Kunst, volkstümliche Traditionen und die Welt der typischen Weine und Spezialitäten von Gegenden, die alle durch ihre eigene, ganz spezifische Geschichte und Kultur geprägt sind. Ob nur für ein Wochenende oder für längere Zeit – Hauptsache ist, dass man sich Zeit nimmt, dass man die Stille, die Natur und die reine, frische Luft auf sich wirken lässt. Hinzu kommen zahlreiche Empfehlungen für Ausflüge ins unbekannte Hinterland – zu Fuß, mit dem Fahrrad, zu Pferd oder mit dem Boot.

Und da Reisen unserer Meinung nach auch etwas mit Kennenlernen und Verstehen zu tun hat, finden sich in jedem Buch Hintergrundtexte («Ein kleiner Leitfaden», «Sehen und verstehen»), die die Besonderheiten der regionalen Kultur von einem etwas anderen Blickwinkel aus darstellen und erläutern. Außerdem ist bei jeder Tour ein spezielles Augenmerk auf Wein und Spezialitäten gerichtet: Mit einem wachsamen Blick auf die Qualität der Produkte und die Professionalität des Service versorgt Slow Food Sie mit empfehlenswerten Adressen fürs Übernachten, Essen und Einkaufen.

Im Anhang werden unter dem Titel «Für Sie ausgewählt» die Highlights aufgelistet und beschrieben: Hotels, Restaurants, Gasthäuser, Kellereien, Läden mit Kunsthandwerk und Agriturismo-Betriebe – sämtlich von Slow Food ausgewählt, geprüft und für gut befunden – für die Freuden des Körpers und die des Geistes.

Grund genug für eine Reise

Geschichte erleben

Das Val d'Orcia empfängt seine Besucher mit Überfluss: Da gibt es zwei bedeutende Weine, eines der besten Olivenöle Italiens, einen zu recht berühmten Schafskäse, eine trotz der über die Jahrhunderte veränderten landwirtschaftlichen Nutzung noch unverfälschte, zauberhafte Landschaft, eine ganze Reihe von schmucken Dörfchen, in denen bedeutende Kunstwerke und Baudenkmäler ihrer Besichtigung harren, ein gesundes, reges Handwerk und Thermalquellen, in deren Wassern Körper und Geist Entspannung finden.

Und dennoch ist das Val d'Orcia über viele Jahre ein Aschenputtel in der sonst so reichen und bestaunten Toskana geblieben. Bis in eine gar nicht allzu ferne Vergangenheit war der äußerste Süden rückständig, und das nicht nur gegenüber der Dynamik in den Städten und dem Aufbruchswillen, den die Industrie an den Tag legte. Nein, er war sogar gemessen am Chianti rückständig, oder gegenüber dem Küstenstrich der Versilia oder auch der blühenden Landwirtschaft im Val di Chiana, in dem zunächst im Auftrag des Hauses Habsburg-Lothringen Nutzflächen erschlossen worden waren (zum zweiten Mal; die erste Urbarmachung geht auf die Etrusker zurück), bis es dann endgültig durch die Autostrada del Sole «erweckt» wurde.

Die Rückständigkeit des Val d'Orcia stellten zahlreiche europäische Reisende schon im 18. und 19. Jahrhundert in ihren Reisebeschreibungen missmutig fest. So beschrieb der Franzose De Brosses 1739 den Straßenabschnitt zwischen Siena und Rom als «übel, wirklich übel, ja so übel, dass er allein genügte, dem Reisenden jeglichen Mut zu benehmen …». Nach einer Rast in San Quirico, dessen Palazzo Chigi er als ein wunderschönes Haus in einem miserablen Ort beschrieb, setzte er seine Reise durch eine Landschaft fort, die «nicht aus Bergen besteht, sondern aus Skeletten, steinernen Friedhöfen, allüberall nur die Reste von Kalksteinhügeln, nirgends ein grüner Halm», bis hin nach Radicofani, das er als «unheilvoll» bezeichnete, als «die abscheulichste Unterkunft ganz Italiens, wie jeder Reisende wohl weiß».

Irgendwann dann begann jedoch die Unverfälschtheit dieses Hügellandes einen gewissen Reiz auszuüben. Vorreiterin war die angloamerikanische Schriftstellerin Iris Origo, die 1923 gemeinsam mit ihrem Mann Antonio ein Stück Land im Val d'Orcia erwarb und be‑

schloss, Arbeit und Einsatz eines ganzen Lebens hierein zu investieren. Natürlich entbot diese «Mondlandschaft» nicht den «grünenden Gruß fruchtbarer Auen», allein, sie zog sie in ihren Bann: «Im Schatten jenes geheimnisvollen Berges (Amiata) zu leben, die Erosion an jenen steilen Hängen aufzuhalten, den nackten Ton in Kornfelder zu verwandeln, die Güter wiederaufzubauen und Zeuge zu werden, wie der Wohlstand zu dessen Bewohnern zurückkehrt, den arg zugerichteten Wäldern ihr Grün wieder zu schenken, das war das Leben, das wir anstrebten.» Und so war es denn auch den Origos sowie dem einen oder anderen Grundbesitzer der Gegend zu verdanken, dass die Regierung schließlich ein Er‑

schließungs- und Schutzprogramm für diesen Lebensraum in Angriff nahm.

Heute gibt es bessere Verkehrswege, anstelle der Armut herrscht sichtbarer Wohlstand, und selbst junge Leute zieht es nicht mehr auf der Suche nach höheren Einkommen in die Städte, denn die angestrebte Lebensqualität finden sie ja zu Hause. Das Gefühl, fernab vom Weltgeschehen zu leben, mag bleiben, doch es wird gewiss nicht mehr als negativ empfunden. Denn ein wenig Abstand vom immer hektischeren, lärmenderen Leben ist zu einem kostbaren Gut geworden, das andere erst suchen müssen.

Montalcino und Montepulciano umfassen also einen Landstrich, in dem es nach einer lange währenden Leidensgeschichte gelungen ist, ohne traumatische Veränderungen mit der Moderne Schritt zu halten, einen Landstrich, in dem die Vergangenheit auf Schritt und Tritt gegenwärtig ist, nicht nur in Form der Häuser, der Terrakotta-Arbeiten, der kulinarischen Traditionen und der Leidenschaft für den Weinbau.

So harmonisch in diesem südlichsten Zipfel der Toskana eine moderne Infrastruktur und die Tradition ineinander greifen, so harmonisch begegnet das Land selbst seinen Besuchern.

Ein kleiner Leitfaden

Eine Landschaft, die vereint

Trennendes kann mitunter einen, was in gewisser Weise auch für das Val d'Orcia mit dem mächtigen Monte Amiata gelten darf, an dem sich ein ganzer Landstrich geographisch orientiert. In vergangenen Jahrhunderten bildete das unbändige Flüsschen Orcia die natürliche Grenze zwischen den letzten Ausläufern der Ländereien Sienas und der Maremma zum Amiatino hin, dem Land rund um den großen Berg, in dem so mancher weltliche wie kirchliche Lehnsherr ansässig war. In jüngerer Zeit hingegen darf das Val d'Orcia als Bindeglied zwischen zwei Landstrichen gelten, die historisch gesehen herzlich wenig miteinander verbindet: Montalcino, einst von 1555 bis 1559 letztes Bollwerk der Republik Siena, und Montepulciano, das bereits seit dem Ende des 14. Jahrhunderts Florenz unterstand. Mehr als der Umstand, dass in beiden Gegenden Weinbau betrieben wird, verbindet sie ihre Landschaft, deren weiter sanfter Schwung lediglich hier und da von den bizarren grauen «calanchi» (Erosionsfurchen) und einsamen Zypressen unterbrochen wird.

Der Amiata, in früheren Zeiten Heimat der Ärmsten oder Zufluchtsort für Wegelagerer, ist inzwischen zum Quell feinsten Trinkwassers für sein gesamtes Umland geworden. Dem Reisenden ist er Kompass und dem Landmann Barometer, denn der weiß seit alters her: «Ziehn die Wolken Richtung Siena fort, regnen wills an diesem Ort; siehst du sie jedoch nach Rom hin streben, spann die Ochsen ein, 's wird Arbeit geben.»

Natürlich sind die althergebrachten Differenzen nicht ganz auszurotten: Denn so wie die Einwohner von Montepulciano kaum einmal nach Montalcino fahren werden (und umgekehrt), so haben beide Lager neben ihrem berühmten eigenen Wein ihre eigenen Feste, ihre eigenen Schulen, ihre eigene Kathedrale, ja sogar ihr eigenes Krankenhaus. Und Montepulciano grenzt zu allem Überfluss auch noch an das Val di Chiana, was für die Leute aus dem Val d'Orcia einer Verwünschung gleichkommt – Kirchturmdenken, das in dieser Gegend doch noch sehr ausgeprägt ist. Aber auch hier gerät ganz langsam etwas in Bewegung. Da wäre zum Beispiel der Kunst-, Natur- und Kulturpark Val d'Orcia, der eine ganze Reihe von Jahren nur auf dem Papier existierte. Heute dagegen greifen erste zaghafte Vorhaben für diesen Park, der streng genommen Montepulciano gar nicht umfasst, sondern kurz hinter Monticchiello endet. Doch das ist nicht so wichtig, ist doch die Demarkationslinie zwischen den Gemeinden Pienza und Montepulciano eine reine Formalität angesichts der sich unbekümmert ausbreitenden Landschaft mit ihrem omnipräsenten Berg. Die Orcia, Namensgeberin unseres Tals, entspringt unterhalb des Monte Cetona, unweit der Abtei Spineta, und strebt im Talgrund sogleich bergab, dem Lauf des Ombrone entgegen. An Radicofani vorbei gelangt sie nach Bagno Vignoni, wo sie unter dem strengen Blick der

Burgen Tentennano und Ripa zwischen Felswänden und wild wuchernder Macchia hindurchschnellt. Völlig unvermittelt tut sich dann die Landschaft bei Pian di Meta wieder auf, das Bett des Flüsschens dehnt sich bis Stazione Amiata nach und nach aus, und an Castelnuovo dell'Abate vorbei geht die Reise schließlich zum Ombrone und zum Monte Antico weiter.

Eine der bedeutendsten Sehenswürdigkeiten des Val d'Orcia ist die Abtei Sant'Antimo, die dem Volksmund zufolge 781 von Karl dem Großen gegründet worden sein soll. Nach dem Tod seines Vaters belehnte Ludwig der Fromme die Abtei mit weitläufigen Ländereien zwischen den Flüssen Ombrone, Asso und der Furt Vadus Ursus. In grauer Vorzeit erstreckte sich hier ein weiter Meerbusen, von dessen Existenz die versteinerten Austern und Columellae im Ton und Tuffgestein künden, und dessen Geist, der Geist des Wassers als lebensspendender Kraft, in den Sirenen fortlebt, die noch heute mit ihrer heidnischen Unbekümmertheit einige der ältesten Pfarrkirchen dieser Gegend zieren.

Sehen und verstehen

Das System der Sieneser Museen

In dem Gebiet, durch das Sie dieser Führer begleiten soll, gibt es zahlreiche kleine, mit außerordentlichem Feinsinn gestaltete Museen, die eine Vielzahl prächtiger Schätze hüten. Die Gegend rund um Siena ist ja bekannt dafür, dass sie besonders viele, qualitativ hochwertige Kulturgüter birgt – doch erst die gelungene Integration dieser stummen Zeitzeugen in die Kulturlandschaft, aus der sie stammen, macht das Besondere an den 23 Sieneser Museen aus, die sich im **Sistema dei Musei Senesi** zusammengeschlossen haben. Dieses Projekt hat es sich zum Ziel gesetzt, die unzähligen aus Kirchen, Palazzi, Privatsammlungen und Ausgrabungen stammenden Fundstücke ins rechte Licht zu rücken. Immerhin 16 dieser Museen haben wir für Sie in unsere Touren aufgenommen, deren Exponate gerade wegen der Überschaubarkeit der Ausstellungsräume mühelos erfahrbar sind und die in ihrer Gesamtheit verstehen lassen, wie außergewöhnlich vielschichtig die Kulte und Kulturen waren, die in unterschiedlichen historischen Epochen ihre Heimat im Val d'Orcia hatten.

Im archäologischen Freiluftpark **Parco Archeologico Naturalistico di Belvedere** in **Cetona** begibt man sich auf die Spuren der prähistorischen Ansiedlungen der Gegend, die in den Exponaten im **Museo Civico per la Preistoria del Monte Cetona** Gestalt annehmen; mit einem Jahrtausendsprung kann man sich dann im **Parco Museo Minerario** in **Abbadia San Salvatore** inmitten von Anlagen und Ausrüstungsgegenständen ein Bild davon machen, welche Arbeitsbedingungen früher in einer der bedeutendsten Quecksilberminen der Welt herrschten. Das im Sommer 2001 eröffnete **Museo della Mezzadria del '900** in **Buonconvento** dagegen gibt einen multimedialen Einblick in das Leben der Sieneser Landbevölkerung im 20. Jahrhundert vor der Abschaffung der für Italien charakteristischen Halbpachtwirtschaft. Im Dokumentationszentrum **Centro di Documentazione delle Antiche Grance** in **Serre di Rapolano** wird nicht nur die Geschichte der so genannten Grance, der im Mittelalter zum Spital Santa Maria della Scala gehörenden befestigten Höfe, erzählt, sondern auch die Arbeit der Olivenbauern erfahrbar gemacht.

Etruskische Aschenurne in Form einer Sitzstatue, genannt «Mater Matuta», Chianciano

Ein weiterer für die Crete Senesi typischer Produktionszweig wird im **Museo della Terracotta** in **Trequanda** dokumentiert, in dem anhand von anschaulichen Filmen detailreich (von der Tongrube über die Formgebung bis hin zum Brennofen) Entstehung und Entwicklung eines Handwerks nachgezeichnet werden, das noch heute eine bedeutende Rolle für die heimische Wirtschaft spielt. In **Monticchiello** dagegen hat im Frühjahr 2001 das **Museo del Teatro Povero e dello Spettacolo popolare toscano** seine Pforten geöffnet, welches das volkstümliche toskanische Theater vorstellt, in dem die Vergnügungen gezeigt werden, denen man nach getaner Arbeit nachging. Angeschlossen an das System sind auch vier wunderschöne archäologische Museen, die der Kultur der Etrusker und deren Verhältnis zur Welt der Griechen und Römer gewidmet sind. Während das **Museo Archeologico e della Città** in **Pienza** noch fertig gestellt werden muss, sind das **Museo Civico Archeologico delle Acque di Chianciano Terme**, das **Museo Archeologico** in **Murlo** und das **Museo Civico Archeologico** von **Sarteano** bereits heute Paradebeispiele dafür, wie man mit der richtigen Einrichtung und dem angemessenen Rahmen antiken Fundstücken neues Leben einhauchen kann. Ge-

Oben: Kanope mit weiblichen Zügen, Sarteano
Rechts: Bronzener Kerzenhalter, Montepulciano

rade wegen ihrer geringen Größe schlendert man in all diesen Museen von Raum zu Raum, geht noch einmal zurück, um sich erneut ein Bild zu machen, um Eindrücke zu vertiefen oder dies und jenes zu vergleichen, kann genießen und aufnehmen, was einem in all den riesigen Museen verwehrt bleibt, in denen die ungeheure Menge von Exponaten irgendwann eines jeden Aufnahmevermögen übersteigt. Dem Leser sei ans Herz gelegt, bei San Giovanni oder Montalcino «abseits des Weges» das Museum für Sakralkunst **Museo d'Arte Sacra della Val d'Arbia** in **Buonconvento** anzusteuern. Bereits das Gebäude, in dem es untergebracht ist, der Palazzo Ricci Socini, ist ein prächtiges Beispiel für einen im Sinne des Jugendstil (1908–1909) umgestalteten Palazzo aus dem 19. Jahrhundert. Schmuckstücke der Sammlung sind eine Madonna mit Kind von Duccio di Buoninsegna, zwei Gemälde von Pietro Lorenzetti sowie zahlreiche Werke von Sano di Pietro und Matteo di Giovanni, die beide um das Jahr 1458 von Pius II. mit Gemälden für den neuen Dom von Pienza beauftragt wurden. Das **Museo Civico e Diocesano** in **Montalcino** finden Sie in zwei wunderschön wieder hergerichteten Flügeln des ehemaligen Augustinerkonvents. Im ersten Saal wird ein prächtiges Kruzifix aus dem ausgehenden 13. Jahrhundert gezeigt, das aus der Abtei Sant'Antimo stammt und zahlreiche Ähnlichkeiten mit demjenigen von Pienza aufweist, dann folgen Holzskulpturen aus dem 14. Jahrhundert, ein Giovanni di Paolo, der sich sehr viel gotischer gibt als im Dom von Pienza, eine zauberhafte **Madonna mit Kind** von Simone Martini, eine gnadenreiche Muttergottes von Sano di Pietro, gefasste Holzskulpturen mit elegant fließenden Konturen, Werke des Künstlers Domenico Cafaggi aus dem ausgehenden 16. Jahrhundert, eine Sammlung von Heilkräuter- und Trinkgefäßen aus einer Werkstatt der Gegend um Montalcino aus dem 13. Jahrhundert ... kurzum: eine Sammlung, auf die so manche Großstadt stolz wäre! Gleiches gilt für das **Museo Diocesano** in **Pienza**, das eine Reihe von prächtigen Gemälden aus dem 14. und 15. Jahrhundert bewahrt – Pietro Lorenzetti, Bartolomeo Bulgarini, Andrea di Bartolo und Vecchietta. Darüber hinaus darf es sich eines *opus anglicanum* rühmen: ein mit feinen vergoldeten Silberfäden und polychromen Seidengarnen auf Leinen gearbeitetes Pluviale vom Beginn des 14. Jahrhunderts (ein ähnliches,

Matteo di Giovanni, Madonna mit Kind und zwei Engeln, Buonconvento

jedoch weniger schönes Stück gehört zum Fundus des Museo Civico in Ascoli Piceno). Die manieristische Malerschule von Siena ist in Pienza wie in Montalcino gebührend vertreten, während im **Museo Civico Pinacoteca Crociani** in **Montepulciano** neben dem Kern der Gemäldesammlung, den die Malerei des 17., 18. und 19. Jahrhunderts bildet, diverse Porträts und Stillleben unterschiedlicher Provenienz zu sehen sind. Was jedoch den Besucher in Montepulciano am meisten in den Bann schlägt, ist die gut dokumentierte Sammlung von etruskischen und römischen Fundstücken, die mit zahlreichen Informationen versehen im Erd- und Untergeschoss ausgestellt ist. In **Asciano**, das man von Trequanda aus erreicht, wird gerade im Palazzo Corboli das **Museo Civico Archeologico e dell'Arte Sacra** eingerichtet, in dem neben archäologischen Fundstücken vom Oberlauf des Ombrone weitere sienesische Gemälde und Skulpturen aus dem 14. und 15. Jahrhundert zu besichtigen sein werden.

Simone Martini, Madonna mit Kind, Montalcino

Tourenvorschläge

Touren und Ausflüge

Mit dem Auto

Mit dem Fahrrad

Zu Fuss

Abseits des Weges:
Weitere Tourenempfehlungen

Montalcino und Montepulciano

Erste Tour
Montalcino und der Monte Amiata

Der rote Faden, der sich durch unsere erste Tour zieht, ist natürlich der Brunello, der hier Landschaft, Lebensstil und auch die Wirtschaft beherrscht. Doch es gibt noch so manch anderen Grund, dieser Gegend einen Besuch abzustatten: eine Landschaft, die außerordentlich vielgestaltig ist, vom sanften Hügelland rund um Montalcino bis hinauf in die Bergwelt des Monte Amiata, die Perlen toskanischer Baukunst, wie die Abtei Sant'Antimo, Dörfer mit mittelalterlichem Gepräge oder auch die Zeugnisse eines lebendigen, kreativen Handwerks. Eine Tour innerhalb unserer Tour ist der Abstecher in die Thermalbäder Bagno Vignoni und San Casciano.

Zweite Tour
Rund um Pienza

Diese Stadt, die der Humanist Enea Silvio Piccolomini, der spätere Papst Pius II., begründete und von Bernardo Rossellino errichten ließ, macht die Architektur und Urbanistik der Renaissance auf atemberaubende Weise erfahrbar. Sie ist Ausgangspunkt und zugleich Herzstück unserer zweiten Tour. Anschließend geht es nach Petroio, seit jeher die Heimat der Terrakotta, sodann über Castelmuzio und San Giovanni d'Asso nach Trequanda, vorbei an malerischen Orten wie Lucignano d'Asso; vorgesehen ist auch ein Abstecher zur Abtei Monte Oliveto Maggiore, einer der bedeutendsten Klosterbauten Italiens. Willkommene Reisebegleiter sind sind der Geschmack von Trüffeln und Schafskäse, traditionelle Produkte dieser Landschaft.

Dritte Tour
Montepulciano und das Landesinnere

Auch die dritte Tour steht im Zeichen des Weines. Diesmal jedoch begeben wir uns auf die Spuren des Vino Nobile di Montepulciano, einer der ältesten und angesehensten Roten Italiens. Seinen Namen verdankt er einer traditionell mit den Geschicken von Florenz verbundenen Stadt, die mit ihren zahlreichen Palazzi und historischen Kellereien einiges zu bieten hat. Danach geht es nach Sarteano, San Casciano dei Bagni und Radicofani, durch eine abwechslungsreiche, interessante Landschaft. Längs des Wegs lockt so manche Einkehr, in der man nach Herzenslust den typischen Produkten der Gegend wie Olivenöl, Wild, frischen Früchten und Gemüse zusprechen kann.

Lauschen und verstehen

Die Stille der alten Pfarrkirchen

Die ältesten Pfarrkirchen dieser Gegend, die vor dem Jahr 1000 erbaut wurden, liegen außerhalb der Ortschaften, abseits aller Verkehrswege mitten in der Landschaft. Es handelt sich um Gebäude, die die Stille umschließen und zur Einkehr fernab des Alltagslebens einladen (womöglich um sie herum errichtete Häuser entstammen viel späteren Zeiten) – und dennoch wirkt der solcherart umfangene Raum keinesfalls so, als sei er dem Himmlischen, also einer das menschliche Dasein übersteigenden Transzendenz verpflichtet. Hier und da finden sich an diesen Kirchen figürliche Steinreliefs, deren Motivik so gar nichts mit der Orthodoxie der christlichen Ikonographie zu tun hat: Meerjungfrauen mit zwei Schwänzen, Schlangen und Phalli, die einer bäuerlichen Welt entstammen, deren Glaube der Erde verbunden ist, dem Alltagsleben, dem Erleben der Natur und der Jahreszeiten.

Das italienische Wort *pieve*, Pfarrkirche, stammt von dem lateinischen Wort *plebs* ab. Damit wurde in der römischen Welt die unterste Gesellschaftsschicht bezeichnet. Als sich das Christentum in der römischen Welt durchzusetzen und auszubreiten begann, wurde der Begriff *plebs* zunächst gebraucht, um Christen im Allgemeinen zu bezeichnen (*plebs cristiana*), und im Speziellen eine Glaubensgemeinde mit ihrer Taufkirche, der sie unterstand. Obwohl sich die ersten *plebes* als eine Art Pfarrgemeinden in den Städten herausbildeten, nahm der Begriff *plebs* später die Zusatzbedeutung «ländlich» an und ersetzte zwischen dem 5. und 8. Jahrhundert den römischen Begriff *pagus*, der überwiegend geographische Bedeutung hatte und von dem das Wort Paganismus, Heidentum, abstammt, gerade so, als wäre die ländliche Bevölkerung per definitionem «heidnisch». Dank der *plebes* fand die Landbevölkerung, die von der Steuerlast des Reiches bis dahin in einem Zustand menschenunwürdiger Halbbarbarei gefangen gehalten wurde, eine durch den Geist des Evangeliums bestimmte Gemeinschaft vor, die von neuen sozialen und religiösen Werten geprägt und zugleich vom insgeheim weiter gepflegten Heidentum durchdrungen war, von den ländlichen Riten und dem Mysterienglauben aus uralten Zeiten. Beim Besuch so mancher dieser Pfarrkirchen gewinnt man ein Gefühl für die Beständigkeit des Lebens auf dem Lande – für den Besucher wird an diesen Orten der Ruhe ein klein wenig von den Werten, von der tief verwurzelten Bindung an die Spiritualität eines Ortes erfahrbar. Jedes Hinweisschild ist eine Einladung, die verkehrsreiche Straße zu verlassen, um in diese Stille einzutauchen. Im Kirchenschiff der im 8. oder 9. Jahrhundert errichteten und vom 12. Jahrhundert an beträchtlich umgestalteten Pfarrkirche San Vito in Corsignano vor den Toren Pienzas kann der Betrachter zwei kleine in den Stein eines Kapitells eingemeißelte Schlangen entdecken. Diese muten eher wie die Schutzgötter der Kirche an, denn wie Sinnbilder des Bösen der christlichen Ikonographie. Ein ähnliches Motiv findet sich in der am Monte Amiata gelegenen Pfarrkirche Santa Maria di Làmula aus dem 9. Jahrhundert, während etwas fülligere und gewundene Formen das rechte vordere Kapitell der Pfarrkirche Santo Stefano in Cennano bei Castelmuzio zieren. Man hat diese und ähnliche Motive als Darstellungen des Melampos-Mythos interpretiert: Melampos züngelten zwei Schlangen an den Ohren, um ihm die Gabe der Erkenntnis zu verleihen. Robert Graves zufolge «konnte Melampos die Sprache der Vögel verstehen. [...] Er war der erste Sterbliche, dem seherische Kräfte gewährt

Rechts oben und Mitte: Pfarrkirche Santo Stefano in Cennano bei Castelmuzio

Unten: Pfarrkirche San Vito in Corsignano bei Pienza

waren, der Erste, der den Äskulapstab ergriff, der Erste, der in Griechenland dem Dionysos Tempel errichtete.» Die in den Pfarrkirchen dargestellten Schlangen wären demzufolge Symbole für die Initiation in das Reich des Wissens, die Verbindung zwischen der Welt der Lebenden und der unterirdischen Welt der Toten. Somit wären diese Darstellungen Ausdruck eines Ahnenkultes, einer mehr oder minder festen Größe sämtlicher archaischen bäuerlichen Gesellschaften.

Auf dem Türsturz des Portals von San Vito in Corsignano thront eine weitere überaus interessante Figur: eine Meerjungfrau mit zwei Schwänzen, die ihre Geschlechtsmerkmale geradezu zur Schau zu stellen scheint. Eine ähnliche Darstellung befindet sich auch über dem Portal der Kirche San Bartolomeo in Montefollonico, der ältesten Kirche des Dorfes. Und eine etwas primitivere Ausführung desselben Motivs kann man auf einem Türpfosten der Kirche San Pietro in Villore in San Giovanni d'Asso entdecken. Weit davon entfernt, an die Arglist des sündigen Weibes zu gemahnen, scheinen diese Darstellungen Sexualität und wohl auch Fruchtbarkeit zu preisen. In diesem Sinne sind sie einem Natur- und Fruchtbarkeitsverständnis verpflichtet, das lange vor der Einführung und Ausbreitung der christlichen Lehre ausgeprägt worden ist.

In manchen der ältesten Pfarrkirchen finden sich sogar Phal-

Mitte und unten: Pfarrkirche San Pietro in Villore, San Giovanni d'Asso

lussymbole. Ein schönes Beispiel für eine dem «Säuberungsbestreben» der Nachwelt entkommene Darstellung ist die männliche Figur, die eines der Fenster der Pfarrkirche Santo Stefano in Cennano flankiert. In derselben Kirche finden sich auch wirklich eindrucksvolle «Masken» zu beiden Seiten des Hauptportals. In all diesen historischen Kirchen stößt man auch auf ornamental verschlungene, stilisierte Pflanzendarstellungen. Hier wird es schwierig, eine Trennlinie zu ziehen zwischen der antiken heidnisch-symbolischen, den Fruchtbarkeitskulten verpflichteten Bedeutung und einer möglicherweise neuen, christlich-allegorischen Bedeutung, dem Lebensbaum. Beachtenswert ist auf jeden Fall, dass die Pflanzendarstellungen sich mal von der Weinrebe inspirieren lassen, ein andermal aber auch von den Blättern des Feigenbaums oder gar dem Pinienzapfen, der den Thyrsos des Dionysos in Erinnerung ruft. In der Pfarrkirche von Làmula wird sogar ein Fest zu Ehren des Pinienzapfens (*pigna*) veranstaltet, der dort *pina* genannt wird. Das am Sonntag nach Ostern stattfindende Fest preist die Fruchtbarkeit der Erde und geht auf uralte Gebräuche zurück. Die Pfarrkirchen der Gegend, die ältesten wie auch die «neuen», sind allesamt gut ausgeschildert und leicht zu finden, selbst diejenigen, die an entlegenen und wenig befahrenen Straßen liegen.

Zentrum und links oben: Pfarrkirche Santo Stefano in Cennano bei Castelmuzio

Erste Tour

Eine Rundfahrt von Montalcino über Sant'Antimo, Castelnuovo dell'Abate, Seggiano, Pescina, Abbadia San Salvatore, Piancastagnaio, Campiglia d'Orcia, Bagni San Filippo, Castiglione d'Orcia und Rocca d'Orcia bis nach San Quirico d'Orcia.

Ausgangs- und Zielpunkt: Montalcino
Kilometer: 90
Voraussichtliche Dauer:
2 Tage

Ausflüge:
ab Montalcino
und Rocca d'Orcia

Abseits des Weges:
Murlo, Sant'Angelo
in Colle, Vivo d'Orcia,
Casteldelpiano

Montalcino und der Monte Amiata

Montalcino
Montalcino liegt ein wenig abseits der Hauptverkehrsstraßen, was das Gefühl stolzer Unabhängigkeit, die es in seiner langen Geschichte erkämpft hat, unterstreicht. Der 564 Meter hohe Hügel, auf dem der Ort im Laufe der Jahrhunderte um den mittelalterlichen Kern herum entstanden ist, war bereits zu Zeiten der Etrusker und Römer bewohnt. Überragt wird er von der gewaltigen **Fortezza**, die 1362 von den Sienesen erbaut wurde und vier Jahre lang als letztes Bollwerk der Repubblica diente, nachdem Siena 1555 den Florentinern in die Hände gefallen war.

Einst war der Ort vollständig von der Stadtmauer umschlossen. «Dreizehn wehrhafte Türme sind entlang der Mauern zu sehen», schrieb der Historiker Giovanni Antonio Pecci im 18. Jahrhundert, «und an der höchsten Stelle eine mächtige Burg mit sechseckigem Hauptturm, vier Bastionen und Wällen, mit Kapelle und Behau-

Die Kirche La Sapienza in Montalcino

Der Brunello

Dass Montalcino seit jeher den Ruf eines ausgezeichneten Weinbaugebietes genießt, belegen zahlreiche Quellen, die bis auf das 15. Jahrhundert zurückgehen. Die Bezeichnung Brunello erscheint indes erstmals um die Mitte des 19. Jahrhunderts, als sich Clemente Santi und danach sein Enkel Ferruccio Biondi-Santi von den traditionellen Assemblagen aus verschiedenen Rebsorten abwandten und stattdessen einzig und allein auf die Traube Sangiovese di Montalcino setzten. Sie wählten sorgfältig diejenigen Klone aus, die sich am besten eignen würden, um Weine zu erzeugen, die den herkömmlichen Gewächsen überlegen waren. Ihre Weine sollten sich durch einen soliden Körper, eine ausgeprägte Rasse und einen langen Abgang auszeichnen, Eigenschaften, die nicht zuletzt dadurch zu erzielen waren, dass man sie jahrelang in Fässern reifen ließ und anschließend in der Flasche weiter ausbaute. Innerhalb weniger Jahre folgten dann andere Weinbauern von Montalcino wie Tito Costanti, Camillo Galassi und Giuseppe Anghirelli dem einmal vorgezeichneten Weg. Handelte es sich anfangs um eine mengenmäßig äußerst bescheidene Produktion, die dem Engagement weniger Liebhaber zu verdanken war, so nahmen die reinen Brunello-Weinberge dann doch allmählich zu, 1929 war ein erster Höhepunkt erreicht. Um Montalcino waren bereits 925 Hektar Weinbaufläche allein dem Brunello vorbehalten, während auf 1243 Hektar weiterhin Mischkulturen betrieben wurden. In diesen Jahren wurde der Ruhm des kostbaren Gewächses begründet, und auch der Export nahm bereits viel versprechende Züge an.

Alles schien sich in der erfreulichsten Weise zu entwickeln, bis dann die Dreißigerjahre kamen, die Dekade nämlich, in der die Reblaus ihr zerstörerisches Werk begann, die Wirtschaftskrise hereinbrach und in der zu allem Überfluss die Prohibition in den USA dem einträglichen Exportgeschäft ein Ende bereitete. Während des Krieges ging es dann mit Montalcino vollends bergab, vor allem als die Front just durch dieses Gebiet verlief.

Da nur wenige Weinberge das Unheil überlebten und diese auch schon ziemlich überaltert waren, investierte man beim wirtschaftlichen Aufschwung in den Sechzigerjahren in neue Rebstöcke. Auch die Anzahl der Winzer nahm nun wieder zu, und somit konnte die Geschichte des Brunello erst jetzt so richtig beginnen. Ein grundlegendes Datum für seinen Siegeszug war der 28. März 1966, als man für den Brunello di Montalcino die kontrollierte Herkunftsbezeichnung «Denominazione di Origine Controllata» einführte. Mit diesem Gütesiegel waren nicht nur verschiedene Regelungen verbunden, die das genaue Anbaugebiet und die Methoden der Rebenaufzucht betrafen, sondern auch äußerst strenge Bestimmungen hinsichtlich der analytisch feststellbaren Beschaffenheit des Weins und der Lagerungszeiten, nach denen man

Giancarlo Pacenti, Piero Palmucci

einen Brunello überhaupt erst unter diesem Namen vermarkten durfte. Ein Jahr danach wurde das Consorzio del Vino Brunello di Montalcino gegründet, dessen Aufgaben darin bestehen, die Entwicklung des Gebiets zu koordinieren, für die Qualität Sorge zu tragen, die Winzer zu beraten und sie bei der Vermarktung zu unterstützen. Nicht zuletzt aufgrund dieser Anstrengungen war der Brunello di Montalcino 1980 der erste Wein Italiens, dem auch das Gütesiegel «Denominazione di Origine Controllata e Garantita» zuerkannt wurde.

Das Geschäft mit dem Brunello ist mittlerweile zum «Big Business» geworden. Enorme Summen werden investiert, was oft mit der Erwartung hoher Erträge in möglichst kurzer Zeit einhergeht. 1998 wurden die Bestimmungen dahingehend geändert, dass die Mindestdauer für den Ausbau im Fass von bisher drei auf zwei Jahre herabgesenkt wurde. Gleichzeitig wurde auch das Anbaugebiet erweitert, sodass es heute sogar Landstriche jenseits von Torrenieri entlang der alten Römerstraße Via Cassia umfasst, wo der lehmige Untergrund kaum noch etwas mit den kalkhaltigen und teilweise sandigen Böden der «klassischen» Zone zu tun hat. Um diese Entwicklungen zu rechtfertigen, spricht man heute nicht mehr nur von einem, sondern von mehreren großen Brunelli, die gerade ihrer Herkunft aus unterschiedlichen Arealen ihre Eigenheiten verdanken. Dem Kunden, der ja erkleckliche Summen für die erlesenen Gewächse ausgibt, kann man da nur raten, sich diejenigen Kellereien auszusuchen, deren Weine am besten den eigenen Geschmack treffen.

Zu besichtigende Kellereien

Im Allgemeinen können alle Kellereien besichtigt werden, die dem Consorzio angeschlossen sind. Man sollte telefonisch einen Termin vereinbaren oder sich an das Consorzio wenden.

Giacomo Neri, Roberto Guerrini

Montalcino

Einwohner 6100
Höhe 564 m ü. d. M.
PLZ 53024

Informationen

**Consorzio del vino
Brunello di Montalcino**
Costa del Municipio, 1
Tel. 0577 848246
Fax 0577 849425
www.consorziobrunello
dimontalcino.it

Municipio
piazza Cavour, 2–13
Tel. 0577 80441
Fax 0577 849343
www.comune.montalcino.si.it

**Ufficio Turistico
Comunale**
Costa del Municipio, 8
Tel. 0577 849331

Übernachtung

Hotel Bellaria
via Osticcio, 19
Tel. 0577 849326
und 0577 848668
Fax 0577 846012

Hotel dei Capitani
via Lapini, 6
Tel. 0577 847227
Fax 0577 847239

Hotel Il Giglio
via Saloni, 5
Tel. und Fax 0577 848167
E-Mail: hotelgiglio@tin.it

**Hotel Residence
Montalcino**
via Saloni, 31
Tel. und Fax 0577 847188

Restaurants

Il Boccon divino
località Colombaio
Tozzi, 201
Tel. 0577 848233
Dienstags geschlossen.

Il Grappolo blu
Scale di via Moglio, 1
Tel. 0577 847150
Freitags geschlossen.

sungen dort, wo der Kommandant mit den Soldaten wohnte, als die Burg noch bewacht wurde.» 200 Jahre später bemängelte der Denkmalpflegeverein Amici dei Monumenti nicht nur die mittlerweile bedenkliche Statik der Anlage, sondern auch die «hässlichen Baracken, Holzstöße, Stein- und Schutthaufen in der Umgebung». 1940 erfolgten dann die erforderlichen Abrissarbeiten und Restaurierungen. Heute bietet die Feste nicht nur einen Rundblick über das Städtchen und dessen Umgebung, sondern gewährt auch einen Einblick in den Aufbau einer solchen Verteidigungsanlage gegen Ende des Mittelalters und zu Beginn der Renaissance. Doch damit nicht genug: In der **Enoteca La Fortezza**, die sich direkt im Inneren der Burg befindet, können Sie die besten Weine von Montalcino verkosten und erwerben.

In den ersten Jahrzehnten des 20. Jahrhunderts wurden auch am **Palazzo Comunale** und der angrenzenden Loggia an der zentralen Piazza del Popolo umfangreiche Restaurierungsarbeiten durchgeführt, wenn auch stilisiert gemäß dem Mittelalterverständnis jener Zeit. Während sich die Büroräume der Gemeinde heute an der Piazza Cavour am Ende der Via Mazzini befinden, ist der Palazzo Comunale jetzt Sitz der Winzergenossenschaft «Consorzio del Vino Brunello», die nun hier auf ihre Weise Regeln aufstellt. Das Gebäude selbst entstand durch die Zusammenlegung des ursprünglichen Palazzo del Podestà – später Palazzo di Giustizia – und dem Palazzo dei Priori, dem Sitz der örtlichen Regierung. Ersterer befindet sich an der östlichen Seite der Piazza und geht in Teilen auf das 13. sowie auf das 14. Jahrhundert zurück. Gegen Ende des 16. Jahrhunderts wurden auch an dem Turm grundlegende Veränderungen vorgenommen: Eine kleine Loggia wurde angebaut, unter der eine Statue Cosimos I. aufgestellt wurde, die 1564 bei Giovanni Berti,

Die Kirche La Sapienza in Montalcino

einem in Montalcino ansässigen Bildhauer, in Auftrag gegeben worden war. Als die Gemeinde den Palazzo übernahm, verlor er seine Funktion als Sitz der Justizverwaltung, die er bis dahin trotz wechselnder politischer Verhältnisse stets beibehalten hatte.

Am selben Platz befindet sich auch die **Loggia**, die ebenfalls durch neuzeitliche Restaurierungen stark verändert wurde. Die beiden linken steinernen Arkaden im Stil der Sieneser Gotik beherbergen eine Kapelle aus dem 14. Jahrhundert mit getrennter Sakristei, während unter den vier aus Backstein gemauerten Renaissancearkaden der Markt stattfand. 1842 wurde neben der Sakristei ein kleiner Raum für die Briefzustellung eingerichtet. So befindet sich tatsächlich bis heute die italienische Post in Räumen, deren Wände die einstigen Kirchenfenster ersetzten, von denen aus sich früher eine wunderbare Aussicht auf das Val

Die Fortezza von Montalcino

Montalcino

Osteria Bassomondo
frazione Castelnuovo
dell'Abate
via Bassomondo, 7
Tel. 0577 835619
Montags geschlossen,
im Sommer kein Ruhetag.

Osteria del Vecchio Castello
località Pieve di San Sigismondo
Tel. 0577 816026
Dienstags geschlossen.

Poggio Antico
località I Poggi
Tel. 0577 849200
Sonntagabends sowie
montags geschlossen.

Il Pozzo
località Sant'Angelo
in Colle
piazza del Pozzo, 2
Tel. 0577 844015
Dienstags geschlossen.

Re di Macchia
via Saloni, 21
Tel. 0577 846116
Freitags geschlossen.

Sciame
via Ricasoli, 9
Tel. 0577 848017
Dienstags geschlossen.

d'Orcia mit Blick auf San Quirico, Pienza und Montepulciano auftat.

Im Herzen des altehrwürdigen Ortes steht auch das **Teatro**, das auf Wunsch der Accademia degli Astrusi errichtet wurde, eine der ersten Akademien der Sieneser Schule, die dem Beispiel der Accademia degli Intronati aus dem 16. Jahrhundert und dem der Congrega di Siena folgte. Bereits seit dem 16. Jahrhundert nutzten die Mitglieder der Akademie von Montalcino einen Raum im Palazzo Comunale für Theateraufführungen. Dann ließen sie ein richtiges Theater errichten, das 1763 nach Entwürfen des Architekten Leonardo Vegni umgebaut und vom Sienesen Giovanni Marchetti dekoriert wurde. Dieser war Mitarbeiter von Antonio Galli Bibbiena gewesen, einem Meister der Bühnenbildnerei des Rokoko am Teatro dei Rinnovati von Siena. 1939 und 1990 fanden weitere Umbaumaßnahmen statt, und heute bietet das bezaubernde kleine Theater ein abwechslungsreiches Programm. Und nicht nur das: Es nimmt auch an verschiedenen Konzertreihen teil und zeigt aktuelle Filme für jeden Geschmack, von Herbst bis Frühlingsende jeweils Freitagabend.

Neben den Gebäuden, die weltliche Macht verkörperten, gab es in Montalcino auch zahlreiche Sakralbauten von Bedeutung. Doch leider haben tief greifende Umbauten und Restaurierungsmaßnahmen im Laufe der Jahrhunderte den spirituellen wie ästhetischen Charakter vieler Kirchen, Spitäler und Klöster nachhaltig beeinträchtigt. Beispiele dafür sind der **Dom**, der am höchsten Punkt der Stadt über einer alten Pfarrkirche errichtet wurde, oder auch die Kirche **Madonna del Soccorso**, die sich hoch über dem bewaldeten Tal auf der linken Seite der Straße Richtung Piazza Cavour erhebt – beides eher unharmonische Zeugnisse des klassizistischen Geschmacks, wie er im

Weinhandlungen in Montalcino

Da die Geschichte des Brunello noch relativ jung ist, findet man im historischen Zentrum von Montalcino nicht jene alten Weinkeller, wie sie etwa für Montepulciano charakteristisch sind. Das Städtchen wartet aber seit langem mit einer Vielzahl von Enoteche auf, von denen manche sehr edel ausgestattet sind. In Montalcino lassen sich drei Arten unterscheiden: Da gibt es diejenigen, wo man ausschließlich Wein kauft, dann jene, wo die Möglichkeit des Probierens besteht, und schließlich solche, wo man im Sitzen ein gutes Gläschen genießen kann. In unserer Rubrik «Für Sie ausgewählt» haben wir drei Lokale der letzteren Kategorie genannt. Im Folgenden nun einige weitere Adressen:

In der Via Traversa dei Monti 214, jener Straße, die nach Montalcino hinaufführt, findet man vor dem Busparkplatz die Enoteca Bruno Dalmazio (Tel. 0577 849019), vormals Collina d'Italia genannt, die man mit einem Weinsupermarkt vergleichen könnte. Etwas anders geht es in der Cantina del Brunello von Francesco Guglielmucci in der Via Saloni 4 zu (Tel. 0577 849063), der ältesten Enoteca von Montalcino, die sich auf den Verkauf von offenem Wein spezialisiert hat. Die Enoteca La Grotta del Brunello von Giancarlo Luciani in der Costa Garibaldi 3 (Tel. 0577 847177) ist in historischen Gemäuern untergebracht. Mit sehr beengten Räumlichkeiten begnügt sich die Enoteca Montalcino Produce von Gigliola Giannetti an der Piazza Garibaldi 6 (Tel. 0577 849418), deren Betreiber selbst Winzer sind. Die Enoteca Vino al Vino von Federico Pazzaglia im Viale della Libertà 14 (Tel. 0577 848022) bietet eine recht persönliche Auswahl, wohingegen die kleine Enoteca Pierangioli an der Piazza del Popolo 16 (Tel. 0577 849113) einen etwas unpersönlichen Eindruck macht. In der Enoteca della Cooperativa Agricola la Spiga in der Via Circonvallazione (Tel. 0577 848611) ist auch das von der Genossenschaft erzeugte Olivenöl erhältlich. Die Drogheria Franci von Fabio Tassi an der Piazza Fortezza 6 (Tel. 0577 848191) bietet nicht nur eine große Auswahl von Weinen zur Probe und zum Kauf an, ihre Besitzer haben sich auch als Hersteller von Honig einen Namen gemacht.

Montalcino

Taverna dei Barbi
località Podernovi
Tel. 0577 841111
und 0577 848277
Dienstagabends sowie mittwochs geschlossen.

Enoteche

Enoteca Bacchus
via Matteotti, 15
Tel. 0577 847054

Enoteca La Fortezza
piazzale La Fortezza
Tel. 0577 849211

Enoteca Osteria Osticcio
via Matteotti, 23
Tel. und Fax 0577 848271

Ein Kaffee, ein Aperitif

Fiaschetteria italiana 1888
viale della Libertà, 5
Tel. 0577 846047

Pasticceria Gelateria Mariuccia
piazza del Popolo, 22
Tel. 0577 849319

Einkaufen

Fleisch

Fratelli Marconi
via Mazzini, 40
Tel. 0577 848729

Süssigkeiten

Pasticceria Ticci
località Torrenieri
via Romana, 47
Tel. 0577 834146

Käse und Wurstwaren

Fattoria dei Barbi
località Podernovi, 170
Tel. 0577 848277

Honig

Apicoltura Roberto Batignani
via delle Caserme, 5
Tel. 0577 848444

Montalcino

Brot

Lambardi
via Saloni, 54
Tel. 0577 848084

Kunsthandwerk

Arte orafa
piazza del Popolo, 14
Tel. 0577 847096

Galleria Turchi
via Saloni, 35
Tel. 0577 849408

Il Coccio
piazza Garibaldi, 3–5
Tel. 0577 849194

Le Antiche Tele
via Mazzini, 27
Tel. 0577 849338

Pignattai fratelli
piazza del Popolo, 11
Tel. 0577 847155

Vermietung von Rädern und Motorrollern

Distributore I.P.
via Piero Strozzi, 21
Tel. 0577 848282

Weinerzeuger

Altesino
località Altesino
Tel. 0577 806208

Tenimenti Angelini – Val di Suga
località Val di Cava
Tel. 0577 80411

Tenuta di Argiano
località Sant'Angelo in Colle, 54
Tel. 0577 844037

Castello Banfi
Castello Poggio alle Mura
Tel. 0577 840111

Fattoria dei Barbi
località Podernovi
Tel. 0577 841111

Zu Fuß

Nach Sant'Antimo

Ausgangspunkt: Montalcino
Zielpunkt: Sant'Antimo
Voraussichtliche Dauer: 3 Stunden

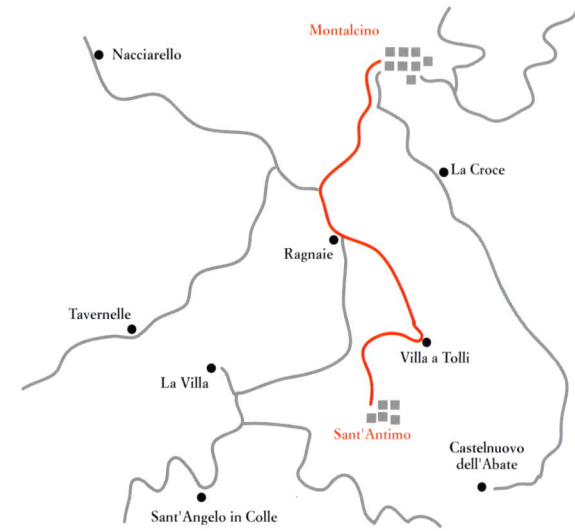

Unser Rundweg beginnt unmittelbar außerhalb des Zentrums, an der Kreuzung unterhalb der Festung. Gehen Sie zunächst an der Bar Le Terrazze aufwärts und biegen Sie dann nach rechts in die Via del Poggiolo ab. An der ersten Gabelung verlassen Sie diese Straße, die nach rechts weiterführt, und gehen dann am Friedhof vorbei, um an der Abzweigung wenig später rechts abzubiegen. Nach etwa 800 Metern sehen Sie die weiß-rote Markierung des Wanderwegs Nr. 2 der Provinz Siena. Der Pfad führt Sie zu einem grünen Gittertor, vor dem Sie nach links abbiegen und den Weg einschlagen, der genau hier seinen Ausgang nimmt. Sobald Sie eine Berghütte erreicht haben, gehen Sie auf dem von einem Mäuerchen gesäumten Pfad weiter in einen Wald. Nach ein paar hundert Metern erreichen Sie eine weitere Gabelung, an der Sie den linken Weg einschlagen. Sie gehen am Wald entlang weiter und gelangen zu einer Schranke. Hier biegen Sie links ab, und nach 50 Metern asphaltierter Straße gelangen Sie zu einer Kreuzung, an der Sie rechts die Straße nach Tavernelle, Camigliano und Castelgiocondo einschlagen. Linker Hand führt ein weiß-rot markierter Weg zur Asphaltstraße, die Sie überqueren, um auf der anderen Seite Ihre Wanderung auf einem Feldweg *fortzusetzen, der leicht ansteigend am Waldrand entlangführt. Schon bald erreichen Sie eine weitere Kreuzung, an der Sie links weitergehen, und noch bevor Sie wieder auf die Asphaltstraße gelangen, biegen Sie rechts in einen markierten, parallel zur Straße verlaufenden und sachte ansteigenden Pfad ein. Bei dem Agriturismo-Betrieb Le Ragnaie biegen Sie links ab, überqueren die Asphaltstraße und gehen Richtung Villa a Tolli weiter, ein winziges uraltes Dorf. Nach 800 Metern, vor La Magia, biegen Sie erneut links ab und gehen den Wanderweg mit der Markierung des italienischen Alpenvereins CAI hinunter. Nach zwei Kilometern biegen Sie unten im Tal links ab, um zur Landstraße zu gelangen. Von hier aus sehen Sie schon auf einer kleinen, von Olivenbäumen gesäumten Hochebene die Abtei thronen.*

MONTALCINO

Biondi Santi
Villa Greppo, 183
Tel. 0577 848087

Campogiovanni
località Sant'Angelo in Colle
Tel. 0577 864001

Canalicchio di Sopra
località Canalicchio
di Sopra
Tel. 0577 848316

Cantina di Montalcino
località Val di Cava
Tel. 0577 848704

Capanna
località Capanna, 333
Tel. 0577 848298

Tenuta Caparzo
località Caparzo
strada provinciale
nach Montalcino bei km 1,700
Tel. 0577 848390
und 0577 847166

Casanova di Neri
località Casanova
Tel. 0577 834455 und
Tel. 0577 834029

**Fattoria del Casato
Donatella Cinelli
Colombini**
località Casato
Prime Donne
Tel. 0577 849421

Case Basse
Villa Santa Restituta
Tel. 02 461544

Castelgiocondo
località Castelgiocondo
Tel. 055 27141

Castello di Camigliano
località Camigliano
via d'Ingresso, 2
Tel. 0577 844068

Castello Romitorio
località Romitorio
Tel. 0577 897220

Centolani
località Friggiali
Tel. 0577 849358
und 0577 849454

Zu Fuß

Nach San Quirico d'Orcia

Ausgangspunkt: Montalcino
Zielpunkt: San Quirico d'Orcia
Voraussichtliche Dauer: 4 Stunden

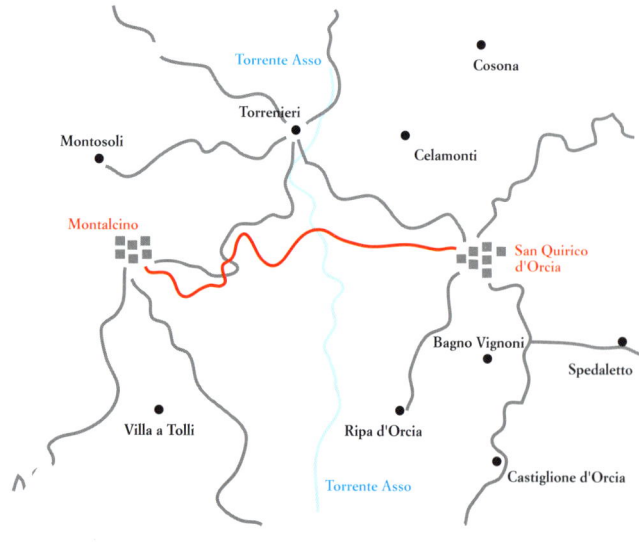

 *Nachdem Sie Montalcino am Ende der Via Saloni durch den Bogen der Porta Cerbaia verlassen haben, gehen Sie zunächst am Hotel Vecchia Oliviera vorbei und dann weiter Richtung Parkplatz. Nach 150 Metern erreichen Sie eine Landstraße, wo Sie links abbiegen und zu einem Haus hinuntergehen. Der Weg führt*

San Quirico d'Orcia

links um das Haus herum und dann bergab. An der ersten Abzweigung biegen Sie rechts ab, und wenig später geht es noch einmal nach rechts. Der Weg führt in den Wald, wo er nicht mehr immer gut erkennbar ist. Mit einem Mal ist er dann aber asphaltiert und führt zu einer Asphaltstraße, mit einem verlassenen Haus auf der linken Seite. Sie halten sich zunächst links und gehen zu diesem Haus hinunter, um dahinter einen Weg einzuschlagen, der sich durch die Weingärten hindurchschlängelt. Am Ende des Weingartens gehen Sie links hinunter und dann sofort rechts, um in einen Olivenhain zu gelangen. Sie durchqueren ihn bis zur Landstraße, an der Sie sich rechts bergauf halten. Nach hundert Metern nehmen Sie an der Abzweigung den linken Weg. An der engen Kurve biegen Sie erneut links ab und gehen hinauf zur Asphaltstraße. Dort biegen Sie links in Richtung San Quirico bzw. Rom ab. Nach 800 Metern verlassen Sie die Asphaltstraße und biegen rechts in den Feldweg ein, der nach Rasa-Fornace führt. Nach weiteren 300 Metern biegen Sie an der Abzweigung links ab (Richtung Rasa) und gehen bis zur nächsten Abzweigung hinunter, wo Sie sich rechts in Richtung Rasa halten. Schon wenig später gelangen Sie zu einem Weiler, wo es links bergab weitergeht, bevor der Weg wieder ansteigt. Oben auf dem Hügel gehen Sie zu der Erdgasleitung und biegen danach rechts ab. Von hier bis San Quirico ist die Wegstrecke vom italienischen Alpenverein CAI markiert. An der Abzweigung gehen Sie bergab zu einem weiteren Weiler, überqueren die Landstraße, die Eisenbahnschienen und das Wildwasser Asso und gehen bergauf bis zu den beiden Häusern auf dem Hügel. Dort biegen Sie rechts ab, dann geht's links bergab weiter. Nachdem Sie einen weiteren Bach überquert haben, führt die Straße aufwärts durch ein kleines Waldstück, bevor Sie durch die Weiden und Weingärten von San Quirico führt. Auf der rechten Seite lassen Sie einen Gutshof hinter sich, und 600 Meter weiter, ebenfalls zur Rechten, das Kirchlein von Riguardo. San Quirico ist nun schon zu sehen, und nach weiteren 700 Metern sind Sie unter der historischen Brücke, über die einst die Pilger auf ihrem beschwerlichen Weg von Frankreich nach Rom in die Stadt einzogen, um die Kirche der Collegiata zu besuchen und sich im Spedale di Santa Maria della Scala zu verköstigen.

Montalcino

Cerbaiona
località Cerbaiona
Tel. 0577 848660

Podere Cerrino
località Cerrino, 1
Tel. 0577 848187

Ciacci Piccolomini
frazione Castelnuovo
dell'Abate
borgata di Mezzo, 62
Tel. 0577 835616

Col di Sole
località I Verbi
Tel. 0577 355789

Tenuta Col d'Orcia
località Sant'Angelo
in Colle
Tel. 0577 808001

Tenuta di Collosorbo
frazione Castelnuovo
dell'Abate
via Villa Sesta, 25
Tel. 0577 835534

Andrea Costanti
località Colle al Matrichese
Tel. 0577 848195

Due Portine – Gorelli
via Cialdini, 51–53
Tel. 0577 848098

Fanti – La Palazzetta
frazione Castelnuovo
dell'Abate
borgo di Sotto, 25
Tel. 0577 835631

Fanti – San Filippo
frazione Castelnuovo
dell'Abate
località San Filippo
borgo di Mezzo, 15
Tel. 0577 835628

La Fiorita
frazione Castelnuovo
dell'Abate
via Piaggia della Porta, 3
Tel. 0577 835511

La Fornace
località Fornace
Tel. 0577 848465

Abseits des Weges

Murlo

Ausgangspunkt: Montalcino
Zielpunkt: Murlo
Wegstrecke: 30 Kilometer
Voraussichtliche Dauer: ein halber Tag

 Wenn Sie Montalcino auf der Straße nach Grosseto verlassen haben, biegen Sie nach wenigen Kilometern rechts ab nach Camigliano, fahren geradeaus weiter bis zur nächsten Linkskurve und biegen dann in einen Feldweg (Wegweisung Richtung Castiglion del Bosco) ein, der nach ein paar Kilometern in einen bei Pilzsammlern und Wildschweinjägern beliebten Wald führt. Hinter dem Hof Castiglion del Bosco – der recht ansehnlich ist – tut sich ein hübscher Ausblick auf das Val d'Orcia und das Val d'Arbia auf. In Bibbiano angekommen, fahren Sie die Asphaltstraße Richtung Murlo weiter.

In dieser Gegend sind bedeutende etruskische Siedlungen entdeckt worden, und in dem anmutigen historischen Ortskern von Castello di Murlo, der von Mauern umgeben und sehr gut erhalten ist, gibt es ein erstaunliches kleines Museo Etrusco, in dem die sehenswerten Reste eines bedeutenden etruskischen Herrschaftssitzes aus dem 7. Jahrhundert ausgestellt sind: architektonisches Schmuckwerk, Statuen, Terrakotten und Bronzen.

Murlo

Abseits des Weges

Sant'Angelo in Colle

Ausgangspunkt: Montalcino
Zielpunkt: Sant'Angelo in Colle
Wegstrecke: 10 Kilometer
Voraussichtliche Dauer: ein halber Tag

 *Sollten Sie versehentlich anstelle der weiter unten verlaufenden Straße, die Richtung Amiata geht, die weiter oben gelegene, direkt nach Grosseto führende Straße nehmen – was bei der Fülle von Straßen, die sich unterhalb der Festung kreuzen, nicht weiter verwunderlich wäre –, dann gelangen Sie schon bald zu dem reizenden mittelalterlichen Dorf Sant'Angelo in Colle. Außer dem Wehr- oder Wohnturm, den einstmals die benediktinische Grancia dell'Ospedale di Santa Maria della Scala zu ihrem Sitz auserkoren hatte, können Sie im Zentrum des Dorfes den Palazzo Franceschi besichtigen, der im 17. Jahrhundert und in späteren Epochen umgebaut wurde, sowie den Palazzo Tolomei aus dem 14. Jahrhundert, dessen beide Eingangstore die Familienwappen zieren. Wenn Sie nach Montalcino zurückfahren, geht etwa ein Kilometer vom Dorf entfernt auf der rechten Seite eine unbefestigte Straße ab, die durch die Felder nach Castelnuovo dell'Abate und zur Abtei Sant'Antimo führt. Sie ist zwar mit dem Auto befahrbar, zeigt aber erst dem Wanderer all ihre Reize.*

Montalcino

MONTALCINO

Podere La Fortuna
località la Fortuna
Tel. 0577 848308

La Fuga
località La Fuga
Tel. 0577 816039

Eredi Fuligni
via Saloni, 32
Tel. 0577 848039
und 0577 848127

La Gerla
località Canalicchio
Tel. 0577 848599

**Greppone Mazzi
Tenimenti Ruffino**
località Greppone
Tel. 055 8368307
und 0577 849215

Maurizio Lambardi
podere Canalicchio
di Sotto, 8
Tel. 0577 848476

Lisini
località Sant'Angelo in Colle
Tel. 0577 864046

Loacker – Corte Pavone
località Casanova, 278
Tel. 0577 848110

Luce
località Castelgiocondo
Tel. 0577 848492

Il Marroneto
località Madonna
alle Grazie
Tel. 0577 849382

Mastrojanni
frazione Castelnuovo
dell'Abate
poderi Loreto e San Pio
Tel. 0577 835681

Mocali
località Mocali, 273
Tel. 0577 849485

Tenute Silvio Nardi
località Casale del Bosco
Tel. 0577 808269

frühen 19. Jahrhundert vorherrschte. Ein noch schwereres Los ereilte die aus dem 14. Jahrhundert stammende **Chiesa di Sant'Agostino** während des letzten Krieges: Sie diente zunächst als Militärdepot, dann als Unterkunft für Ausgebombte und schließlich als Kaserne. Erst durch kürzlich durchgeführte Restaurierungsarbeiten hat sie ihre angestammte Würde zurückerhalten, und so sind heute an den Seitenwänden und im Chor wieder Fresken aus dem 14. Jahrhundert zu bewundern, die teilweise Bartolo di Fredi zugeschrieben werden.

Doch selbst wenn das heutige Erscheinungsbild der Sakralbauten der Stadt wenig von ihrer einstigen künstlerischen und architektonischen Pracht verrät, so brauchen Sie nur das schöne **Museo Civico e Diocesano** für sakrale Kunst im Kloster Sant'Agostino zu besuchen, um sich einen bleibenden Eindruck zu verschaffen. Die dort ausgestellten hochkarätigen Kunstwerke stammen zum größten Teil aus den Kirchen und Klöstern von Montalcino und umfassen verschiedene Gemälde der Sieneser Schule aus dem 14. Jahrhundert, Bilder von Luca di Tommè, Bartolo di Fredi, Sano di Pietro und Vecchietta sowie herrliche, farbig gefasste Holzskulpturen von Angelo di Nalduccio und Francesco di Valdambrino. Weitere Schmuckstücke stammen aus den Kirchen der Nachbardörfer, etwa aus Sant'Angelo in Colle und Castiglione d'Orcia, Gemälde von Simone Martini, Ambrogio Lorenzetti und Giovanni di Paolo sowie eine reizvolle Sammlung von Majolikagefäßen aus dem 13. und 14. Jahrhundert. Sie stammen alle aus Werkstätten der Umgebung und weisen schwarze und kupfergrüne Verzierungen auf matt-weißem Untergrund auf (auf den Feldern um Montalcino sind Funde von Scherben solcher Gefäße keine Seltenheit). Kurzum, das Museum von Montalcino bietet seinen Gästen eine überschaubare Auswahl von ebenso ansprechend präsentierten wie hochkarätigen Kunstwerken, ein Besuch lohnt sich in jedem Fall.

Sant'Antimo

Die mittlere der drei Straßen, die in Montalcino zusammenlaufen, führt zu einem außerordentlichen Zeugnis von Architektur und Geistesleben des Mittelalters. Die **Abbazia di Sant'Antimo** ist das wohl kostbarste und schönste Juwel dieser Tour. Sie erblicken sie rechts unten kurz vor Castelnuovo dell'Abate, rund zehn Kilometer von Montalcino entfernt zwischen Olivenbäumen und Steineichen auf einer ruhigen, unerwartet zwischen den Hügeln auftauchenden Ebene. Um den Zeitpunkt der Gründung von Sant'Antimo rankt sich so manche Legende. Die Überlieferung will, dass sie auf Karl den Großen zurückgeht, der 781 – um die Pest zu vertreiben, die sein Heer im Val d'Orcia dezimierte – gelobt haben soll, ein Kloster zu Ehren der Heiligen Antimus und Sebastian zu er-

Zu Fuß

Buonconvento

Ausgangspunkt: Montalcino
Zielpunkt: Buonconvento
Voraussichtliche Dauer: 4 Stunden

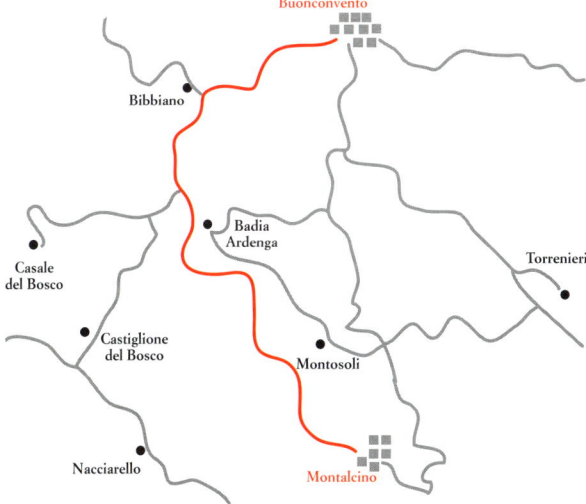

Sie verlassen Montalcino durch die Porta Burelli und gehen eine steile Straße hinab, biegen an der zweiten Abzweigung rechts ab und laufen weiter bis zur Villa Montosoli. Von hier aus geht es geradeaus weiter bis zum Wegweiser nach Badia Ardenga (nach rechts), heute ein moderner Agriturismo-Betrieb, aber einst Sitz eines wichtigen Vallombrosanerklosters. Biegen Sie hingegen

Buonconvento

Montalcino

Tenuta Oliveto
frazione Castelnuovo
dell'Abate
località Oliveto
Tel. 0577 835542

Siro Pacenti
località Pelagrilli, 1
Tel. 0577 848662

Piancornello
frazione Castelnuovo
dell'Abate
località Piancornello
Tel. 0577 844105

Pian delle Vigne
località Pian delle Vigne
Tel. 0577 816066

Pian dell'Orino
località Pian
dell'Orino, 189
Tel. 0335 5250115

Agostina Pieri
frazione Castelnuovo
dell'Abate
località Piancornello
via Fabbri, 2
Tel. 0577 844163

Pietroso
località Podere Pietroso
Tel. 0577 848573

Pieve Santa Restituta
località Chiesa
di Santa Restituta
Tel. 0577 848610

La Poderina
frazione Castelnuovo
dell'Abate
località Poderina
Tel. 0577 835737

Poggio Antico
località I Poggi
Tel. 0577 848044

Poggio di Sotto – Palmucci
frazione Castelnuovo
dell'Abate
località Poggio di Sopra, 222
Tel. 0577 835502

Villa Poggio Salvi
località Poggio Salvi
Tel. 0577 848486

nach links ab, geht es hinauf zur Rückseite des Gutshofs Oddi. Von dessen Vorderseite aus führt die Straße als kleine, auf der einen Seite von jungen Zypressen gesäumte Allee weiter. An der Abzweigung, wo es links nach Castiglion del Bosco hinaufgeht, biegen Sie rechts ab, überqueren die Brücke über den Fluss Ombrone und kommen am Gutshof Pianpietrucci vorbei. Hinter den Eisenbahngleisen wenden Sie sich nach rechts, biegen dann links ab und gehen den parallel zur Landstraße verlaufenden Weg nach Bibbiano hinauf. Nahe der größten Kreuzung des Dorfes biegen Sie rechts ab und gehen am Pub «TNT» vorbei, bevor Sie einen Weg einschlagen, der durch die Felder vor der neugotischen Villa La Torre führt. Gleich bei einer Pinie beginnt der Gutsweg. Dort halten Sie sich links, ebenso wie an der Kreuzung dreier Wege beim Teich. Einige hundert Meter hinter dem großen baufälligen Haus gehen Sie bergab auf eine Kreuzung zu, an der Sie rechts von der zinnenbewehrten Burg von Castelrosi einbiegen, um dann die Asphaltstraße zu erreichen, die zur Hauptkreuzung von Buonconvento führt. Eingebettet in die Ebene, zeigt sich nun das Dorf, mit historischem Ortskern und trutzigem Ziegelmauerring, den die Sienesen von 1371 bis 1385 errichtet haben. Ein Besuch des Museo d'Arte Sacra della Val d'Arbia im Palazzo Ricci Socini lohnt sich, der überdies ein schönes Beispiel für Jugendstilarchitektur ist.

Die Fortezza von Montalcino

MONTALCINO

Poggio San Polo
località San Polo
Tel. 0577 835522

Il Poggiolo
località Poggiolo, 259
Tel. 0577 848412

Tenuta Il Poggione
località Sant'Angelo in Colle
via Castello, 14
Tel. 0577 844029

Salicutti
podere Salicutti
Tel. 0577 847003

Salvioni – La Cerbaiola
piazza Cavour, 19
Tel. 0577 848499

Livio Sassetti – Pertimali
località Pertimali
Tel. 0577 848721

Scopetone
località Scopetone
Tel. 0577 848713

La Serena
podere Rasa
Tel. 0577 848659

Solaria – Cencioni
podere Capanna, 102
Tel. 0577 849426

Talenti
località Sant'Angelo in Colle
Tel. 0577 844043
und 0577 844004

La Togata
via del Poggiolo o località
del Poderuccio
Tel. 0577 847107
und 06 42871033

Uccelliera
località Uccelliera
Tel. 0577 835729

Valdicava
località Valdicava
Tel. 0577 848261

bauen, hatte ihm doch Papst Hadrian I. Reliquien der beiden zum Geschenk gemacht. Nach Karls Tod belehnte dessen Sohn Ludwig der Fromme die Abtei mit einem weitläufigen Gebiet zwischen den Flüssen Ombrone, Asso und Orcia sowie einem Teil der Küstenstriche und Sumpfgebiete der Maremma. Ihre Blütezeit erreichte die Abtei zwischen dem 11. und 12. Jahrhundert, als ihre Äbte fast souverän über Montalcino herrschten. In den darauf folgenden Jahrhunderten verlor sie jedoch zusehends an Macht und Einfluss, und bereits 1299, als sie von den Benediktinern an die Eremiten des Heiligen Wilhelm überging, waren die Klostergebäude weitgehend verfallen. Ihr Zustand hatte sich keineswegs gebessert, als etwa zwei Jahrhunderte später Pius II. beschloss, sie dem Mensalgut des Bischofs von Montalcino anzuschließen. Obgleich das ursprüngliche Kloster von Mauern und befes-

Montalcino

Montalcino

Verbena
località Verbena
Tel. 0577 848432

Tenuta Vitanza
podere Renaione
Tel. 0577 846031

Seggiano

Einwohner 1250
Höhe 491 m ü. d. M.
PLZ 58038

Informationen

Municipio
viale Trento e Trieste, 17
Tel. 0564 950925

Hotels mit Restaurant

Albergo Ristorante Silene
località Pescina
Tel. 0564 950805
Montags geschlossen.

Antica Tenuta Le Casacce
località Casacce
Tel. 0564 950895
Kein Ruhetag.

Restaurants

La Scottiglia
località Pescina
Tel. 0564 950993
Dienstags geschlossen.

Einkaufen

Käse

Caseificio Seggiano
viale Trento
e Trieste, 50
Tel. 0564 950991
und 0564 950459

Öl

Frantoio Tosco Amiatino
viale Armando Diaz, 1
Tel. 0564 950580
und 0564 950938

---

tigten Häusern umgeben war, hat allein die Kirche dem Lauf der Zeiten trotzen können und wurde seit dem Beginn des 20. Jahrhunderts in mehreren Phasen restauriert. Der Bau wurde aus Travertin errichtet, wobei manche der Reliefs aus Onyx bestehen. Er unterscheidet sich in mancherlei Hinsicht von der in der Gegend üblichen Romanik: Er birgt nicht nur den einzigen Umgangschor mit Radialkapellen der Toskana, sondern unter seinen skulpturalen Schätzen auch ein Zeugnis für das Wirken eines Meisters von jenseits der Alpen, der von der Forschung als «Maître de Cabestany» identifiziert wurde und der das bemerkenswerte Kapitell (das zweite rechts) gestaltet hat, das «Daniel in der Löwengrube» darstellt. Erstaunlich bleibt, warum ein so bedeutendes Monument keinen größeren Einfluss auf die romanische Schule in der Gegend um Siena und in der gesamten Toskana hatte. Und so umgibt die Schönheit von Proportionen und Materialien ein Hauch von Geheimnis, der ihre außergewöhnliche Anziehungskraft zweifellos verstärkt.

Von dem ursprünglichen Gebäude aus dem 9. Jahrhundert existieren heute nur noch die karolingische Kapelle und einige wenige Teile des Klosters, während der Kirchenbau selbst aus der Mitte des 12. Jahrhunderts stammt. Besondere Strahlkraft besitzt die Fassade mit dem reich verzierten romanischen Portal und den Reliefs, die sich im Inneren an den Kapitellen fortsetzen. Die Fresken an den Wänden des rechten Kirchenschiffs stammen aus dem 15. Jahrhundert, während das Kruzifix auf dem Altar – ursprünglich dürfte es sich am Eingang des Presbyteriums befunden haben – dem 13. Jahrhundert angehört. Es zeigt einen triumphierenden Christus, der den Tod überwunden hat und die Arme ausbreitet, als wolle er die Gläubigen willkommen heißen. Und tatsächlich ist dies auch das Beeindruckendste an

Sant'Antimo: eine geradezu ökumenische Atmosphäre, aufgrund derer sich alle, ob gläubig oder nicht, von dem Geist dieses Ortes angezogen fühlen – und wer will, kann einem der Gottesdienste beiwohnen, der von den französischen Augustinermönchen, die sich 1979 in der Abtei niedergelassen haben, mit gregorianischen Gesängen gefeiert wird.

Auf dem Hügel oberhalb des Klosters liegt die Burg **Castelnuovo dell'Abate**, deren Geschicke seit jeher eng mit der Geschichte von Sant'Antimo verbunden sind. Bereits 1266 zählte sie zu jenen Burgen, die einem von der Sieneser Regierung ernannten Bürgermeister als Residenz dienten. Zum historischen Stadtkern des Dorfes gehören zwei schöne Palazzi: der Bischofspalast aus dem 14. bis 15. Jahrhundert, heute Sitz des Weinerzeugers Ciacci Piccolomini d'Aragona, und der Palazzo Bellanti aus der Spätrenaissance. Der romanische Ursprung der Pfarrkirche ist trotz ihres Umbaus im Jahr 1597 deutlich erkennbar.

Seggiano
Wenn Sie von Castelnuovo Richtung Amiata fahren, gelangen Sie schon nach wenigen Kilometern an eine Abzweigung, von der aus es rechts auf der Staatsstraße SS 323 langsam ansteigend nach Seggiano geht. Obwohl Seggiano für die Menschen aus Montalcino schon in den Bergen liegt, erstrahlt dieses schmucke Dörfchen doch noch in den wärmeren und weicheren Farbtönen der Gegend um Siena und unterscheidet sich damit deutlich von den anderen Dörfern der Amiata mit ihrem dunklen Stein und ihrer manchmal ein wenig düsteren Architektur. Auf halber Höhe über dem Tal des Flüsschens Vivo gelegen, ist Seggiano fest verwurzelt im Fels des Höhenzugs: Wer die Straße zum kleinen Zentrum hinaufgeht, kann die Zeugnisse dieser eigenwilligen Metamorphose überall bestaunen, denn Grundmauer

Montalcino

KÜNSTLERGÄRTEN I
DIE VISION VON DANIEL SPOERRI

1930 in Rumänien als Sohn eines Rumänen und einer Schweizerin geboren, hatte Daniel Spoerri verschiedene Länder, verschiedene Kulturen und verschiedene künstlerische Tätigkeiten erprobt, bevor er sich in der Nähe von Seggiano niederließ. Als der überaus vielseitige Künstler, der er ist, hat er es auch verstanden, diese verschiedenen Aspekte in die gegenwärtige und zukünftige Dimension seines Gartens einfließen zu lassen. Wer sich das Vergnügen eines geruhsamen Besuchs gönnt, wird in den Skulpturen, welche die Landschaft beseelen, die ätherische Eleganz des klassischen Balletts, die feine Abstimmung der Theaterregie, die ironische Weltsicht des New Dada erkennen können. Denn auf all diesen Gebieten hat Spoerri eine herausragende Rolle gespielt. Der Besucher erhält statt des üblichen Katalogs eine Karte des Anwesens. Durch den ungefähr 16 Hektar großen Garten verlaufen Wege, die zu einer Reihe großartiger Blickpunkte führen, zu Theatern beinahe, wo eine der ungefähr 50 Skulpturen jeweils ein Stück darzubieten scheint, flüstert, rezitiert, deklamiert. Mal die *Krieger der Nacht* (1982) oder *Die Grazierinnen* (1992) von Spoerri selbst, beides vielstimmige, beunruhigende Bronzeskulpturen, mal der eherne, feurige *Drachen* von Paul Wiedmer (1998) oder auch die klingende *Pénétrable Sonore*, eine begehbare klingende Skulptur von Jesús Rafael Soto (1997). Die Arbeit jedoch, die das Wesen des Ortes wohl am besten einfängt, ist *Der Voyeur*, den Spoerri von 1996 bis 1998 schuf. Dabei handelt es sich um ein auf einem Sockel befestigtes Okular, das auf einer Anhöhe platziert ist und dem Besucher erlaubt, die anderen drei Skulpturen zu erspähen, die das Werk vervollständigen: *Ochsenkopf*, *Dreifuß* und *Schnee-Engel*. Das Arrangement bezieht die Facetten der menschlichen Wahrnehmung in das Kunstwerk mit ein. Dergestalt bietet es eine Gesamtsicht der Landschaft, deren Besonderheiten wie Farben, Düfte und Töne an jeder Ecke des Gartens erfahrbar werden.

So verwundert es nicht, dass ein der Pflanzenwelt so zugetaner Künstler auch ein begnadeter Gastronom ist. Spoerri schrieb 1967 das *Journal gastronomique*, und die Eat Art praktizierte er in seinem Restaurant mit Galerie in Düsseldorf. 1994 schuf er zwei «Fallenbilder», nämlich *Ewiges Frühstück* und *Mittagstisch in alle Ewigkeit*, welche die Auseinandersetzung mit seinem Universum in Seggiano einfangen sollten.

Der von der Stiftung «Hic Terminus Haeret» verwaltete Garten Daniel Spoerris entfaltet sich um einen Kern aus Bauernhäusern, die auch Ausstellungsräume, einige Gästezimmer sowie ein Bistro beherbergen. Garten, Bistro und Unterkünfte sind montags geschlossen. Von Ostern bis Mitte Juli sind sie Samstag- und Sonntagnachmittag ab 15 Uhr geöffnet, von Mitte Juli bis zum 30. Oktober jeden Nachmittag von 16 bis 20 Uhr. Wer den Garten außerhalb dieser Zeiten oder zu einer anderen Jahreszeit besichtigen möchte, kann sich unter der Telefonnummer 0564 950457 erkundigen.

und tragende Struktur der darauf errichteten Häuser ist der natürliche Fels.
Der charakteristische Kalkstein prägt nicht nur Häuser und Landschaft, sondern auch das typischste Produkt dieser Gegend: das Olivenöl der ebenso robusten wie fruchtbaren «Olivastra Seggianese», die die umliegenden Hänge bis in 600 Meter Höhe bedeckt. Die kleinen Oliven aus Seggiano werden von Hand geerntet und mit traditionellen Olivenpressen aus Stein kalt gepresst. Aus ihnen wird ein leichtes, schmackhaftes Öl gewonnen, zu dessen Ehren jedes Jahr in der letzten Dezemberwoche die Festa dell'Olio gefeiert wird. Von den einstigen 14 Ölmühlen existieren zwei noch heute: die genossenschaftliche Cooperativa agricola Olivastra, unten außerhalb der Stadtmauern an der Straße Richtung Siena, sowie die Ölmühle Frantoio Tosco Amiatino von Uberto Bernardelli und seinen Söhnen, deren Öle wenige Schritte entfernt im Lebensmittelgeschäft der Familie er-

hältlich sind (Viale Armando Diaz 1).
Vor gar nicht allzu langer Zeit hatte das Bankhaus Monte dei Paschi di Siena zum Zeichen seiner Verbundenheit mit dieser Gegend und ihren bescheidenen Bewohnern ein Plakat entwickeln lassen, auf dem ein kleiner Mann mit Eselchen vor dem Bogen der Piazzetta degli Azzoleni in Seggiano sowie Olivenbäumen mit Hügellandschaft im Hintergrund zu sehen ist. Erst nach dem Tod des alten Bauern stellte sich heraus, dass dieser – weit davon entfernt, seine Ersparnisse irgendeiner Bank anzuvertrauen – seinen Notgroschen in Höhe von 200 Millionen Lire (ca. 100.000 Euro) in einem Krug im Keller seines Hauses versteckt hatte, wo obendrein nie abgeschlossen war. Der Schein kann eben trügen, und so ist auch die heutzutage eher gemessene Atmosphäre des mittelalterlichen Ortskerns von Seggiano trügerisch, steckt doch die Geschichte des Dorfes voller Gegensätze: Bis 1248 unterstand Seggiano der mächtigen Abbazia del SS. Salvatore, um dann in den Besitz der Abtei Sant'Antimo überzugehen, die den Ort schließlich an die Republik Siena abtrat.

In Seggiano herrscht ein ideales Mikroklima für die Reifung des Pecorino. Nie in eisigen Winternebel gehüllt und im Sommer gekühlt von einer leichten Brise, bietet Seggiano

Montalcino

in freier Natur das, was modernste Anlagen in tieferen Lagen nachzuahmen versuchen. Zwischen 1960 und 1975 hatten verschiedene Mitglieder einer Familie drei Käsereien eröffnet, die mittlerweile für die Qualität ihrer Produkte bekannt sind. Die Käserei Caseificio Seggiano leiten heute die Cousins Gabriele Fabbri und Roberto Governi aus der Familie ihres Gründers. Hier entstehen unterschiedlich gereifte Produkte aus Milch, die von

Orcia DOC

Im Val d'Orcia werden seit jeher Reben angebaut, doch stand die Produktion stets im Schatten der berühmteren Weine Brunello di Montalcino und Vino Nobile di Montepulciano. Um nun diesen Landstrich verstärkt ins Bewusstsein zu rufen und die Einheitlichkeit in einem überaus heterogenen Anbaugebiet zu fördern – und so die Qualität zu steigern – gibt es seit März 2000 eine neue «Denominazione di Origine Controllata», eine kontrollierte Herkunftsbezeichnung. Sie umfasst die Anbaugebiete San Quirico d'Orcia, Castiglione d'Orcia, Pienza, Radicofani, San Giovanni d'Asso, Trequanda und Buonconvento sowie einen Teil der Gemeinden Montalcino, Abbadia San Salvatore, San Casciano dei Bagni, Torrita di Siena, Chianciano Terme, Sarteano – also das Gebiet zwischen Montalcino und Montepulciano, der Dreh- und Angelpunkt dieses Führers.

Die DOC sieht folgende Weine vor: Orcia Rosso (aus mindestens 60% Sangiovese sowie weiteren, nichtaromatischen Rebsorten), der frühestens zum 1. März des auf die Lese folgenden Jahres in den Handel gelangen darf. Orcia Novello (mindestens 60% Sangiovese sowie weitere, nichtaromatische Rebsorten), dessen Vermarktung durch die für Novello geltenden Vorschriften geregelt ist. Orcia Bianco (mindestens 50% Trebbiano toscano sowie andere zugelassene Sorten), der frühestens zum 1. März des auf die Lese folgenden Jahres vermarktet werden darf. Orcia Vinsanto (mindestens 50% Trebbiano toscano sowie andere zugelassene Sorten).

Erst kürzlich hat das neugebildete Consorzio unter dem Vorsitz von Professor Rossi (Castello di Ripa d'Orcia) beschlossen, neue Berater hinzuzuziehen, darunter Donatella Cinelli Colombini von der Fattoria del Colle in Trequanda, die sich mit ihrer Zielstrebigkeit in der Weinbranche bereits Meriten erwerben konnte. Gegenwärtig ist ein Relaunche der Homepage des Konsortiums (www.orciadoc.it) in Arbeit, außerdem entsteht unter der Federführung von «Le Strade del Vino» (Die Weinstraßen Italiens) eine Reihe von Vorschlägen für die Besichtigung der angeschlossenen Kellereien.

Seggiano

verschiedenen Schäfern mit Herden auf den Hügeln der Amiata stammen. Köstlich ist der junge «Marzolino», ebenso wie der mittelalte und der alte Pecorino, der zwar reifer und härter, aber trotzdem mürb und schmackhaft ist.
Zu einer Besichtigung lädt im Ort die zentrale Kirche von San Bartolomeo ein, in deren Halbdunkel Sie einen Flügelaltar der Sieneser Schule aus dem 15. Jahrhundert ausmachen können. Der letzte Flügel auf der rechten Seite musste durch ein Foto ersetzt werden. Ferner befindet sich gegenüber dem Lebensmittelgeschäft der Familie Bernardelli das Kirchlein San Rocco, 1486 als Votiv an die Madonna zum Dank für die Befreiung von der Pest errichtet, das aber leider nur selten geöffnet ist, so dass man nur mit etwas Glück die Fresken aus dieser Zeit besichtigen kann, die Girolamo di Domenico zugeschrieben werden.
Verlassen Sie das Dorf Richtung Pescina, stoßen Sie auf den Wegweiser zur Wallfahrtskirche **Santuario della Madonna della Carità**, einer Anlage von einzigartiger architektonischer Eleganz, die zwischen 1588 und 1603 unter der Schirmherrschaft eines Mitglieds der Familie Piccolomini entstand, um das Ende einer Hungersnot feierlich zu begehen. Umgeben von Olivenhainen, zeigt sich das Bauwerk dem Besucher in einem für diese Gegend einmaligen, weniger überladenen barocken Gewand.
Wenn Sie der Staatsstraße SS 323 in Richtung des Gipfels des Monte Amiata folgen, sehen Sie linker Hand ein Schild, das auf den «Giardino di Daniel Spoerri» hinweist, eine fantasievolle Gartenanlage mit zahlreichen Pflanzenarten, Skulpturen und Installationen, die zur Muße und zum gemächlichen Verweilen einladen. Die Werke stammen größtenteils von Spoerri selbst, seines Zeichens nicht nur Künstler, sondern auch umtriebiger Gastronom, der die Dramatik seiner Schöpfungen mit

Abbadia San Salvatore

Einwohner 6837
Höhe 822 m ü. d. M
PLZ 53021

Informationen

Municipio
viale Roma, 2
Tel. 0577 7701
und 800 452357

Agenzia per il Turismo
via Adua, 25
Tel. 0577 775811

Hotels mit Restaurant

Piccolo Hotel Aurora
via Piscinello, 51
Tel. 0577 778173
und 0577 776445

Cesaretti
via Trento, 37
Tel. 0577 778198

Albergo Olimpia
via Trieste, 30
Tel. 0577 778250

Albergo Parco Erosa
via Remedi
Tel. 0577 779735

Hotel Relais San Lorenzo
località San Lorenzo, 1
Tel. 0577 785003
Fax 0577 784449
E-Mail: hotel.sanlorenzo@iol.it

Restaurants

Ristorante Il Cantinone
via Asmara
Tel. 0577 776552
Dienstags geschlossen.

subtiler Ironie und einem überraschenden Hang zum Lyrischen abzumildern weiß. Doch es sind auch Werke anderer Künstler zu sehen, die sich auf seine Einladung hin von dieser außergewöhnlichen Stätte haben inspirieren lassen. So bieten Ambiente und Skulpturen zahlreiche ungewöhnliche Perspektiven inmitten der gepflegten Flora, die einen vergänglichen Kontrapunkt zur Zeitlosigkeit der Bronzen setzt. Ab einer Höhe von 600 Metern dann weicht der Mischwald des Hügellandes langsam den von den Bewohnern des Monte Amiata sorgsam gehegten und gepflegten Kastanienhainen, in denen die für die lokale Wirtschaft auch heute noch bedeutsamen Maronen heranreifen.

Sobald Sie **Pescina** erreicht haben, tut sich vor Ihnen auch schon ein wundervolles Wandergebiet auf. Im Sommer lugen aus dem Unterholz des Umlandes überall Walderdbeeren, wilde Himbeeren und etwas später dann auch Brombeeren hervor. Im Frühling und im Herbst locken Stein- und Butterpilze einheimische wie auswärtige Pilzsucher an (die allerdings seit einigen Jahren eine Genehmigung benötigen), und selbst wilder Spargel wächst hier im Überfluss. Oberhalb des Ortes, im Ortsteil Marsiliana, befindet sich die Talstation einiger Skilifte, von der aus Sie sowohl zu den Abfahrtspisten als auch zu den Langlaufloipen des Monte Amiata gelangen. Ab 1100 Höhenmetern bis hin zum Gipfel sind die Hänge des Vulkankegels auf insgesamt 26 Quadratkilometern vollständig mit Buchen bewachsen, denen der trachytreiche Boden, häufige Regenfälle und ein eher raues Klima ideale Lebensbedingungen bieten. Besonders im Herbst, wenn er in warmen Rottönen entflammt, bildet der Buchenwald einen farbenprächtigen Kontrast zu den mit Tannen, Kiefern und Lärchen wieder aufgeforsteten umliegenden Waldgebieten. Die Bucheckern werden besonders von Eichhörnchen, Rehen und Wildschweinen geschätzt, die diese Berglandschaft bevölkern.

Abbadia San Salvatore

Wenn Sie von Seggiano aus weiter bergauf fahren, gabelt sich die Straße ein paar Kilometer nach dem Ortsausgang von Pescina: Während es rechts zum Gipfel des Berges geht, führt Sie die linke Straße nach **Abbadia San Salvatore**. Dieses mittlerweile etwas inhomogene Örtchen ist das größte Zentrum des Monte Amiata, in dem bis vor

Seggiano

KASTANIEN

«Brotbaum», so nannte man hier einst die Edelkastanie, deren Nutzung sich inzwischen zu einer festen wirtschaftlichen Größe für die Gemeinden rund um den Amiata entwickelt hat – während man früher lediglich die Früchte als Nahrungsmittel genossen hatte. Die Edelkastanien werden am Fuß des Amiata in einer Höhe von 600 bis 1000 Metern auf etwa 30.000 Hektar Fläche angepflanzt. Auch wenn sie in den letzten Jahrzehnten vorwiegend für industrielle Zwecke wie die Tannin- und Holzgewinnung genutzt wurden, so ist den Bewohnern der Gegend ihre ursprüngliche Bestimmung als Nahrungsmittel durchaus teuer geblieben.

Die Edelkastanie ist eine langlebige und mächtige Pflanze mit großen, glänzenden Blättern. Ihre Borke ist dunkel und geschuppt, die Blüten sitzen an einem hellgelben Stiel. Sind die Früchte in ihrer charakteristischen stacheligen Hülle erst einmal reif, fallen sie von selbst zur Erde. Wer im Herbst auf diesen Hängen Pilze sammelt, während die Besitzer der Bäume die glänzenden Früchte zusammenharken, für die sich Preise von immerhin 1,80 € pro Kilo erzielen lassen, wird sich schon einmal argwöhnische Blicke gefallen lassen müssen.

Generell können Kastanien, die keinesfalls überall gleich sind, gekocht *(ballotte, caldalesse)*, geröstet *(caldarroste)* oder getrocknet, geschält, von ihrer Haut befreit und dann zu *marrons glacés* verarbeitet werden. Durch Mahlen der getrockneten Kastanien erhält man ein Mehl, das hauptsächlich zur Zubereitung von *castagnaccio*, einem Kastanienmehlfladen, oder von Marmelade verwendet wird. Doch man kann daraus auch Kastanienpolenta machen oder sogar in einem Verhältnis von 30 zu 70 Weizenmehl beimischen und daraus Tagliatelle herstellen, die mit Butter und Trüffel ganz vorzüglich schmecken.

An zwei Wochenenden in der ersten Oktoberhälfte findet in Vivo d'Orcia ein Volksfest zu Ehren der Pilze und der Kastanien statt. Und am letzten Sonntag im Oktober wird in den Stadtvierteln von Campiglia d'Orcia das *Festa del marrone*, das Maronenfest, veranstaltet. Piancastagnaio hingegen, das seinen Namen von den imposanten Edelkastanien auf einer kleinen Hochebene oberhalb des Dorfes herleitet, feiert am letzten Sonntag im Oktober und am ersten Sonntag im November den *Crastatone*, ein Fest, bei dem sich alles um diese Frucht dreht.

Für diese Gegend typisch sind kleine, aus einheimischem Peperin erbaute Gebäude, in denen einst die Maronen getrocknet wurden. Im unteren Geschoss entfachte man ein Feuer, während die Kastanien im oberen Stockwerk lagerten. Als Zwischenboden dienten Holzbalken, auf denen Pflöcke aus Kastanien- oder Buchenholz in einem Abstand von etwa einem Zentimeter aneinander gereiht wurden. Diese wiederum waren mit Besenkrautzweigen bedeckt, auf die dann die Kastanien gelegt wurden. Das Feuer durfte weder zu stark brennen oder gar Flammen schlagen, noch durfte es verlöschen. Wenn dann die Kastanien auf diese Weise ungefähr einen Monat lang getrocknet worden waren, wurden sie anschließend gedroschen, um sie von ihrer Schale zu trennen, und zu guter Letzt gemahlen.

Abbadia San Salvatore

Ristorante Laccoria
località Laccoria
Tel. 0577 777107
und 0577 778889
Dienstags geschlossen.

Einkaufen

Regionale Produkte

Pinzi Pinzuti
via Cavour
Tel. 0577 778040

Piancastagnaio

Einwohner 4400
Höhe 772 m ü. d. M.
PLZ 53025

Informationen

Ufficio informazioni Pro Loco
Viale Gramsci, 1
Tel. 0577 786024
und 0577 786033

Übernachtung

Albergo Capriolo
via Grossetana
Tel. 0577 786611

Restaurants

Enoteca Saxa Cuntaria
piazza Matteotti, 11-12-13
Tel. 0577 784104
Dienstags geschlossen.

Il Piatto delle Streghe
viale Gramsci, 317
Tel. 0577 784088
Montags geschlossen.

La Tana del Ragno
via Cavour, 25
Tel. 0577 786013
Dienstags geschlossen.

nicht allzu langer Zeit Bergbau betrieben wurde. Die auf das Jahr 1897 zurückgehenden und in den Siebzigerjahren des 20. Jahrhunderts aufgegebenen Quecksilberminen sind heute zu einem interessanten Museum umfunktioniert worden, dessen erster Teil bereits besichtigt werden kann.

Streng genommen zählt Abbadia heute gar nicht mehr zu den wirklich beliebten Ausflugszielen des Monte Amiata, obwohl es ein wichtiges Wintersportzentrum ist. Die sehenswerte Altstadt mit ihren Reliefs auf den Tür- und Fensterstürzen der Häuser wirkt etwas düster, während der moderne Teil des

Die Abtei SS. Salvatore in Abbadia San Salvatore

Abseits des Weges
Vivo d'Orcia

Ausgangs- und Zielpunkt: Seggiano
Wegstrecke: mit dem Auto fährt man über Pescina oder man macht eine Wanderung von 9 Kilometern
Voraussichtliche Dauer: Tagesausflug

 *Auch wenn Vivo d'Orcia klein, überwiegend modern und ziemlich bescheiden daherkommt, ist es doch in der Umgebung und sogar bis hin nach Siena fast täglich in aller Munde: «Mineralwasser? Nein danke, Wasser aus dem Vivo!» Der zwischen 1908 und 1914 erbaute Aquädukt des Vivo befindet sich etwas außerhalb der Ortschaft an einem Feldweg, der von der Straße nach Seggiano abzweigt. Gehen Sie von den Quellen aus nach oben weiter, taucht rechts l'Ermicciolo auf, eine kleine romanische Kirche mit zahlreichen Umbauten aus dem 19. Jahrhundert, die mit grazilen Säulchen an Fassade und Apsis aufwarten kann. Da man vom Ort aus zum Kirchlein nur eine halbe Stunde zu Fuß benötigt, ist es ein guter Ausgangspunkt für angenehme Spaziergänge zu den bewirtschafteten Berghütten Rifugio Amiatino und Cantore oder den Anello Della Montagna entlang. Verlassen Sie den Ort jedoch in der entgegengesetzten Richtung, stoßen Sie auf eine herrliche Natur und zeitlos schöne Zeugnisse der Geschichte: Zunächst die «Brücke der Verliebten», ein Sträßchen, das sich zwischen niedrigen Mäuerchen mit anmutig abgerundeten Mauerkronen dahinwindet, und schließlich die Einsiedelei am Vivo. Von Kamaldulensern erbaut, ging sie zunächst in den Besitz der Farnese und 1534 in den der Cervini von Montepulciano über, die wiederum dort ihren Palazzo errichten ließen, der wahrscheinlich Antonio da Sangallo dem Jüngeren zuzurechnen ist. Zu Füßen der Klause und des Ortes erstreckt sich entlang des Laufes eines Wildbachs das Abetina del Vivo, eines von drei Wäldchen mit heimischen Tannen.*

Ortes doch ganz erheblichen Wildwuchs zeigt.

Und dennoch wäre es ein Fehler, einfach daran vorbeizufahren, und das nicht nur wegen der typischen Gerichte aus der Gegend um den Monte Amiata, die hier für wenig Geld mit all ihren unverfälschten Zutaten ohne viel Aufhebens serviert werden. Denn Abbadia birgt vor allem eine architektonische Perle mittelalterlicher Architektur: Die Abtei SS. Salvatore übte einst mächtigen Einfluss auf das Umland aus, nicht zuletzt durch die Rechtsprechung über die Via Francigena, auf der die Pilger nach Rom zogen.

Durch diese strategische Position gelang es dem Kloster, sich neben Reichtum auch eine große soziale und spirituelle Bedeutung zu sichern.

Das im 8. Jahrhundert vom Königshof von Pavia gegründete Kloster entstand im Rahmen der von den Langobarden angestrebten politischen Verständigung. Die Weihe der Abteikirche erfolgte im Jahr 1036, im Beisein von mindestens 18 Bischöfen und Kardinälen, darunter auch der Patriarch von Aquileja. Obwohl in den nachfolgenden Jahrhunderten so mancher Umbau vorgenommen wurde, geht die unter dem Querschiff gelegene wundervolle Krypta auf eben diese Zeit zurück. Das Kreuzgewölbe ruht auf zahlreichen schlanken Säulen, die den Raum in 13 kleine Schiffe aufteilen, eine für die Entstehungszeit beachtliche Leistung. Langobardisch inspiriert sind die stilisierten Darstellungen von Pflanzen, Menschen und Tieren, die die prächtigen Kapitelle schmücken.

Zu den uralten Bräuchen des Ortes zählen die so genannten Weihnachtsfackeln, eine Tradition, die auf eine Zeit zurückgeht, in der es den Ort Abbadia noch gar nicht gab. Die Menschen, die damals in den Weilern rund um die Abtei wohnten, entzündeten Feuer, um sich am Heiligen Abend zu wärmen, während sie auf die Christmette warteten. Heute werden die über vierzig Fackeln in der Altstadt und andernorts um 19 Uhr entzündet. Sie brennen dann bis zum Sonnenaufgang, während eine Wanderprozession von Fackel zu Fackel zieht und Weihnachtslieder anstimmt, allerdings nicht ohne sich mit so mancher Leckerei gestärkt zu haben, die die lokale Küche bietet.

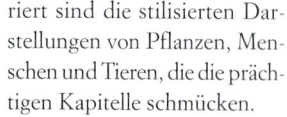

Die Abtei SS. Salvatore in Abbadia San Salvatore

Von Piancastagnaio nach Bagni San Filippo

Von Abbadia San Salvatore aus führen Sie wenige Kilometer durch hügeliges Land nach **Piancastagnaio**, eines der schönsten Dörfer rund um den Amiata. Trutzig auf einem Vorsprung gelegen, der über das Tal der Paglia und der Via Cassia wacht, steht es ganz im Zeichen des Trachyts, an dessen spektakulär geformte Felswände sich die Häuser schmiegen. Bereits Ende des 12. Jahrhunderts als Sitz einer Burg be-

Abseits des Weges
Casteldelpiano

Ausgangspunkt: Seggiano
Zielpunkt: Casteldelpiano
Wegstrecke: 7 Kilometer
Voraussichtliche Dauer: ein halber Tag

Wenn Sie am Ortsausgang von Seggiano an der Abzweigung nicht nach links Richtung Pescina abbiegen, gelangen Sie nach Casteldelpiano, das Papst Pius II. rühmte, sei es doch «wegen seiner Schönheit, seiner angenehmen Lage und seiner anmutigen Landschaft vornehmster Ort des Monte Amiata». Und tatsächlich genießt man hier eine wundervolle Aussicht über die Täler des Ombrone und der Orcia. Der kleine Süßwarenbetrieb Corsini, in dem schmackhafte Produkte hergestellt werden, entwickelte sich aus einer Bäckerei, die bereits seit 1921 ein hervorragendes Brot herstellt, das dunkler und würziger ist als so manche andere toskanische Brotsorte der näheren Umgebung. In Casteldelpiano befindet sich außerdem der Sitz der Firma Fungoamiata, die neben Pilzspezialitäten auch andere Köstlichkeiten wie in Öl eingelegte Artischocken (der Morello Toscano aus der Maremma) erzeugt.
In den letzten zehn Augusttagen findet hier eine Verkaufsausstellung mit Produkten von Industrie, Handwerk und Landwirtschaft des Monte Amiata statt. Am 8. September dann wird der «Palio delle Contrade», der Wettstreit der Stadtviertel, in historischen Gewändern ausgetragen, wobei man sich am Abend zuvor bei Musik, Spielen und Folklore einstimmt. Tags darauf wird schließlich der traditionelle Vieh- und Warenmarkt eröffnet.
Wenige Kilometer außerhalb des Ortes gibt es am Prato della Contessa und am Prato delle Macinaie ein paar Skilifte, die im Winter Skibegeisterte zum Monte Amiata mit seinen 15 Kilometern Abfahrtspisten und den malerischen Langlaufloipen durch jahrhundertealten Buchenbestand hinaufbringen.

Castiglione d'Orcia

Einwohner 2515
Höhe 540 m ü. d. M.
PLZ 53023

Informationen

Municipio
via Aldobrandeschi, 13
Tel. 0577 88401

Hotels mit Restaurant

Albergo Flora
località Vivo d'Orcia
via IV Novembre, 18
Tel. 0577 873724

Albergo Terme San Filippo
località Bagni San Filippo
Tel. 0577 872982

Castello di Ripa d'Orcia
località Ripa d'Orcia
Tel. 0577 897376

Agriturismo Casa Ranieri Centro Ippico Val d'Orcia
località Campiglia d'Orcia
Tel. 0577 872639
E-Mail: naranier@tin.it

Agriturismo I Lecci
località I Lecci
Tel. 0577 887287

zeugt, war Piancastagnaio lange Zeit Gegenstand von Auseinandersetzungen zwischen der Abtei SS. Salvatore, den Aldobrandeschi, Orvieto und Siena. Im Jahr 1415 unterwarf es sich Siena und wurde so 1559 Teil des Herzogtums von Cosimo de' Medici. Vielleicht liegt in dieser Zeit der unabhängige Geist seiner Einwohner begründet, die sich noch heute in vielerlei Hinsicht von den anderen Bewohnern der Amiata unterscheiden. Trotz der Höhenlage ihres Dorfes streben sie eher ins Tal, wo sie auch zum Teil ihre Handwerksbetriebe angesiedelt haben. Es ist gewiss auch kein Zufall, dass es in Piancastagnaio keine Arbeitslosigkeit gibt. Als 1976 die Quecksilberminen im nahe gelegenen Siele-Gebiet geschlossen wurden, suchten sich viele Bewohner in den Lederfabriken von Florenz Arbeit. Doch zum richtigen Zeitpunkt kehrten sie nach Hause zurück und gründeten eigene Handwerksbetriebe, weshalb es auch heute in dieser Gegend über siebzig kleine Betriebe gibt, die Lederwaren für alle bekannteren Marken der Branche herstellen.

Bisher haben nur wenige Touristen den Weg nach Piancastagnaio gefunden, was schade ist, denn es gilt ein wahres Kleinod zu entdecken. Das schmucke Örtchen kann mit einer mächtigen Burg aus der Herrschaftszeit der Aldobrandeschi aufwarten, die vor kurzem restauriert wurde. Unweit davon befindet sich die Piazza Matteotti mit dem Palazzo del

Bagni San Filippo

Podestà und dem Palazzo del Comune aus dem 14. Jahrhundert. Ebenso ist die Pfarrkirche Santa Maria Assunta einen Besuch wert, vor allem wegen ihrer zum Eingang hinaufführenden Freitreppe. Bemerkenswert ist schließlich auch der Palazzo Bourbon del Monte, welcher von 1601 bis zum Ende des 18. Jahrhunderts Sitz der hier ansässigen Feudalherren war. Das imposante Gebäude stammt aus der ersten Hälfte des 17. Jahrhunderts und ist mit seiner ausgeprägten Barockarchitektur in den Bergen eine echte Rarität. Der Palazzo befindet sich derzeit in schlechtem Zustand, und die Gemeinde, die ihn jüngst erworben hat, wird mehrere Millionen für seine Restaurierung aufwenden müssen. Doch den übrigen Gebäuden des Dorfes nach zu urteilen darf man sich auf eine prächtige Arbeit freuen.

Verlassen Sie Abbadia San Salvatore in Richtung Tal, so gelangen Sie nach wenigen Kilometern an eine Abzweigung: Linker Hand erreichen Sie **Campiglia d'Orcia**, rechter Hand **Bagni San Filippo**. Die Straße nach Campiglia d'Orcia und gleich anschließend die Straße nach **Castiglione d'Orcia** erschließen eine weitgehend einsame Landschaft: Es geht über lang gezogene, sanfte Wellenlinien, durch ausgedehnte, beinahe menschenleere Felder und Weiden, während weit unten der Verkehr durch das Tal der Via Cassia braust. Über **Campiglia** erhebt sich ein felsiger Gebirgskamm, auf dem einst

Die Thermen

Die geologische Struktur dieses südlichen Zipfels der Provinz Siena beeinflusst die Hydrologie des gesamten Gebiets, das deshalb auch mit zahlreichen Heilthermen aufwarten kann. Unter den Hügeln, die vom Monte Cetona überragt werden, verbirgt sich ein von Thermal- und Mineralquellen gespeistes Becken, das in San Casciano dei Bagni seinen Ausgang nimmt, Sarteano, Chianciano und Sant'Albino di Montepulciano verbindet und schließlich bis Rapolano reicht. Man geht davon aus, dass das Wasser seine chemische Zusammensetzung dem Umstand verdankt, dass es durch ein einziges Kreislaufsystem verläuft. Diese Landschaft ist vom Monte Amiata geprägt, nicht nur durch seine wuchtige Erscheinung, sondern auch durch seinen vulkanischen Ursprung, der sich auch heute noch in Form gefährlicher Schwefelsoffionen bemerkbar macht, die schon so manches Opfer auf den hoch gelegenen Lichtungen in der Nähe von Abbadia San Salvatore gefordert haben.

In den letzten Jahren hat man das Tourismuspotenzial dieser außerordentlichen Landschaft erkannt und die ursprünglich recht schlichten, kleineren Thermen zeitgemäßer gestaltet. Im Folgenden geben wir Ihnen einen kurzen Überblick über die sinnlichen Freuden des Wassers und die Orte, wo man in das edle Nass eintauchen kann – was nicht nur Spaß macht, sondern auch gut für die Gesundheit ist. Außerdem haben wir auch Orte angeführt, die eigentlich nicht auf der Strecke liegen, aber auf jeden Fall einen Besuch wert sind.

Bagni Vignoni

Hier erwarten Sie Thermalquellen, die reich sind an Jod, Kalk, Magnesium und Eisen, allerdings kaum Schwefel enthalten. Sie wurden schon zu Zeiten der Römer gerne besucht, um bei Krankheiten wie Rheuma und Arthrose zu helfen. Das antike Bad mitten im Zentrum des kleinen Ortes ist mittlerweile ein Denkmal und kann nur noch besichtigt werden, was sich aber auch lohnt. Sehr zu empfehlen ist das Schwimmbad des Hotels Posta Marcucci (Tel. 0577 887112), wo ein Bad im überaus entspannenden Wasser körperliche wie seelische Leiden zu lindern vermag. Die von Rosen, Bougainvillea und Stechapfelbäumen umgebene Anlage liegt über einem schönen Tal gegenüber von Rocca d'Orcia. Das Schwimmbecken hat eine unregelmäßig ovale Form mit einem flacheren und deutlich wärmeren Bereich, in den sich ein kleiner, 42° C heißer Wasserfall ergießt. Eine Art natürlicher Whirlpool im Freien, der besonders reizvoll in den Übergangszeiten ist, wenn nur wenige Gäste da sind. Das Bad ist täglich von 9–13 und von 14.30–18 Uhr geöffnet, Donnerstagnachmittag ist Ruhetag; im Juni, Juli und August öffnet es auch von 21–24 Uhr, außer am Donnerstag. Von Mitte Januar bis Mitte Februar bleibt es wegen Instandhaltungsarbeiten geschlossen. Die Thermalanlage von Bagno Vignoni befindet sich hinter dem antiken Bad, an der Piazza Moretto. Kuren können Sie von Juni bis Oktober.

Bagni San Filippo

Das Hotel Terme aus dem 18. Jahrhundert (Tel. 0577 872982) liegt inmitten eines weitläufigen Parks hoch über dem Val d'Orcia. Es wurde erst kürzlich restauriert und bietet neben vollständigen Thermalkuren Wellness-Kurzaufenthalte unter dem Motto «Gesundheit, Schönheit und Erholung». Das schwefel-, sulfat- und bikarbonathaltige Wasser verspricht Linderung bei rheumatischen Erkrankungen sowie Erkrankungen der Atemwege und der Haut. Das Bad des Hotels liegt auf einer eigens angelegten Terrasse inmitten von Kalkablagerungen und dem Grün der Macchia. Es ist nicht nur für Hotelgäste zugänglich und besticht durch seine Schlichtheit: Wohlgefühl muss hier nicht erst durch besondere Ästhetik wachgekitzelt werden. Die Wassertemperatur im Becken beträgt 37 bis 38° C, die des Wasserfalls 42° C. Täglich geöffnet von Mitte April bis Ende November von 8.30–19 Uhr, dienstags von 8.30–16.30 Uhr. Mit dem neuen Wellness-Zentrum werden die Öffnungszeiten voraussichtlich bis Ende des Jahres verlängert.

San Casciano dei Bagni

Sowohl die Thermalanlage als auch das Hotel des Centro Termale Fonteverde (Tel. 0578 58023) sind von Grund auf renoviert worden. Heute wird hier auf Fitness, Wassertherapie und Schönheitspflege gesetzt. Dazu gehört das neue Bad, das zweifellos das anspruchsvollste der Gegend ist und obendrein eine angenehme Atmosphäre bietet. Die Anlage befindet sich einen Kilometer vom Ort entfernt, mitten in einem Park voll echtem Lavendel, mit Blick auf das Val di Paglia und den Monte Amiata. Das Thermalwasser enthält Sulfate, Kalk, Fluor sowie Magnesium und hilft bei Problemen mit dem Bewegungsapparat, der Haut, mit Herz und Gefäßen sowie dem Nervensystem. Wer hier schwimmt, schläft anschließend wie ein Murmeltier. Das Schwimmbad verfügt über einen Wasserfall, der so angelegt ist, dass der ganze Körper unter dem kräftigen Wasserstrahl massiert werden kann. Erst tags darauf wird sich Ihr Körper ein wenig taub anfühlen und Ihnen damit zeigen, wie kräftig der Strahl wirklich ist.

Das Schwimmbad ist täglich von 9–19 Uhr geöffnet, im Sommer auch von 21–24 Uhr. Seit 2001 ist das Schwimmbad das ganze Jahr über geöffnet.

Sarteano

In Sarteano gibt es keine Thermalanlage, und die zahlreichen Mineralquellen, die in der Anlage des Bagno Santo (Tel. 0578 26971) zu finden sind, speisen drei Schwimmbäder (eines davon nur für Campinggäste) sowie einen großen Whirlpool, die allesamt in einem großen Camping-Park untergebracht sind. Man vermutet, dass die 24° C warmen Quellen mit Bikarbonat, Sulfat, alkalischen und erdhaltigen Substanzen die berühmten «Bagni Chiusini» sind, die Horaz, der an einer Augenlid-Erkrankung und Gicht litt, in seinem 15. Brief im Buch 1 beschrieb. Wie dem auch sei, das Wasser ist sehr belebend und eine Wohltat für die Haut. Die Bäder sind vom 1. April bis 30. September täglich von 9 bis 19 Uhr geöffnet.

Rapolano Terme

Eigentlich wäre Rapolano ja kein Teil dieser Tour, da es nördlich der bisher besprochenen Gegend liegt, und dennoch möchten wir Ihr Augenmerk auf diesen Kurort lenken, da er in der Nähe liegt und über zwei Thermalanlagen mit dazugehörigen Schwimmbädern verfügt, zu denen sich schon bald weitere Bäder gesellen sollen.

Die Terme di San Giovanni (Tel. 0577 724030) haben ein Thermalbecken, das von einer Quelle gespeist wird, die reich an Schwefel, Bikarbonat und Kalk ist und ihre Temperatur von 35° C dank einem Wasseraustausch von 1800 Litern pro Minute beibehält. Die Anlage und das umliegende Grün, die Umkleidekabinen und das Schwimmbad selbst sind ausgesprochen schön und kommen ohne jeden Pomp aus, ja man könnte fast sagen, sie sind schlicht. Die Thermen sind von Mitte Mai bis Mitte Oktober täglich von 9.30–19.30 Uhr geöffnet.

Ganz anders hingegen gibt sich die vollständig renovierte Anlage der Terme Antica Querciolaia (Tel. 0577 724091), die über zahlreiche moderne Einrichtungen und einen guten Service verfügt, dafür aber kein eigenes Hotel angeschlossen hat. Das schwefelhaltige Thermalwasser des wunderschönen Schwimmbades kommt mit einer Temperatur von 39° C aus dem Boden und ist reich an Kalk, Magnesium und Bikarbonaten. Die Anlage ist sehr gepflegt und verfügt auch über das Foyer La Fontana, in dem biologische Kost serviert wird. Das Bad hat im Winter täglich von 10.30 bis 18 Uhr geöffnet (außer am Dienstag) und Samstag bis 24 Uhr; an Sonn- und Feiertagen ist es von 10–19 Uhr geöffnet, ab Ostern bis Ende Oktober von 9 bis 19 Uhr, mit nächtlichen Öffnungszeiten am Freitag und am Samstag.

Der Vollständigkeit halber sollte noch gesagt werden, dass die beiden wichtigsten Kurorte dieser Gegend, Chianciano und Montepulciano, in diesem kleinen Überblick nicht erwähnt werden, da es dort keine Bademöglichkeiten für Tagesgäste gibt. Die Thermalwasser von Chianciano entfalten ihre heilende Wirkung (zum Beispiel bei funktioneller Leber-Gallen-Schwäche und Verdauungsstörungen) am besten, wenn man sie trinkt, während das Wasser der Terme di Montepulciano schwefelhaltig und reich an ungebundener Kohlensäure ist und ausschließlich für zweiwöchige Kuren auf ärztliche Verordnung genutzt wird. Bei einem Besuch des wunderschönen Museo Civico Archeologico delle Acque (Thermenmuseum) in Chianciano Terme erfahren Sie, dass die beiden nur drei Kilometer voneinander entfernten Thermen bereits in der Antike genutzt wurden und sich großer Beliebtheit erfreuten.

Bagno Vignoni und Bagni San Filippo

Castiglione d'Orcia

Restaurants

Osteria Il Castagno
località Vivo d'Orcia
via Amiata, 129
Tel. 0577 873508
Montags geschlossen.

Einkaufen

Öl

Oleificio Sociale Cooperativo
località La Fonte
Tel. 0577 887184

San Quirico d'Orcia

Einwohner 2300
Höhe 409 m ü. d. M.
PLZ 53027

Informationen

Municipio
Palazzo Chigi
piazza Chigi
Tel. 0577 899711

Ufficio Informazioni
Tel. 0577 897211

Übernachtung

Hotel Casanova
strada statale, 146
Tel. 0577 898177
Fax 0577 898190
E-Mail: casanova.h.r@libero.it

Hotel Le Terme
località Bagno Vignoni
Tel. 0577 887150
Fax 0577 887497
E-Mail: info@albergoleterme.it

Hotel Posta Marcucci
località Bagno Vignoni
via Ara Urcea, 43
Tel. 0577 887112
Fax 0577 887119
E-Mail: info@hotelpostamarcucci.it

eine stolze, 973 erbaute und später von den Sienesen zerstörte Festung emporragte. Das Dorf hat einen fächerförmig angeordneten historischen Ortskern, von dem aus sich eine der schönsten Aussichten über das Val d'Orcia auftut. Sehenswert ist die Kirche San Biagio, deren Anlage aus dem Mittelalter stammt.

Die Straße nach **Bagni San Filippo** hingegen fällt steiler ab. Dort sprudelt Thermalwasser mit einer Temperatur zwischen 25 und 52 Grad Celsius aus der Erde. Nicht nur der Ort selbst, auch die Landschaft scheint kreisförmig um die Thermen herum angeordnet zu sein. Eine Besichtigung der Wasserfälle von Fosso Bianco unten im Tal,

San Quirico d'Orcia

deren mächtige Kalkablagerungen einen spektakulären Anblick bieten, ist zu jeder Jahreszeit lohnend. Hier kann man auf urtümliche Art und Weise direkt unter dem Wasserfall oder in zwei natürlichen Becken, einem kalten und einem warmen, ein Bad nehmen.

**Castiglione und
San Quirico d'Orcia**
Von Campiglia d'Orcia aus fahren Sie zum Agriturismo-Betrieb I Lecci und setzen Ihren Weg dann entweder auf der Straße oder auf dem parallel dazu verlaufenden Fußweg fort. Schon bald tauchen **Castiglione d'Orcia** und sein Pendant Rocca d'Orcia auf, Orte, die sich einen guten Kilometer weit über die Kuppe eines Hügels erstrecken, von dem aus man einen überwältigenden Blick auf den Monte Amiata genießt. Castiglione d'Orcia, das 714 zum ersten Mal urkundlich erwähnt wurde, war zunächst im Besitz der Aldobrandeschi, wurde dann 1252 freie Kommune, kam im 14. Jahrhundert in den Besitz von Siena und wurde schließlich zum Zankapfel zwischen den Salimbeni und Siena. Die alten gepflasterten Gassen im Stadtkern führen allesamt zur Piazza Il Vecchietta, die dem Maler, Bildhauer und Baumeister Lorenzo di Pietro, genannt Il Vecchietta, aus dem 15. Jahrhundert gewidmet ist. Die Piazza ist mit Flusskieseln gepflastert, die von strahlenför-

San Quirico d'Orcia

Locanda del Loggiato
località Bagno Vignoni
piazza del Moretto, 30
Tel. 0577 888925
E-Mail: locanda@loggiato.it

Agriturismo Il Rigo
località Casabianca
Tel. 0577 897575
und 0577 897291
Fax 0577 898236
E-Mail: ilrigo@iol.it

Restaurants

Al Vecchio Forno
via Piazzola, 8
Tel. 0577 898347
Mittwochs geschlossen.

Osteria del Leone
località Bagno Vignoni
Tel. 0577 887300
Montags geschlossen.

Il Loggiato
località Bagno Vignoni
Tel. 0577 887174
Von Freitagabend bis Sonntag geöffnet.

Il Tinaio
via Dante Alighieri, 35 a
Tel. 0577 898347
Donnerstags geschlossen.

Ein Kaffee, ein Aperitif

Bar Caffè italiano
via Dante Alighieri, 37 a
Tel. 0577 897501

Einkaufen

Feinkost

Panificio Adriano Caselli
via Canneti, 39
Tel. 0577 898397

Panificio Le delizie del Corso
via Dante Alighieri, 83
Tel. 0577 898156

mig angeordneten Reihen von Backsteinen eingefasst werden, welche wiederum bei einem Brunnen aus Travertin aus dem Jahr 1618 zusammenlaufen.
Oberhalb des Ortes, wo noch Reste der Stadtmauer sichtbar sind, eröffnet sich dem Betrachter der Blick auf die Rocca a Tentennano, den stattlichen Bergfried, der den aus dem Val d'Orcia kommenden Wanderer von hoch droben willkommen heißt. Die Burg war zunächst im Besitz der Abtei SS. Salvatore, ging dann an die Familie Tignosi über, Vasallen der Aldobrandeschi, bevor sie im Jahr 1251 an Siena und zwanzig Jahre später an die Salimbeni fiel, die ihr das heutige Aussehen verliehen. Die Wehranlage rückte so in den Mittelpunkt der Kämpfe dieser Familie gegen Siena. Sie wurde vor kurzem restauriert und kann jetzt von Mitte Juni bis Mitte August täglich sowie in den übrigen Monaten am Samstag, am Sonntag und an allen Feiertagen besichtigt werden. Von der Rocca a Tentennano gelangt man zum darunter liegenden **Rocca d'Orcia**. Sehenswert in diesem sehr gut erhaltenen mittelalterlichen Ort sind die Piazza, deren Zisterne im 17. Jahrhundert als «das schönste Gefäß im Staate Siena» bezeichnet wurde, und die Kirche Madonna del Palazzo, die heute als privates Wohnhaus genutzt wird.
Auf dem Weg von Castiglione d'Orcia hinunter in Richtung Via Cassia ist **San Quirico d'Orcia** ausgeschildert, eines der interessantesten Dörfer dieser Gegend. Im 12. Jahrhundert Sitz eines kaiserlichen Vikars, ging es im Jahr 1256 in den Be-

Agriturismo Il Rigo in San Quirico d'Orcia

Zu Fuß

In der Gegend um die Orcia

Ausgangspunkt: Rocca d'Orcia
Zielpunkt: Ripa d'Orcia, Bagno Vignoni
oder San Quirico d'Orcia
Voraussichtliche Dauer: 5 Stunden

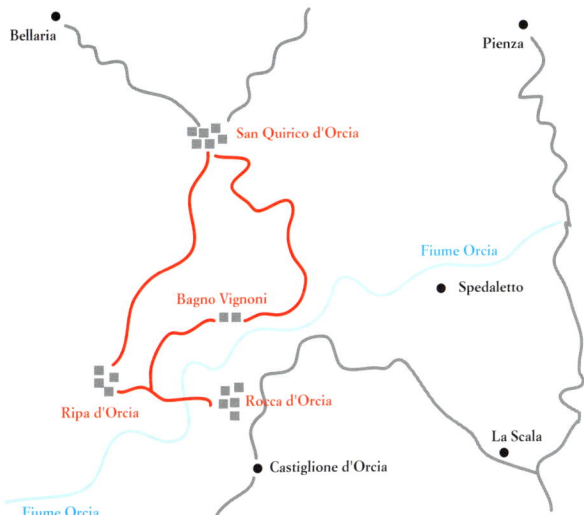

 Von Rocca d'Orcia aus führt ein stimmungsvoller Spazierweg hinunter zum Kiesbett der Orcia. Man folgt der Straße fast bis zur Staatsstraße 323 und biegt dann nach links in einen abfallenden Feldweg ein, der zum Gut Molino führt. An dieser Stelle treffen die Schluchten der Orcia aufeinander und der Fluss zeigt sich besonders malerisch. Nach Überquerung des Flusses auf einem Damm kann man auf der linken Seite zur Burg von Ripa d'Orcia und auf der rechten Seite nach Bagno Vignoni hinaufsteigen. Folgt man dem Weg nach Ripa d'Orcia, einer mächtigen Feste, die zunächst den Salimbeni gehörte, dann in den Besitz der Republik Siena überging und heute mit freundlichen Fremdenzimmern und einem einladenden Restaurant ausgestattet ist, gelangt man in ungefähr einer Stunde über einen Waldweg zur Burg hinauf. Von dort aus kann man entlang des Hügelkamms wandern, der bis nach San Quirico d'Orcia führt. Nach beiden Seiten genießt man einen herrlichen Ausblick. Folgt man der Beschilderung nach links, erreicht man nach ungefähr einer Stunde Vignoni Alto, einen kleinen Ort, in dem es sich lohnt, Rast zu machen, unter anderem wegen der Aussicht, die sich vom Bogen am Ausgang des Dorfes auf das darunter liegende

Bagno Vignoni

SAN QUIRICO D'ORCIA

Öl

Azienda agricola Malintoppo
località Malintoppo
via del Poggio, 19
Tel. 0577 897524

Azienda agricola Riguardino
via Dante Alighieri, 68
Tel. 0577 897562

Regionale Produkte

Alimentari Ines Fe
via Dante Alighieri, 28
Tel. 0577 898040

Non solo latte
via Dante Alighieri, 51
Tel. 0577 898142

Möbel

Gaia
via Cassia, 29
Tel. 0577 897525
und 0577 898270

sitz Sienas über. Unter den Sehenswürdigkeiten San Quiricos sind die Leoninischen Gärten besonders hervorzuheben, die im 16. Jahrhundert im Inneren der alten Schutzmauern angelegt wurden «zum Schmucke dieses Ortes … und zum Frommen der Wanderer und vor allem der Edlen». Jedes Jahr findet dort zum Ausklang des Sommers die Skulpturenausstellung «Forme nel Verde» statt, deren Kunstwerken die geometrisch angeordneten Hecken den angemessenen Rahmen verleihen. Auf der linken Seite im hinteren Teil der Leoninischen Gärten befindet sich übrigens ein hübscher Rosengarten!

Der beeindruckende Palazzo Chigi wurde zwischen 1679 und 1684 nach einem Entwurf von Carlo Fontana für Kardinal Flavio Chigi erbaut, der den bedeutenden Barockbaumeister zur selben Zeit für den Bau der Villa Cetinale in Sovicille in der Nähe von Siena verpflichtet hatte. Nachdem das Bauwerk jahrzehntelang leer stand, wurde es jetzt dank umfangreicher Restaurierungsarbeiten zu neuem Leben erweckt, worauf die Einwohner von San Quirico zu Recht stolz sind. Die großen, mit Fresken dekorierten Säle werden für Ausstellungen und Seminare genutzt. Gleich hinter dem Palazzo Chigi befindet sich die prächtige Stiftskirche aus dem 13. Jahrhundert mit ihrem wunderschönen romanischen Portal, dessen zu einem Knoten verschlungenen Säulchen von stilisierten Löwinnen getragen werden. Im Inneren ist neben dem Altarbild von Sano di Pietro auch das intarsierte Chorgestühl ein Muss. Auch das älteste Kirchlein, Santa Maria Assunta am Ende der Via Dante, vor dem Eingang

San Quirico d'Orcia

Tal auftut. Vom Turm aus kann man dann über einen Feldweg nach Bagno Vignoni hinunterwandern, wo sich das berühmte alte Becken befindet, das Tarkowskij in seinem Film Nostalghia *verewigt hat. Und da dieses Wasser neben den körperlichen auch die seelischen Schmerzen lindert, raten wir zu einem Besuch des Schwimmbads im Albergo Posta Marcucci. Interessant ist auch der Parco dei Mulini, der erst vor kurzem durch eine detailgenaue Restaurierung zu neuem Leben erweckt wurde. Geht man hingegen geradeaus weiter nach San Quirico d'Orcia, verlängert sich die Wanderung durch sanft abfallendes Gelände um weitere dreißig Minuten.*

zum Rosengarten, lohnt einen Besuch. Fast direkt gegenüber steht das Antico Spedale, eine kleine, elegante Dependance des Spitals Santa Maria della Scala in Siena. In seinem bezaubernden Innenhof befindet sich ein anmutiger Brunnen aus dem Jahr 1543.

San Quirico darf sich auch eines hervorragenden Olivenöls rühmen, das in der historischen Ölmühle Frantoio Malintoppo der Familie Simonelli gepresst wird. Der Betrieb, in dem Tradition und Moderne eine harmonische Verbindung eingegangen sind, kann anlässlich der Festa dell'Olio besichtigt werden, die jedes Jahr Anfang Dezember stattfindet. Am dritten Sonntag im Juni hingegen wird ein anderes Ereignis gefeiert, das bei den Einwohnern sehr beliebt ist: die Festa del Barbarossa, die auf die Begegnung von Friedrich I. mit den Gesandten Papst Hadrians IV. zurückgeht. Ein Umzug durch die Straßen des Ortes lässt diese Begebenheit wieder aufleben, während sich die einzelnen Stadtteile bei Wettkämpfen wie Bogenschießen und Fahnenschwingen messen. Zum Abendessen nach dem Wettstreit werden typische Gerichte serviert.

Kosten und verstehen

Trüffeln

Nero nannte sie «die Speise der Götter», für Plinius waren sie ein «Wunder der Natur» – und im Val d'Orcia wachsen sie in Hülle und Fülle. Die Rede ist von Trüffeln, des einen unvergessliche Gaumenfreude, des anderen ansehnliches Zusatzeinkommen, denn bei einem Preis von rund € 230 für 100 Gramm fällt es leicht, frühmorgens den Spaten zu schultern, sich mit reichlich Geduld zu wappnen und mit den Hunden loszuziehen. Seit einigen Jahren gilt es, eine kleine Prüfung zu bestehen, um die Erlaubnis zum Trüffelsuchen zu erhalten. Man muss die Bedingungen kennen, unter denen die drei wichtigsten Trüffelarten der Gegend wachsen, Beginn und Ende der Trüffelsaison beachten und wissen, dass faule Trüffeln nicht etwa an eine «entgegenkommende» Trattoria verkauft werden dürfen, sondern wieder in die Erde gehören, damit sich ihre Sporen für die nächste Saison ausbreiten können.

Die edelste Art ist der *Tuber magantum Pico*, die weiße Edeltrüffel, die sich von Oktober bis Dezember entlang der feuchten, baumbestandenen Gräben von San Giovanni d'Asso und in dessen Umgebung findet. Sie lebt in Symbiose mit verschiedenen Baumarten wie der Eiche, der Pappel, der Weide, der Hainbuche, dem Haselnussstrauch und der Linde. San Giovanni feiert diesen Segen am zweiten und dritten Wochenende im November mit einer Verkaufsausstellung, die Feinschmecker wie Händler in Scharen anlockt. Weitere Informationen erteilt die «Associazione Tartufai Senesi» mit Sitz in San Giovanni unter der Telefonnummer 0577 803213.

Nicht ganz so berühmt, aber nahezu ebenso köstlich ist der *Tuber albidum Pico*, auch die «kleine weiße» oder Frühlingstrüffel genannt. Sie ist weit verbreitet in dieser Gegend und reift von Mitte Januar bis Mitte April heran, vorzugsweise in mittleren Höhen in Pinienhainen und Eichenwäldern. Rein äußerlich sieht sie der weitaus teureren weißen Edeltrüffel zum Verwechseln ähnlich und eignet sich daher besonders gut für Betrügereien – Feinschmecker, sei auf der Hut!

Was man üblicherweise als Schwarze Trüffel oder *Tuber melanosporum* bezeichnet, die vor allem in Norcia vorkommt, ist in diesem Teil der Toskana nicht verbreitet. Dafür findet sich hier häufig ein anderes schwarzes «Wunder der Natur», das darüber hinaus auch noch eine beachtliche Größe erreichen kann: Der rauschalige *Tuber aestivum*, die Sommertrüffel, die von Juni bis November gesucht wird. Sie duftet nicht so intensiv wie die weiße Edeltrüffel, ist aber, wenn sie schön frisch und reif ist und zu den richtigen Speisen gereicht wird, ganz gewiss keine Notlösung.

Der Feinschmecker tut gut daran, den saisonalen Charakter der Trüffeln zu beachten. Nicht nur, weil die Hunde sie nicht finden, wenn sie noch nicht reif sind (und ohne Hund mit der Hacke auf die Suche zu gehen ist strafbar), sondern auch, weil die verschiedenen Arten unterschiedlich teuer sind: Weiße Edeltrüffeln sind viel mehr wert als Frühlingstrüffeln, die ihrerseits wieder teurer sind als die Sommertrüffeln.

Berühren und verstehen

Ton und Travertin

Im Gegensatz zum Marmor ist Travertin kein kaltes Gestein. Er entsteht an Thermalquellen, wo sich die im warmen Wasser gelösten Mineralien absetzen und ein poriges Schichtgestein bilden, was ihn wiederum zu einer fast lebendigen Substanz werden lässt. Warm wie die Quellen sind auch seine Farben, die von Elfenbein über helles Honiggelb bis hin zu beige reichen und manchmal rötliche Einsprengsel aufweisen, die aus mit Eisenhydroxid verbundenem Kalziumkarbonat bestehen. Travertin ist unregelmäßig geschichtet und seine natürliche Oberfläche ist auf so angenehme Weise rau, dass es ein Vergnügen ist, mit der Hand darüber zu streichen.

Genau genommen sind dies auch die typischen Eigenschaften von Ton, sobald er zu Ziegelsteinen, Dachziegeln und Trinkgefäßen verarbeitet wurde. Gebrannter Ton ist zwar nicht so vornehm, er eignet sich aber ebenfalls nicht nur als Baumaterial in Form von Backsteinen, sondern auch zur Dekoration von Gebäuden. Hier in der Gegend wird er oft für Portale

Architekturdetails aus Travertin am Palazzo Chigi in San Quirico

und Bögen verwendet, aber auch für Einfassungen, Türpfosten, Pfeiler und Brunnen. Die Etrusker begannen damit, ihre Aschenurnen aus Travertin zu fertigen. Auch bei romanischen Bauwerken findet man ihn immer wieder, wie bei der Kirche Santa Maria Assunta und der Stiftskirche von San Quirico, oder auch an der Fassade der Pfarrkirche von Trequanda, die aus schachbrettartig angeordneten Quadern aus hellem Travertin und schwarzem Kalkstein, dem so genannten Vallerano, besteht. Doch erst zur Zeit der Renaissance kommt dem Stein eine größere Bedeutung zu. Bereits im 14. Jahrhundert gelangt Travertin beim Bau des Palazzo del Capitano del Popolo in Montepulciano zum Einsatz, ebenso wie bei der Errichtung des Palazzo Comunale, ferner bei einem Großteil der Renaissance-Palazzi der Adelsfamilien, der Kirche von San Biagio und dem Pfarrhaus. Auch in Pienza wurde mit Travertin gebaut, übrigens in eleganter Verbindung mit Tuffstein und Ziegel. Die Fassade und der Glockenturm des Doms sowie die Fensterrahmen und Säulen des Palazzo Piccolomini wie auch des Palazzo Pubblico bestehen aus verschiedenfarbigem Travertin – grauweiß die Fassade des Doms, hellweiß die Säulen des Palazzo Pubblico, honigfarben die Säulen des Innenhofs des Palazzo Piccolomini. In den nachfolgenden Jahrhunderten schwingt sich der Travertin zum Dekorstein par excellence auf: Die Rahmen und Giebelfelder der Fenster sowie die Portale des Palazzo Chigi in San Quirico sind besonders eindrucksvolle Beispiele – nicht nur für die Kunst jener Zeit, sondern auch für die Kunstfertigkeit heutiger Künstler und Handwerker, die an der aufwendigen Restaurierung des Gebäudes mitgewirkt haben.

Zu den Tausenden von Tonnen Travertin, die jährlich in der Gegend um Siena gewonnen werden, kommen mindestens ebenso viele anderer Herkunft hinzu. Noch immer betrieben werden die Steinbrüche von Rapolano (knapp außerhalb unserer Route) und die etwas kleineren von San Casciano dei Bagni. Was die Bearbeitung angeht, liegt Rapolano an der Spitze, doch auch in Asciano, Bagno Vignoni (wo die ausgebeuteten Brüche Gegenstand eines interessanten Projektes zur Wiederherstellung der Landschaft sind) und in San Quirico finden sich fähige Handwerker.

Der für die Terrakotta-Produktion bekannteste und bedeutendste Ort aber ist Petroio, ein entzückendes Dorf, das sich an einen mit Olivenbäumen bewachsenen Hang zwischen Castelmuzio und Trequanda klammert.

Das Geheimnis seiner Beliebtheit liegt in der besonderen Beschaffenheit des Tons: Er enthält Mineraloxide, denen er seine lebendige Farbe verdankt. Diese «Erde» muss bei einer Temperatur von nahezu 1000 Grad gebrannt werden, was sie auch widerstandsfähiger gegen Witterungseinflüsse macht. So werden nicht selten in den alten

Bauernhäusern noch Tontöpfe gefunden, die aus dem 18. Jahrhundert stammen.

Die «Crete Senesi», die der Landschaft mit ihren typischen Erosionsformen (Schratten und Lehmhügel) ihr ganz besonderes Erscheinungsbild verleihen, stammen aus dem Pliozän und sind maritimer Herkunft. Der extrem kaolinhaltige Ton wird zurzeit aus den Gruben von Abbadia Sicille, San Giovanni d'Asso und Sant'Anna an die Fabriken in Petroio, Montisi, San Giovanni und Pienza geliefert. Will man einer Überlieferung glauben, geht die Arbeit mit Terrakotta in Petroio bis auf die Etrusker zurück – und der Fund von Resten und Fragmenten im Trovetal und im Landesinneren scheint diese Vermutung zu bestätigen. Die ersten Dokumente jedenfalls, die den Betrieb der noch heute tätigen Fabriken belegen, gehen auf das Ende des 17. Jahrhunderts zurück.

Vor einigen Jahren wurde eine Genossenschaft zur Überwachung der Qualität und Quantität des Tons von Petroio gegründet, zu deren Mitgliedern 26 Handwerks- und Industrieunternehmen zählen. Außerdem wurde der bereits seit langem gehegte Plan, ein **Museo della terracotta di Petroio** ins Leben zu rufen, endlich in die Tat umgesetzt. Sitz ist ein altehrwürdiger dreistöckiger Palazzo: Im Erdgeschoss erwartet Sie ein kleiner Überblick über die heutige Produktion, in den oberen Stockwerken wird die Geschichte der Terrakotta-Verarbeitung von der Gewinnung des Tons bis hin zum Brennofen erzählt.

Heute ist in Petroio nur noch die Firma Benocci ansässig, aber bereits wenig außerhalb des Ortes, in Madonnino dei Monti, findet man Marrangoni, Raffaelli, F.A.T.A.P. und

FA.PA. Ein weiteres geschichtsträchtiges Unternehmen, die Terrecotte Artistiche Senesi der Familie Lorenzetti, ist ein regelrechter Blickfang an der Straße von San Giovanni nach Montisi (auf der rechten Seite, im Ortsteil Ampella). Und kurz nach Pienza schließlich, Richtung Montepulciano, kann der Reisende die großen emaillierten Krüge der Firma Cencini und die Keramiken der Firma Sbarluzzi bestaunen.

Zweite Tour

Eine Besichtigungstour von Pienza nach Lucignano d'Asso, Sant'Anna in Camprena, Petroio, Castelmuzio, Montisi, San Giovanni d'Asso, Trequanda und Montefollonico

Ausgangs- und Zielpunkt: Pienza
Kilometer: 60
Voraussichtliche Dauer: 2 Tage

Ausflüge:
ab Pienza

Abseits des Weges:
Asciano

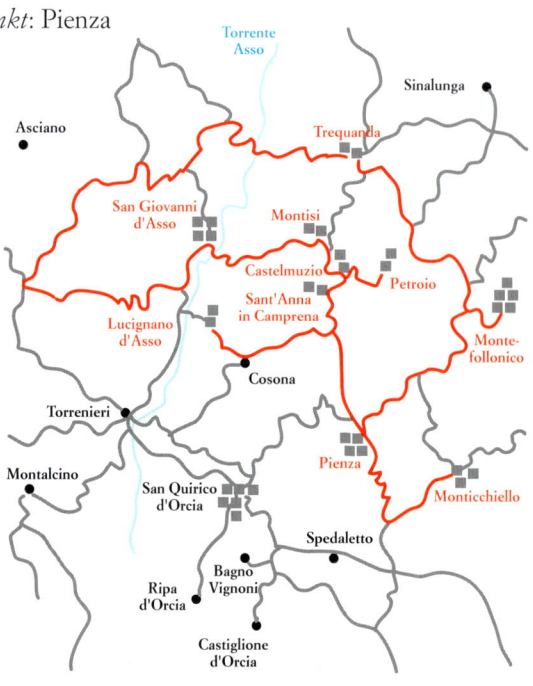

Rund um Pienza

Pienza
Von San Quirico aus empfiehlt es sich, den längeren Weg für die Reise nach **Pienza** einzuschlagen. Wenn Sie der Via Cassia in südliche Richtung folgen und dann nach wenigen Kilometern links nach Chianciano abbiegen, erblicken Sie auf einem Plateau die Burg von Spedaletto, die zunächst als Hospiz für Pilger auf ihrem Weg nach Rom diente und dann im 13. Jahrhundert zur Grancia, also zum Kornspeicher des Spitals von Santa Maria della Scala in Siena, umfunktioniert wurde. Schon bald gelangen Sie zu einer Kreuzung, an der Sie links abbiegen. Von hier aus geht es langsam berg-

Landschaft an der Via Cassia

Pienza

Einwohner 2500
Höhe 491 m ü. d. M.
PLZ 53026

Informationen

Municipio
corso Il Rossellino, 61
Tel. 0578 748200

Ufficio Informazioni
piazza Pio II
Tel. 0578 749071

Feste
Am ersten Sonntag im September die Fiera del Cacio; am zweiten Wochenende im Mai die Festa dei Fiori.

Übernachtung

Hotel Relais Il Chiostro
corso Il Rossellino, 26
Tel. 0578 748400
Fax 0578 748440
E-Mail: ilchiostro@jumpy.it

Hotel Corsignano
via della Madonnina
Tel. 0578 748501

San Gregorio Residence
via della Madonnina
Tel. 0578 748059
und 0578 748175
Fax 0578 748354

Camere Gozzante
corso Il Rossellino
Tel. 0578 748500

Restaurants

Da Fiorella
via Condotti, 11
Tel. 0578 749095
Mittwochs geschlossen.

La Porta
località Monticchiello
via del Piano, 1
Tel. 0578 755163
Donnerstags geschlossen.

Taverna di Moranda
località Montichiello
via di Mezzo, 17
Tel. 0578 755050
Montags geschlossen.

auf durch eine Landschaft, die wie ein Gemälde der Sieneser Schule des 15. Jahrhunderts wirkt und atemberaubende Ausblicke auf das heutige Pienza bietet. Unterwegs empfiehlt es sich, einen kleinen Schlenker nach rechts einzuplanen, um das bezaubernde Dörfchen **Monticchiello** zu besichtigen, das sich im Sommer in ein einziges großes Volkstheater verwandelt (*Teatro povero*), an dem die Bewohner mit großer Hingabe mitwirken. Doch auch außerhalb der Theatersaison lohnt ein Besuch, sei es wegen der Schönheit dieses Ortes, sei es wegen seiner zwei ausgezeichneten Gaststätten.

Zurück auf der Straße nach Pienza, führt Sie diese zunächst an die Bastionen des Städtchens heran: Architektur und Städtebau der Renaissance in Reinkultur, mit denen Enea Silvio Piccolomini seinen ursprünglich bescheidenen Geburtsort unsterblich machte. Die Arbeiten wurden nach seiner Wahl zum Papst im Jahr 1458 aufgenommen, doch zieht man den Umstand in Betracht, welchen Aufwand der Einsatz von Travertin und Sandstein zu jener Zeit erforderte, musste Enea Silvio dieses Vorhaben wohl schon lange vor dem Höhepunkt seiner geistlichen Laufbahn geplant haben. Mit ein bisschen Fantasie kann man sich den großen Humanisten gut vorstellen, wie er – damals noch Kardinal – zusammen mit seinem Freund Leon Battista Alberti, dem ausführenden Ar-

Monticchiello

chitekten Bernardo Rossellino und vielleicht ja sogar auch den Malern, welche das Innere der Kathedrale mit ihren Gemälden ausschmücken sollten, im Hause Piccolomini vor dem Panorama des Val d'Orcia mit einem Glas Wein in Händen über Fenster und Fassaden, Säulen und Kapitelle sowie den herrlichen Terrassengarten der päpstlichen Residenz spricht, der eine Brücke schlägt zwischen der formalen Strenge der Architektur und dem weiten Schwung der Landschaft ringsumher.

Gewiss ist, dass die Umsetzung des Bauvorhabens in ungewöhnlich kurzer Zeit erfolgte: Die Arbeiten wurden 1458, im Jahr der Papstwahl, aufgenommen, und konnten bereits 1462 abgeschlossen werden. Zwar

Enea Silvio Piccolomini

Die Familie Piccolomini spielte eine herausragende Rolle im politischen und wirtschaftlichen Leben von Siena, bis sie zur Mitte des 14. Jahrhunderts in Ungnade fiel und sich nach Corsignano zurückziehen musste, wo sie ein Anwesen und Ländereien besaß.

Enea Silvio wurde 1405 als erstes von immerhin 18 Kindern geboren. Nachdem er seine Kindheit in Corsignano verbracht hatte, zog er als junger Mann nach Siena, um humanistischen Studien nachzugehen, die ihn weit mehr anzogen als das Studium der Jurisprudenz, das sein Vater für ihn bestimmt hatte. Seine politische und kirchliche Laufbahn begann im Jahr 1432, als er im Gefolge von Domenico Capranica, Bischof von Fermo, am Konzil von Basel teilnahm. Er wurde zunächst Sekretär des Kardinals Albergati und kurz darauf, im Jahr 1440, Sekretär des Gegenpapstes Felix V. (Amadeus von Savoyen). Dennoch vernachlässigte er darüber keineswegs seine humanistischen Studien und erhielt 1442 in Frankfurt aus den Händen Kaiser Friedrichs III. die Dichterkrone.

Als Mann, der sein Tun wie nur wenige andere Zeitgenossen reflektierte, wollte er die Priesterweihe nicht empfangen, um kein Keuschheitsgelübde ablegen zu müssen, selbst wenn dies zu jener Zeit von den wenigsten Prälaten eingehalten wurde. Es wurden ihm in jenen Jahren zwei Kinder geboren, die das Erwachsenenalter jedoch nicht erreichten. 1445 wurde er zum Botschafter Friedrichs III. in Rom ernannt, leistete Abbitte beim rechtmäßigen Papst Eugen IV. und wurde kurze Zeit später, im Jahr 1447, zum Bischof von Triest berufen.

Von da an beginnt eine Märchenkarriere im Dienst der Kirche: 1450 zum Bischof von Siena ernannt, wird er 1458 zum Papst gewählt und nimmt den Namen Pius II. an, von dem bekanntermaßen der Name «Pienza» herrührt. Als er 1464, nur zwei Jahre nachdem er sein Projekt, eine «Idealstadt» zu gründen, verwirklicht hatte, verstirbt, löst sein Tod große Trauer aus.

Als gebildeter Literat der verschiedene Teile Europas bereist hatte, verfügte Piccolomini über einen weiten Horizont. Er neigte zur Diplomatie und war bestrebt, zu vernünftigen Vereinbarungen zu gelangen. Zu seinen Freunden zählten viele der herausragenden Köpfe seiner Zeit wie der große Architekt Leon Battista Alberti oder der Mathematiker und Philosoph Nicolaus Cusanus. Über die Gegend um den Amiata schrieb Piccolomini: «So sanfte Schatten und silberne Quellen, grünes Gras und heitere Wiesen die Dichter inspirieren, so werden sie sich hier vor jedem anderen Orte niederlassen.»

Spedaletto

Zu Fuß

Nach Monticchiello

Ausgangspunkt: Pienza
Zielpunkt: Monticchiello
Voraussichtliche Dauer: 2 Stunden

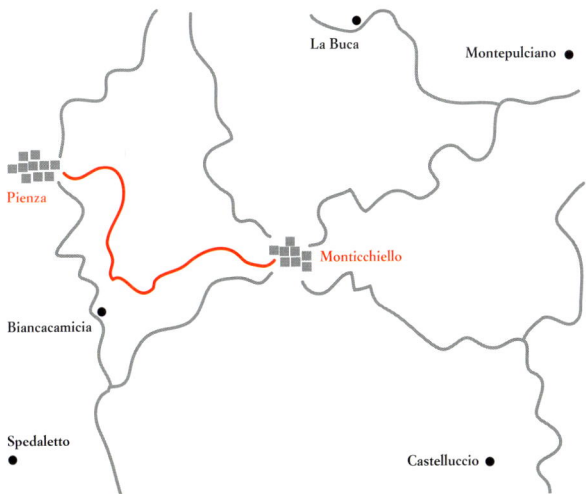

Wenn Sie an der Piazza Pio II links von der Kathedrale die Straße hinuntergehen, verlassen Sie den Stadtmauerring in südlicher Richtung. Sehr bald geht dann von der um den Ort herumführenden Straße einer der Wanderwege der Provinz Siena ab, auf den auch ein Schild hinweist. Nach dem ersten asphaltierten Teil geht es steil in südöstliche Richtung bergab, dann wieder steil bergauf und schließlich nach rechts auf einen Höhenkamm zu. Linker Hand erblicken Sie eine Reihe von Schratten und in der Ferne eine weiße, von Zypressen gesäumte Straße, die auf dem gegenüberliegenden Hügel zum Palazzo Massaini führt, ursprünglich eine Burg, die bereits im 16. Jahrhundert zu einer Villa umgebaut wurde.

Pienza

**Ein Aperitif,
eine Kleinigkeit zu essen**

Osteria Sette di Vino
piazza di Spagna, 1
Tel. 0578 749092

Einkaufen

Käse und Wurstwaren

La Cornucopia
Emporio delle Fattorie
piazza Martiri della Libertà, 2
Tel. 0578 748150

Caseificio Silvana Cugusi
S.S. 146 per Pienza
Tel. 0578 757558

Marusco e Maria
corso Il Rossellino, 21
Tel. 0578 748222

Zazzeri
corso Il Rossellino, 6
Tel. 0578749145

Wein

Enoteca di Ghino
via della Mura, 8
Tel. 0578 748057

Kunsthandwerk

Osvaldo Colombini
corso Il Rossellino, 45
Tel. 0578 748771

Mario Biagiotti & figli
corso Il Rossellino, 67
Tel. 0578 748027

Nach dem Kamm führt die Straße bis fast zum Gipfel eines Hügels hinauf, auf dem das Gut Lucignanello thront. Von dort aus ist Monticchiello bereits in Sichtweite. Sie gehen bergab und gelangen zu einer Kreuzung dreier Straßen, an der Sie sich links halten. Nach etwa einem Kilometer gelangen Sie zu einer weiteren Kreuzung vor dem Gut Casa al Piano. Sie gehen nach rechts weiter und überqueren die Brücke über das Flüsschen Tresa. Die Straße macht einen Schlenker nach links, und es beginnt der steile Aufstieg nach Monticchiello, bevor es auf der nächsten, ebenfalls bergauf führenden Straße bis zur Ortschaft weiter geht. Man kann natürlich auch direkt nach Montepulciano gelangen, ohne einen Abstecher nach Monticchiello einzuplanen – dann schlagen Sie einfach den Gutsweg ein, der linker Hand in der Nähe von vier Zypressen beginnt. Eine Tafel der Provinz Siena weist auf diese Abzweigung hin.

Monticchiello

wurde dabei die Ost-West-Achse erhalten, die die beiden Tore des mittelalterlichen Ortes miteinander verband und die dem heutigen Verlauf des Corso Rossellino entspricht, doch um eine schöne Piazza zu schaffen, um die herum die neuen Gebäude ihre Pracht gebührend entfalten konnten, mussten zahlreiche Häuser weichen, deren Bewohner zunächst einmal kein Dach mehr über dem Kopf hatten. So mancher Papst hätte wohl keinen Gedanken an diesen Umstand verschwendet, anders jedoch der zukünftige Pius II. Sein Vorhaben umfasste zunächst den Dom, den Palazzo Pubblico, den Palazzo Piccolomini sowie angemessene Residenzen für die Kardinäle seines Gefolges – die sie, wie überliefert, aus eigener Tasche zu zahlen hatten, was den einen oder anderen sicher missmutig stimmte. Zum Projekt gehörte darüber hinaus ein Panoramaweg, der zwei Durchgänge in der Mauer und einen großen Erdwall erforderlich machte.

Pius plante aber auch eine Zeile neuer Häuser für all jene Bewohner, die infolge der Umbauten ihr Haus hatten räumen müssen. Diese *Case nove* befinden sich noch heute in der gleichnamigen Straße, die Sie erreichen, wenn Sie am Ende des Corso Rossellino vor dem Restaurant «Latte di luna» nach links abbiegen: Bescheidene Häuser in ebenso bescheidener Lage, weitab der Prachtstraßen, aber immerhin im Herzen der Stadt. In diesem beschaulichen Stadtteil befindet sich auch das ehemalige Konservatorium San Carlo Borromeo, das in Kürze das **Museo Archeologico e della Città** beherbergen wird.
Wenn Sie von der anderen Seite nach Pienza kommen, finden Sie sich, nachdem Sie die Porta al Murello (auch Porta al Prato genannt) passiert haben, am Anfang des Corso Rossellino wieder. Von hier aus führen Sie zwei Wege zur Piazza. Entscheiden Sie sich für den Panoramaweg, dann müssen Sie gleich nach rechts abbiegen und

bergab durch die alten Häuser und Mauern bis zur Stadtmauer weitergehen, von der aus sich ein herrlicher Blick auf das Val d'Orcia und den wuchtigen Monte Amiata auftut. Ab der Via Gozzante führt der Panoramaweg ein paar hundert Meter lang an der Mauer entlang und man bekommt eine Vorstellung davon, warum Piccolomini im Jahr 1460 das Sieneser Land mit so großer Inbrunst beschrieb: «... es war Frühling, liebreizend erschien diese Jahreszeit in der Umgebung Sienas, es grünten die von Laubwerk und Blumen bekleideten Hügel ... mit Weinreben, Obstbäumen oder Weizenfeldern bedeckt erhoben sie sich weich fließend über anmutige Auen, in denen Saatfelder grünten und immerfort Bächlein fliessen». Sobald diese Gasse beginnt zur höher gelegenen Piazza hin anzusteigen, erblicken Sie auf Ihrer Linken die Begrenzungsmauer des Terrassengartens des Palazzo Piccolomini. Durch die drei rundbogigen Öffnungen in der Gartenmauer konnten der Papst und sein purpurgewandetes Gefolge ein Panorama genießen, das selbst schon ein Kunstwerk ist. Wenn Sie nun nach rechts blicken, sehen Sie die hintere Seite des Doms mit seinen spitzbogigen Fenstern im Stil der Spätgotik, die Enea Silvio auf seinen Reisen nördlich der Alpen schätzen gelernt hatte. Durch ein Absinken des Untergrunds wurde der Dom von Pienza im Lauf der Zeit stark in Mitleidenschaft gezogen, was sich auch an den zahlreichen, in die steinernen Quader eingravierten Daten von Restaurierungen ablesen lässt. Eine Erwähnung verdienen ferner die Beschädigungen aus der Zeit des Zweiten Weltkriegs, dessen Auswirkungen auf diese Gegend von Iris Origo meisterhaft festgehalten wurden.

Wenn Sie zum Corso Rossellino zurückkehren, können Sie direkt zur Piazza weitergehen, und Sie werden bemerken, dass die Palazzi immer bedeutender werden. Doch vorher sollten Sie noch auf Ihrer Linken der **Chiesa di San Francesco** aus dem 14. Jahrhundert einen Augenblick Zeit widmen, dem einzigen bedeutenden mittelalterlichen Bauwerk innerhalb der Stadtmauern. Das angeschlossene Kloster (heute zum Hotel «Il Chiostro» umfunktioniert) wurde höchstwahrscheinlich auf den Fundamenten eines älteren Gebäudes errichtet, das möglicherweise als Hospiz diente: Herausragend ist der Kreuzgang, der im 16. Jahrhundert vollständig erneuert und erst vor wenigen Jahren nochmals von Grund auf renoviert wurde. Wenn Sie dem Corso Rossellino noch ein Stück weiter folgen, stoßen Sie kurz vor der Piazza linker Hand auf den Palazzo des Kardinals Ammanati, des einzigen Gefolgsmannes Piccolominis, der diesem freundschaftlich verbunden war und auch nach dessen Tod noch nach Pienza reiste.

Erreicht man die Piazza Pio II vom Corso oder von der darunter verlaufenden Via Goz-

Die Pfarrkirche San Vito und der Domplatz von Pienza

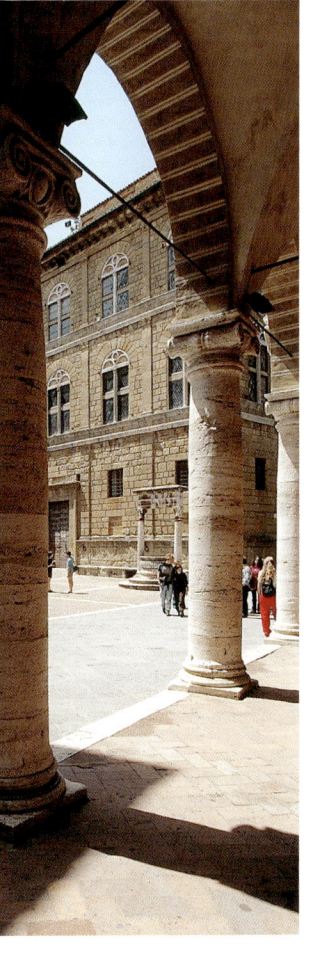

zante aus, entfaltet dieser Platz eine formale und in gewisser Weise auch spirituelle Harmonie, die nicht einmal die Touristenschwärme während der Hauptsaison zu trüben vermögen. Die geometrische Gliederung der Backsteinpflasterung nimmt Bezug auf die Fassade des **Doms**, die von einem zentralen Rundfenster akzentuiert wird, über dem im Giebelfeld der monumentale Tondo mit den päpstlichen Insignien und dem Wappen der Familie Piccolomini schwebt. Das lichtdurchflutete Innere lädt zum Dialog mit dem Göttlichen ein, was wohl auch Enea Silvios Absicht war. Als feinsinnigem Psychologen war ihm bewusst, dass nachfolgende Generationen wohl der Versuchung erliegen würden, seine Schöpfungen nach ihren Ideen zu «verbessern», gewiss jedoch nicht nach seinem Geschmack. Um dem vorzubeugen, verfügte er in seinem Testament, dass über jeden, der es wagen sollte, das Aussehen des Doms zu verändern, der Kirchenbann zu verhängen sei. Dies ist denn auch nie versucht worden, weshalb der Innenraum heute noch in seiner ursprünglichen Form zu bewundern ist. Es ist sicher kein Zufall, dass die Gemälde (besonders das des Vecchietta links hinter dem Altar) in der Nähe der betont «gotischen» Fenster ebenfalls eine ältere künstlerische Ausdrucksweise zeigen, während die Arbeit von Matteo di Giovanni im vorderen Teil der Kirche in der Nähe des linken Seiteneingangs deutlichere

Renaissancezüge aufweist. Ein gutes Beispiel dafür, zu welchen Höhen formaler und stilistischer Neuerung sich Vecchietta tatsächlich gerade in dieser Zeit aufschwingen konnte, ist die Darstellung der *Madonna mit Kind im Kreis von Heiligen* im **Museo Diocesano**, das im ehemaligen Borgia-Palast gegenüber dem Palazzo Piccolomini untergebracht ist.

Vor dem Museum erhebt sich der **Palazzo Piccolomini**, dessen warme, goldfarbene Sandsteinquader prächtig mit dem Gesims und den Fensterlaibungen aus Travertin harmonieren. Vom Innenhof aus gelangt man in die päpstlichen Gemächer, die ebenfalls zu besichtigen sind, und in den bereits erwähnten Garten. Die Residenz greift einen Typus des Profanbaus auf, der in den Jahren zuvor im Umfeld der aufstrebenden Florentiner Kaufleute und Bankiers entwickelt worden war, wie beispielsweise der Palazzo Ruccellai. Dieser wurde von Leon Battista Alberti errichtet, der schon damals mit Rossellino zusammenarbeitete. Die andere Seite der Piazza nimmt der **Palazzo Pubblico** mit seiner dreibogigen Loggia ein. Der Putz der Fassade imitiert Bossenwerk und ist somit harmonisch auf den Palazzo Piccolomini abgestimmt. Viele Elemente der architektonischen Ordnung und der Dekoration finden sich auch auf den Fassaden der anderen Gebäude an der Piazza.

Zu Fuß

Nach San Quirico d'Orcia

Ausgangspunkt: Pienza
Zielpunkt: San Quirico d'Orcia
Voraussichtliche Dauer: 3 Stunden

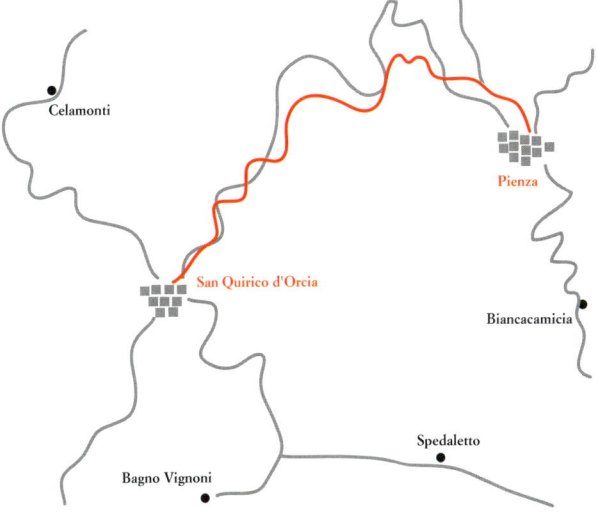

 *Bei dieser Wanderung genießt man eine grandiose Aussicht auf das Val d'Orcia mit dem Amiata im Hintergrund. Sie sollte jedoch nicht an heißen Tagen unternommen werden, da sich dem Wan-*

Pecorino aus Pienza

Seit das mittelalterliche Dorf Corsignano in die Renaissancestadt Pienza verwandelt wurde, hat es sich eher als Erholungsort denn durch seine Güterproduktion hervorgetan. Mit einer Ausnahme: Pienza ist für seinen Pecorino bekannt. Die Milch für diesen Käse gelangt nicht nur von den Weiden des Umlands nach Pienza, sondern auch aus den Gemeinden Montepulciano, San Quirico d'Orcia, Radicofani, Castiglione d'Orcia, Tomita di Siena, Trequanda, San Giovanni d'Asso und Montalcino. Als am besten geeignet für eine aromatische Schafsmilch gelten jedoch die Wiesen von Pienza, auf denen Kräuter wie wilde Minze, Wermut und Wiesenbocksbart *(Tragopogon pratensis)* gedeihen. Die Bezeichnung «pecorino» ist streng genommen relativ neu. Noch bis in die Fünfzigerjahre hielt sich in dieser Gegend jeder Hof ein paar Schafe, aus deren Milch der «cacio» (Käse) für den Eigenbedarf hergestellt wurde, der aber auch an Händler gelangte, die von Hof zu Hof zogen, die Laibe einsammelten und den Käse sogar bis ins Ausland weiterverkauften. «Cacio» aus Pienza wurde bereits 1868 auf der Weltausstellung von Paris vorgestellt, und zu Beginn des 20. Jahrhunderts gehörte er zu den Exportschlagern nach New York. Damals hielt man vornehmlich kleinrassige Vissanaschafe aus dem Val Nerina, die später mit den Rassen Gentile Pugliese, Massese und Bergamasca gekreuzt wurden. Als Lab zur Milchgerinnung wurde nahezu ausschließlich die *pressura* eingesetzt, die Blüte der wilden Artischocke. Nach dem Niedergang des Halbpachtsystems verwaisten zunächst Felder und Höfe, bis in den Fünfziger- und Sechzigerjahren mit der Ankunft sardischer Hirten neues Leben einkehrte. Diese brachten nicht nur ihre eigenen Schafe mit, sondern auch ihre eigene Tradition, Pecorino herzustellen, der geschmacklich erst nach und nach auf den Gaumen der Sienesen abgestimmt wurde.

Nur die wenigsten Käser arbeiten heute noch mit Rohmilch. Die Milch wird zunächst auf 36–37° C erhitzt, dann wird das (aus Kalbsmagen gewonnene) Lab hinzugefügt. Nach 20 bis 30 Minuten wird der so genannte Bruch zerkleinert, um den Austritt der Molke zu erleichtern, und anschließend in die Formen gegeben. Aus diesen lässt man daraufhin in einem auf 35° C vorgeheizten Raum weitere zwei Stunden lang die Restmolke austreten, bevor die Laibe gesalzen werden. Für seine erste Reife, in der die Formen in regelmäßigen Abständen gewendet und gereinigt werden, benötigt der Pecorino von Pienza ungefähr zwanzig Tage, nach denen dann die eigentliche Reifung in kühlen, feuchten Räumen einsetzt, die zwischen vierzig Tagen und über zwei Monaten dauern kann. Während dieser Zeit wird der künftige Käse mit Asche oder einer Lösung aus Olivenöl und Tomaten behandelt.

In Pienza wird zwar traditionell am ersten Sonntag im September die «Fiera del Cacio», das Käsefest, begangen, doch ist es in erster Linie die Nachbargemeinde Torrita di Siena, die sich mit sehr viel mehr Elan und Engagement für die Aufwertung und den Schutz der typischen Produkte dieser Gegend einsetzt: Auf den Messen in Torrita am ersten Sonntag nach dem 17. Januar spielt Käse eine immer wichtigere Rolle.

derer nach dem ersten Stück Wegs keine Möglichkeit mehr bietet, Schatten zu finden. Sie verlassen Pienza durch die Porta Murello, durchqueren die Gärten und spazieren schließlich auf der linken Seite talwärts in Richtung der Pfarrkirche von Corsignano. An der Gabelung halten Sie sich rechts und nach ungefähr hundert Metern sehen Sie auf der linken Seite die Pfarrkirche. Der Schlüssel kann bei den Bewohnern des angrenzenden Hauses erbeten werden. Hier weicht die befestigte Straße einer Schotterstraße, der Sie ungefähr einen Kilometer weit folgen, bis Sie sich vor dem Gittertor eines Landgutes befinden. Nun verjüngt sich die Straße zu einem Weg, der einen Kilometer lang in einer Linkskurve abfällt, dann über einen trockenen Graben führt und auf der anderen Seite wieder steil ansteigt. Auf dem Gipfel treffen Sie erneut auf eine Schotterstraße, biegen links ein und gehen ungefähr drei Kilometer weiter. Auf einem steil nach unten führenden Hang gelangen Sie zu einer kleinen Brücke. Sie überqueren sie, verlassen dann die Straße und schlagen den ansteigenden, weiß-rot markierten Weg ein. Er mündet schließlich in die Via Cassia. Wenn Sie den schmalen Pfad gegenüber einschlagen, gelangen Sie zum historischen Ortskern.

Zwei weitere Attraktionen Pienzas sollten Sie sich keinesfalls entgehen lassen. Beide bieten einen willkommenen Anlass, sich ein wenig die Beine zu vertreten. Etwa 500 Meter Luftlinie von der Porta Murello entfernt befindet sich in der Nähe der Kirche Santa Caterina eine aus dem Mittelalter stammende **Einsiedelei**. Der zum Eremitendasein auserkorene Ort birgt einige interessante in den Stein gemeißelte Figuren, darunter eine zweischwänzige Meerjungfrau, ein Motiv, dem man hin und wieder auch in den ältesten Pfarrkirchen begegnet. Die Einsiedelei liegt heute auf dem Anwesen eines Agriturismo-Betriebs, dessen Besitzer gerne Führungen organisieren (Tel. 0578 748378 oder 0337 706462). Spaziert man hingegen auf dem Sträßchen, das auf der anderen Seite der Gärten aus der Ortschaft führt, um das Ristorante Il Prato herum, gelangt man nach ungefähr zehn Minuten zur **Pfarrkirche San Vito**. Das Gebäude geht auf das 7. Jahrhundert zurück, wurde aber in den nachfolgenden vier Jahrhunderten unzählige Male umgestaltet. Es beeindruckt vor allem mit seinen allegorisch zu deutenden Pflanzen- und Tierornamenten. Im Kirchenschiff stößt man auf zwei kleine in den Stein eines Kapitells gemeißelte Schlangen, die eher wie Schutzgottheiten der Kirche anmuten als wie die Sinnbilder des Bösen christlicher Ikonographie. Auf dem Türsturz des Portals thront eine weitere überaus interessante Figur: eine Meerjungfrau mit zwei Schwänzen, die, so möchte man meinen, die eigenen Geschlechtsmerkmale regelrecht zur Schau stellt. Die Darstellung scheint weniger an die Arglist des sündigen Weibes zu gemahnen als vielmehr Sexualität und wohl auch Fruchtbarkeit zu preisen und ist damit einem Natur- und Fruchtbarkeitsverständnis verpflichtet, das weit hinter die Orthodoxie der christlichen Lehre zurückreicht.

Heute ist Pienza auch für seinen Pecorino berühmt, dem zu Ehren am ersten Sonntag im September die Fiera del Cacio, das Käsefest, stattfindet. Die Läden des Ortes sind reichlich damit bestückt, was man im Sommer durchaus auch riechen kann. Bei einer rein handwerklichen Herstellung versteht es sich von selbst, dass jeder Laib anders gerät, weshalb wir Ihnen auch raten möchten, einfach in die Spezialitätengeschäfte zu gehen und das Angebot zu kosten.

Wie der Zufall so spielt, führt Sie Ihr Weg, wenn Sie Pienza auf der Straße nach San Quirico verlassen und dann rechts nach Cosona und Sant'Anna in Camprena abbiegen, nahe an einem der tüchtigsten Hersteller vorbei. Der Betrieb befindet sich in der Ortschaft **San Polo**, die nur wenige Kilometer von der Abzweigung entfernt liegt, gleich hinter der kleinen Brücke. Hier stellt Ernello Armellini seine hervorragenden unterschiedlich lange gereiften Pecorino-Sorten her, für die er ausschließlich Milch aus der Gegend verarbeitet.

Castelmuzio und Montisi

Lucignano d'Asso

Setzen Sie Ihre Fahrt auf der Straße nach Castelmuzio fort, und schon nach wenigen Kilometern werden Sie die Hinweisschilder nach Cosona und Siena erblicken. Hier bietet sich die Gelegenheit zu einem kleinen Abstecher: ein Feldweg, der zwar problemlos befahren werden kann, jedoch auf Schusters Rappen weit reizvoller ist. Haben Sie den ersten, etwa 1,6 Kilometer langen Waldabschnitt hinter sich gebracht, gelangen Sie auf den Kamm eines Hanges, von dem aus sich ein überwältigender Ausblick auf Pienza, Radicofani, den Monte Amiata und Montalcino auftut – ein regelrechter Rundumblick. Nach ungefähr zwei Kilometern gelangen Sie an eine Weggabelung, wo Sie sich rechts halten und dann geradeaus weitermarschieren. Bleiben Sie auch am Wasserturm und an der Beschilderung nach Bagnacci auf der oberen Straße. Kurze Zeit später erstreckt sich zu Ihrer Linken ein Olivenhain, dann treffen Sie auf ein merkwürdiges landwirtschaftliches Nutzgebäude mit Spitzbögen, eine echte Seltenheit in dieser Gegend. Nach einem weiteren Kilometer erreichen Sie das Örtchen **Lucignano d'Asso**, ein wahres Juwel. Wer will, kann sich im Laden von Giannetti stärken, in seinem Lebensmittelgeschäft führt er zugleich eine Bar. Die kalten Gerichte, die rund um Wurst, Schinken und Pecorino kreisen, werden Ihnen in einem hübschen kleinen Speisesaal oder aber draußen unter der Pergola serviert. Verlassen Sie Lucignano dann auf der schmalen, von Zypressen, Olivenhainen und wiederum Zypressen gesäumten Allee. Nach zwei Kilometern stoßen Sie auf die Via Traversa dei Monti, die sie rechts einschlagen, um nach San Giovanni d'Asso zurückzukehren.

Zurück auf der Hauptstraße können Sie Ihre Rundfahrt fortsetzen. Nicht einmal einen Kilo-

Die Pfarrkirche Santo Stefano in Cennano bei Castelmuzio

meter von dem Schild nach Cosona entfernt erblicken Sie, ebenfalls linker Hand, das Hinweisschild nach **Sant'Anna in Camprena**. Hinter diesem Namen verbirgt sich ein Kloster, das auf den Überresten einer primitiven kleinen langobardischen Befestigung errichtet wurde und das im 14. Jahrhundert als Schenkung an die Olivetaner fiel. Die heutigen Hauptgebäude wurden Ende des 15. Jahrhunderts erbaut: der schöne Glockenturm, die Kirche (1517 vollendet), das Kloster und der Kreuzgang (1501) stammen aus jener Zeit. Das Refektorium wartet mit einem eindrucksvollen, weich und sinnlich gestalteten Freskenzyklus auf, der 1503 von dem jungen, besser unter dem Namen Sodoma bekannten Giovanni Antonio Bazzi geschaffen wurde, der erst kurz zuvor aus dem heimatlichen Vercelli in diese Gegend ge-

KÜNSTLERGÄRTEN II
DER BOSCO DELLA RAGNAIA IN SAN GIOVANNI D'ASSO

Viele Jahre hindurch hatte sich der seit langem in der Toskana ansässige amerikanische Maler Sheppard Craige damit beschäftigt, Himmel und Wolken dieses Landstrichs auf Leinwand zu bannen. Mit einem Mal jedoch erwachte in ihm ein großes Interesse an all dem, was sich ihm unter jenem Firmament bot: den Pflanzen, dem Boden, der Erde und den Steinen. Und anstatt die Landschaft in seinen Gemälden zu interpretieren, beschloss er, die Natur fortan unmittelbar mit seinen Händen zu formen. Der erste von ihm angelegte Garten entfaltet sich auf dem Abhang vor seinem Haus, einem traditionellen Landhaus aus Ziegeln und Naturstein, das auf einem Bergkamm liegt und nach San Giovanni d'Asso blickt. Es handelt sich um einen «formalen» Garten mit kleinen geometrisch beschnittenen Hecken, welche die mächtige doppelläufige Treppe flankieren, die zu dem großen runden Brunnen hinabführt. An jeder Terrasse, an jedem Belvedere erklingt eine Art Musik, die jeden bezaubert, der innehält, um ihr zu lauschen: Wasser, mal fließend, mal rinnend, mal tröpfelnd, je nachdem, an welcher Stelle des Weges man sich gerade befindet. Verwunderlich bleibt, dass ein im Grunde genommen akademisch barocker Garten eine so gelungene Verbindung mit einem schlichten Landhaus einzugehen vermag, aber das Ensemble ist stimmig. Gleichermaßen befremdlich erschien vielen der Erwerb des dichten Steineichen-, Eichen- und Pinienwaldes namens La Ragnaia, der sich auf einem stark abschüssigen Gelände gleich nach San Giovanni d'Asso in Richtung Chiusure ausdehnt. In nur wenigen Jahren allerdings ist es Sheppard gelungen, eine ungemein poetische Welt der Klänge erstehen zu lassen – erneut vernehmen wir Wasser, das hier ganz natürlich zu fließen scheint, während es sich in Wirklichkeit um einen subtilen Kunstgriff handelt –, eine von flirrendem und changierendem Lichtspiel durchdrungene Welt, die erfüllt ist von erdigen Düften und von dunklen, hin und wieder von hellen Himmelsstreifen durchbrochenen Farben.

Man gelangt von oben in den Wald, eine Treppe aus Tuffsteinquadern führt hinunter zu einem zentralen Parkweg. Die Perspektive ist nicht nur durch unregelmäßige Elemente wie Formen und Schatten der Bäume gestaltet, sondern auch – als Kontrast – von rechteckigen, leicht erhöhten Plateaus, die mit schlichten, aus Kies oder Steinen gestalteten geometrischen Formen geschmückt sind. Zur Rechten und zur Linken gibt es weitere kleine Waldräume zu entdecken, die mal vom «Piccolo tabernacolo delle grandi certezze», dem «Kleinen Tabernakel der großen Gewissheiten» belebt sind, mal von Steinplatten mit schwer fasslichen Inschriften, die zum Lächeln und Nachdenken anregen.

Sheppard Craige treffen Sie für gewöhnlich vor Ort an, mit der Schaufel in der Hand, wie er gerade die Natur weitergestaltet und zugleich unser Unterbewusstsein anregt.

Abseits des Weges
Die Abtei Monte Oliveto Maggiore

Ausgangspunkt: Via Traversa dei Monti
Zielpunkt: San Giovanni d'Asso
Wegstrecke: erster Rundweg 10, zweiter Rundweg 9 Kilometer
Voraussichtliche Dauer: Tagesausflug

Dieser Rundweg führt Sie auf abseits gelegenen, wenig befahrenen Straßen zu einer der meistbesuchten Klosteranlagen der Toskana: der imposanten Abtei, die einen großartigen Freskenzyklus von Luca Signorelli und Sodoma beherbergt. Auf der Via Traversa dei Monti, die von Torrenieri nach San Giovanni d'Asso führt, finden sich links Hinweisschilder nach Pieve a Salti. Die Straße erklimmt zunächst einen Bergkamm, führt dann in Serpentinen abwärts und steigt, sobald Sie sich dem Agriturismo-Betrieb Pieve a Salti nähern, wieder an. Hier können Sie einen schönen Ausblick auf das Val d'Arbia und Buonconvento genießen, den jedoch häufig leichter Dunst trübt. Haben Sie die Ebene und das Dorf hinter sich gelassen, gelangen sie schließlich auf die Via Cassia. Zu Fuß marschieren Sie geradeaus weiter. Autofahrer hingegen biegen zunächst Richtung Siena ab, fahren ein paar hundert Meter weiter und zweigen dann der Beschilderung zur Abtei Monte Oliveto folgend rechts ab. Eine schöne Straße

kommen war. Die Linienführung verrät noch die Schule Peruginos, die Frische der Farbpalette ist einfach überwältigend. Interessant ist auch die stilistische Weiterentwicklung in den gut zwei Jahren, die zwischen diesem Werk und dem berühmteren Freskenzyklus im Kreuzgang der Abtei Monte Oliveto Maggiore (1505–1508) liegen. Heute werden die Gebäude des Klosters Sant'Anna in Camprena für Gäste, die Ferien auf dem Land machen möchten, für Seminare und für Sommerkurse aller Art genutzt. Wen beim Besuch ein vages Déjà-vu-Gefühl beschleichen sollte, der sei darauf hingewiesen, dass das Kloster Hauptschauplatz des Spielfilms *Der englische Patient* war.

Petroio und Castelmuzio
Wenige Kilometer nach Sant'Anna gabelt sich die Straße, rechts gelangt man nach Petroio, links nach Castelmuzio. Unsere Route führt zwar nach Castelmuzio, zunächst wollen wir jedoch dem Städtchen der Terrakotta, **Petroio**, unsere Aufwartung machen. Seine Ursprünge gehen auf die Etrusker zurück, die sich wohl auch wegen des Fischreichtums des Flusses Trove hier angesiedelt haben. Unter den etruskischen Funden gibt es auch Arbeiten aus Terrakotta. Heute haben zahlreiche Manufakturen ihre Produktion nach Madonnino dei Monti verlagert, dennoch kündet auch in Petroio so manches von dieser jahrtausendealten Tätigkeit: neben der Firma Benocci und dem neuen **Museo della terracotta** auch zahlreiche Figuren, Balustraden und Töpfe. Petroio ist außerdem die Heimatstadt Bartolomeo Garosis, genannt «Brandano», einer eigenwilligen Persönlichkeit, die immer wieder einmal in der Geschichte Sienas auftauchte. Während seiner Lebensspanne von 1486–1554 wandelte er sich vom fluchenden Gewalttäter zum leidenschaftlichen Prediger. Von Brandano existiert ein Bildnis in Terrakotta: mit dem Kreuz in der Hand und verklärtem Blick wacht er über die Hauptpiazza und wurde zum Sinnbild des Ortes.

Sie erreichen **Castelmuzio**, indem Sie zu der Abzweigung zurückkehren und ihre Fahrt auf der Hauptstraße fortsetzen. Der auf einem Hügel gelegene Ort bietet einen grandiosen Ausblick: Über die Via del Mattonato gelangen Sie zu einer «Le Mura» genannten Aussichtsterrasse, von welcher aus der Blick sogleich über das Kloster Sant'Anna in Camprena und rechts hinten über den Höhenzug von Montalcino schweift. Wir raten Ihnen, hier Rast zu machen: Im Casal Mustìa erwarten Sie heute eine Bar, eine Trattoria und eine Locanda, die noch jeder Gast hochzufrieden verlassen hat.

Die Abtei Monte Oliveto Maggiore

schlängelt sich bergauf und bringt Sie in etwa 15 Minuten ans Ziel. Als Alternative zu Fuß schlagen Sie ebenfalls die Straße zur Abtei ein, nehmen aber nach ungefähr einem Kilometer links die Straße nach Armena. An der Gabelung überqueren Sie die kleine Brücke und halten sich rechts. Nach einem etwa zwanzigminütigen Anstieg steuern Sie auf einige landwirtschaftliche Gebäude zu, an denen Sie rechts vorbei gehen und Ihre Wanderung bergab in Richtung eines Schuppens fortsetzen. Nach dem Schuppen wandern Sie geradeaus weiter und nach ungefähr dreißig Minuten kommen Sie an dem Landgut San Carlo vorbei. Nach weiteren 15 Minuten gehen Sie geradeaus weiter und verlassen die Straße zugunsten des Wegs mit den rot-weißen Markierungen. Sie biegen an der ersten Gabelung links ab, dann an der zweiten, kurz vor dem Landgut Fornacino, rechts. Folgen Sie weitere zwei Kilometer den Markierungen, dann gelangen Sie in den Weiler Chiusure. Lassen Sie das Postamt links liegen und setzen Sie Ihre Wanderung auf der abwärts führenden Straße zirka 400 Meter weit fort. Auf der Höhe eines Holzkreuzes biegen Sie dann links in einen Trampelpfad ein und nehmen an der Gabelung die linke Abzweigung. An der Straße angelangt biegen Sie links ab, und nach etwa 400 Metern erblicken Sie die Abtei. **Monte Oliveto Maggiore** erhebt sich inmitten einer von Crete und Ginstersträuchern geprägten Landschaft. Das Kloster wurde 1313 vom seligen Bernardo Tolomei (1272–1348) als Hospiz für Einsiedler gegründet. Außerhalb befinden sich ein im Jahr 1393 errichteter Turm, der mit einer Madonna mit Kind von Della Robbia geschmückt ist, sowie ein Fischteich aus dem 16. Jahrhundert. Herzstück der Anlage, mit deren Bau 1319 begonnen wurde, ist der Kreuzgang mit den berühmten Fresken, die das Leben des hl. Benedikt schildern: 36 Szenen, die von 1495 bis 1505 von Luca Signorelli – von ihm stammen die Fresken an der Wand zum Refektorium – und Sodoma ausgeführt wurden. Die hier erzählte Geschichte ist zwar fromm, die Art der Darstellung jedoch überaus sinnenfroh. Die Kirche stammt aus dem 15. Jahrhundert und wurde im 18. Jahrhundert barockisiert. Sie birgt ein Chorgestühl mit Intarsien von Fra Giovanni da Verona (1505). Das Kloster besitzt eine reich ausgestattete Bibliothek mit rund 40.000 Bänden. Auch die Klosterapotheke, die Honig, Liköre, Salben und Heilmittel hervorbrachte, kann besichtigt werden. Die Öffnungszeiten sind von 9.30 bis 12.30 Uhr und von 15.15 bis 17.30 Uhr. Sie können im Ristorante la Torre einkehren, das über eine schöne Terrasse verfügt. Nachdem Sie das Kloster verlassen haben, biegen Sie rechts in die ansteigende Straße ein, an der Abzweigung halten Sie sich wiederum rechts. Sie durchqueren Chiusure und stoßen zwischen San Giovanni d'Asso und der Abzweigung nach Trequanda auf die Hauptstraße der zweiten Tour dieses Führers.

Bevor Sie sich auf den Weg nach Montisi machen, legen wir Ihnen den etwa zwanzigminütigen Spaziergang zur Pfarrkirche **Santo Stefano** in **Cennano** ans Herz. Man verlässt den Ort, biegt links ab und geht bis zur Gabelung, wo rechts die Hauptstraße talwärts führt. Nehmen Sie aber stattdessen die linke Abzweigung, die Sie über Felder bis hin zur Pfarrkirche führt. Die frühchristliche Kirche steht möglicherweise auf den Überresten eines römischen Tempels, denn die *strada dei monti*, die etruskisch-römische Höhenstraße von der Maremma nach Chiusi, führte hier entlang. Die drei Apsiden sind typisch für Pfarrkirchen, die vor dem Jahr 1000 errichtet wurden, und auch einige Dekorationselemente wie die Figuren auf der Laibung des zweiten Fensters auf der rechten Seite und das Schlangengewirr auf dem Kapitell der vorderen rechten Säule lassen an ein Gebäude denken, das weit vor 1285 errichtet wurde, das Datum, das in das Portal gemeißelt ist. Wie dem auch sei, die schlichte Innenausstattung und die Lage mitten auf dem Lande sorgen für eine einzigartige Atmosphäre.

Montisi

Von Castelmuzio aus führt die Straße zunächst hinab und steigt dann auf der anderen Seite des Grabens wieder an bis nach **Montisi**, einem mittelalterlichen, auf dem Rücken eines Hügels gelegenen Dorf. Seit dem 12. Jahrhundert gehörte es

zum Herrschaftsgebiet der Cacciaconti della Scialenga, welche die Burg Montisi mitsamt ihrer Ländereien 1295 dem Spital Santa Maria della Scala in Siena vermachten, das hier eine Grancia errichten ließ. Dies ist ein befestigter Gutshof mit Kellerräumen, Getreidespeichern, Zisternen und Ölmühlen, die wirtschaftliche Unabhängigkeit garantieren sollten. Der Komplex wurde im 18. Jahrhundert von dem tief verschuldeten Sieneser Spital an die Familie Mannucci Benincasa verkauft, in deren Besitz er noch heute ist. Von der ursprünglichen Anlage des mittelalterlichen Ortes sind noch ein Teil der Stadtmauer, eine Straße, die als Wehrgang diente, sowie ein Stadttor erhalten. Alljährlich wird mit dem Ritterturnier Giostra di Simone des Widerstandes gedacht, den die Bewohner Montisis Simone Cacciaconti entgegensetzten. Dieser kehrte, nachdem er von seinem Land vertrieben worden war, 1291 in den Ort zurück und legte ihn in Schutt und Asche. Der Brauch, ein Ritterturnier abzuhalten, überlebte bis zum Zweiten Weltkrieg und wurde dann aufgegeben. 1972 beschlossen einige Einwohner, ihn zu neuem Leben zu erwecken, und heute ist das Ereignis sehr beliebt. Das Turnier findet an dem Sonntag statt, der dem 5. August am nächsten ist. Verlassen Sie nun Montisi und kehren Sie auf die Via Traversa dei Monti zurück, die einen Bergkamm erklimmt und von dort aus einen schönen Ausblick bietet. Kurz nach Beginn der Abfahrt zum Flüsschen Asso erblicken Sie linker Hand, in der Ortschaft **Ampella**, das Terrakotta-Werk Terrecotte Artistiche Senesi, wo sich die Familie Lorenzetti, Vater Beppe und seine beiden Söhne Riccardo und Filippo, allesamt begnadete Töpfer, mit viel Elan daran gemacht haben, die örtliche Töpfertradition hochzuhalten. Weiter geht es in Serpentinen bergab, bis zu einer Abzweigung, wo Sie sich rechts halten

SAN GIOVANNI D'ASSO

Einwohner 1100
Höhe 310 m ü. d. M.
PLZ 53020

INFORMATIONEN

Municipio
piazza Vittorio Emanuele II, 3
Tel. 0577 803101

RESTAURANTS

Ristorante della Grancia
località Montisi
via Umberto I, 3
Tel. 0577 845159
Dienstags geschlossen.

EIN KAFFEE, EINE KLEINIGKEIT ZU ESSEN

Bar alimentari Giannetti
località Lucignano d'Asso
Tel. 0577 803109

EINKAUFEN

KÄSE

Le Vergelle
località Vergelle
Tel. 0577 834046

ÖL

La Romita Antica Fattoria
località Montisi
via Umberto I, 144
Tel. 0577 845186

KUNSTHANDWERK

Terrecotte Artistiche Senesi
località Ampella
Tel. 0577 803000

und nach San Giovanni d'Asso hinauffahren.

San Giovanni d'Asso
Das Dorf wird von seiner Burg aus dem 12. Jahrhundert beherrscht, die den Betrachter sofort in ihren Bann schlägt. Zunächst im Besitz der Grafen von Scialenga, wurde sie in der Folgezeit als Grancia, also als befestigter Speicher genutzt, in dem Getreide und Lebensmittel des Spitals Santa Maria della Scala in Siena gelagert wurden. Dank der zahlreichen Schenkungen, die dem Hospital während der Pest im Jahr 1348 und später dann von Wallfahrern zukamen, stellte es in seiner Blütezeit eine bedeutende Wirtschaftsmacht dar.
Die Burg besteht aus zwei Teilen: der ältere, rechteckig angelegte Bau weist romanische Stilelemente auf, wohingegen der modernere Teil mehr einem Palast als einem Wehrbau gleicht. Im Inneren besticht ein großer Innenhof mit einem Umgang aus Backstein. Das Bauwerk wurde umfangreichen Restaurierungen unterzogen, deren Ergebnisse Sie anlässlich der Trüffel-Verkaufsschau bewundern können, die während der zweiten und dritten Novemberwoche hier stattfindet.
Bevor Sie San Giovanni verlassen, sollten Sie noch das romanische Kirchlein San Pietro in Villore besuchen, das aus dem 11. bis 12. Jahrhundert stammt. Haben Sie San Giovanni den Rücken gekehrt, stoßen Sie rechts sogleich auf den Bosco della Ragnaia – zweifelsohne

TREQUANDA

Einwohner 1450
Höhe 453 m ü. d. M.
PLZ 53020

INFORMATIONEN

Municipio
piazza Cacciaconti, 1
Tel. 0577 662009

**Ufficio Informazioni
Pro Loco**
via Roma, 2
Tel. 0577 662296

Museo della terracotta
località Petroio
via Valgelata, 4
Tel. 0577665188

HOTELS MIT RESTAURANT

Azienda Agraria La Selva
località La Selva, 16
Tel. 0577 662017
und 0577 47833

La Fattoria del Colle
località Il Colle
Tel. 0577 662108
Fax 0577 662202
E-Mail: holiday@cinelli
colombini.it

Casal Mustia
località Castelmuzio
piazza della Pieve, 3
Tel. 0577 665310

RESTAURANTS

Il Conte Matto
via Maresca, 7
Tel. und Fax 0577 662079
Dienstags geschlossen.

EINKAUFEN

FLEISCH

Macelleria Ricci
via Traversa dei Monti, 4
Tel. 0577 662252

KÄSE UND WURSTWAREN

Fattoria Belsedere
località Belsedere, 222
Tel. 0577 662307

der ideale Ort für eine besinnliche Rast. Wenn Sie Ihre Fahrt dann fortsetzen, gelangen Sie zur Staatsstraße 451, die nach Asciano führt und überraschende Ausblicke auf die Crete eröffnet, die zerfurchten Lehmhügel südlich von Siena. Nachdem Sie ein paar Kilometer bergab gefahren sind, biegen Sie rechts nach Trequanda ab und überqueren nach etwa 1,5 Kilometern Gleise. Die Linie ist mittlerweile stillgelegt und wird nur noch in der Touristensaison in Betrieb genommen, dann aber schnaubt, zur Freude der Kinder und auch vieler Erwachsener, der Treno Natura, eine alte Dampflokomotive, bis nach Grosseto übers Land. Fahren Sie auf der anderen Seite wieder bergauf, erblicken Sie rechts den mächtigen Festungsbau von Castelnuovo Grilli, und nach zwei weiteren Kilometern stoßen Sie auf einige Betriebe, die Ihre Aufmerksamkeit verdienen. Zunächst La Selva, ein schöner Agriturismo-Betrieb, dessen hofeigenes Olivenöl Sie erwerben können; dann, nicht ganz einen Kilometer weiter, der landwirtschaftliche Betrieb Belsedere, der über ein eigenes Schlachthaus verfügt und Fleisch, Schinken und Wurstwaren aus eigener biologischer Aufzucht sowie aus Rohmilch hergestellten Pecorino verkauft; und schließlich zwei Kilometer weiter die herrliche Fattoria del Colle, die weit mehr als ein Weingut ist und für ihre Gäste verschiedene Ferienwohnungen wie auch eine eigene Osteria bereithält.

**Trequanda
und Montefollonico**

Sie erreichen das Dörfchen Trequanda nach weiteren 1,5 Kilometern Asphaltstraße, die zunächst durch ein Wäldchen

Montefollonico

führt und sich dann durch Olivenhaine schlängelt. Die Herkunft des Ortsnamens liegt im Ungewissen: Einige führen ihn auf den mythischen Etruskerhelden Tarkonte zurück, andere auf das Wort *tregua* (Waffenstillstand), wieder andere auf *terram quandam*. Sicher ist, dass die ersten zuverlässigen Angaben in Quellen aus der Mitte des 13. Jahrhunderts auftauchen, das heißt zu Zeiten der Familie Cacciaconti della Scialenga e della Berardenga. Heute ist **Trequanda** ein Ort, dessen mittelalterliche Anlage innerhalb der Stadtmauern die Jahrhunderte überdauert hat. Schmuckstück ist die romanische Kirche SS. Pietro e Andrea mit ihrer wunderbaren Fassade, die im Schachbrettmuster aus hellem Travertin und schwarzem Kalkstein, so genanntem Vallerano, angelegt ist. Im Inneren erwartet Sie der imposante Flügelaltar von Giovanni di Paolo (um 1403–1482), einer der vier Künstler, die Papst Pius II. mit der Verschönerung des Doms im späteren Pienza beauftragen sollte. Auf der zentral gelegenen Piazza Garibaldi befindet sich auch der Eingang zur Burg aus dem 12. Jahrhundert, dem einstigen Wohnsitz der Cacciaconti: Noch heute

Trequanda

TREQUANDA

Azienda agricola San Polo
località San Polo
Tel. 0577 665321

Öl

Il Lecceto Cooperativo Olivicoltori Associati
località Castelmuzio
via della Trove
Tel. 0577 665358
Fax 0577 6665117

Brot und Gebäck

Forno Pasticceria di Roberto e Cinzia Mancini
via Diaccetto, 16
Tel. 0577 662288

Kunsthandwerk

Maurizio Benocci
frazione Petroio
via delle Scalelle, 1
Tel. 0577 685218

F.A.T.A.P.
frazione Petroio
località Madonnino
dei Monti
Tel. 0577 665011

FA.PA.
frazione Petroio
località Madonnino
dei Monti
Tel. 0577 665281

Marrangoni
frazione Petroio
località Madonnino
dei Monti
Tel. 0577 665004

Manifattura Terrecotte Raffaelli
frazione Petroio
località Madonnino
dei Monti
Tel. 0577 665262

künden die zinnenbewehrten Mauern vom einstigen Glanz dieser Familie. Inzwischen ist die gesamte Anlage im Besitz der Cariplo-Bank, nebst allen Ländereien, die als landwirtschaftlicher Musterbetrieb geführt werden. Die ausgezeichnete Metzgerei Ricci gleich außerhalb des Stadttors von Trequanda bietet hervorragende, fast ausschließlich biologische Produkte an, wie Fleisch vom Chianina-Rind, Wein und Pecorino, die allesamt vom Gut des Fondo Cariplo stammen.

Wenn Sie Trequanda in Richtung Montisi verlassen haben, biegen Sie nach weniger als einem Kilometer links ab und dann an der nächsten Abzweigung wieder nach rechts. Gleich darauf gelangen Sie zu der Kreuzung in **Madonnino dei Monti**, wo inzwischen zahlreiche Terrakotta-Manufakturen des nahen Petroio ansässig sind. Wenn Sie nach links abbiegen, kommen Sie nach einem Waldstück zur Käserei Caseificio Putzulu, die eine Rast lohnt. Nach einigen Kilometern erreichen Sie eine Kreuzung dreier Straßen, an der die ländliche Trattoria «Botteghino» Reisende mit schmackhaften Wurstwaren empfängt. Es geht rechts weiter, dann biegen Sie fast sofort wieder links ab in die Stra-

Montefollonico
(Ortsteil von
Torrita di Siena)

Einwohner 782
Höhe 564 m ü. d. M.
PLZ 53040

Informationen

**Municipio di Torrita
di Siena**
piazza Matteotti, 10
Tel. 0577 68811

**Ufficio Informazioni
Pro Loco**
piazza Matteotti
Tel. 0577 685452

**Associazione
Centro Culturale**
via Landucci, 222
Tel. 0577669465

Hotels mit Restaurant

**Locanda ristorante
La Costa**
via Coppoli, 15
Tel. 0577 669488
Fax 0577 668800
E-Mail: info@lacosta.it

Einkaufen

Fleisch

**Macelleria
Iolanda Ciolfi**
via Di Duccio
Tel. 0577 669618

Käse

**Caseificio
Fratelli Putzulu**
località Imposto –
Montefollonico, 7
Tel. 0577 669744

Wurstwaren

Salumificio Franchetti
via del Pianello, 37
Tel. 0577 669675

Montefollonico

Weinerzeuger

Il Chicco
via dei Frati, 10
Tel. 0577 669606

Vittorio Innocenti
via Landucci, 10–12
Tel. 0577 669537

Asciano

Einwohner 3599
Höhe 200 m ü. d. M.
PLZ 53041

Restaurants

Ristorante la Torre
località Monte
Oliveto Maggiore
Tel. 0577 707022
Dienstags geschlossen.

Abseits des Weges

Asciano

Ausgangspunkt: Strada Statale 451
Zielpunkt: Asciano
Wegstrecke: 10 Kilometer
Voraussichtliche Dauer: ein halber Tag

Wenn Sie auf dem Streckenabschnitt von San Giovanni nach Trequanda nicht nach rechts abbiegen und die Rundfahrt abschließen, sondern auf der Staatsstraße 451 weiter talwärts fahren, erreichen Sie nach wenigen Kilometern Asciano. Dieses Dorf etruskisch-römischen Ursprungs gelangte 1285 in den Besitz der Sienesen, die es 1351 mit einer Stadtmauer umgaben. Neben seinem mittelalterlichen Erscheinungsbild, das es sich bis in unsere Tage hat bewahren können, bietet es einige recht interessante Beispiele für faschistische Architektur, allen voran das Gebäude, in dem heute die Carabinieri-Kaserne und das Consorzio untergebracht sind. Das Dorf liegt auf einer Anhöhe am Oberlauf des Flusses Ombrone an der alten Via Lauretana, über die im Mittelalter die mit der Wolle für die Tuchherstellung schwer beladenen Karren rollten. Asciano ist kein typischer Touristenort, hier herrscht nach wie vor eine ursprüngliche Atmosphäre. Und deswegen finden Sie vielleicht auch Zeit für einen Abstecher ins Museo Civico Archeologico e d'Arte Sacra, das derzeit im Palazzo Corboli neu eingerichtet wird. Die Sammlung von Gemälden aus dem 14. und 15. Jahrhundert bietet unter anderem Werke von Ambrogio Lorenzetti, Sano di Pietro und Taddeo di Bartolo, während die archäologischen Exponate Urnen, Krüge, Kelche, Fibeln und Schmuckstücke vom Oberlauf des Ombrone umfassen.

Castelmuzio, Montefollonico und Trequanda

ße, die nach **Montefollonico** hinaufführt. Dieses Dorf (heute zur Gemeinde Torrita die Siena gehörig) war einst das letzte Bollwerk der Republik Siena an der Grenze zu Montepulciano (das mal zu Florenz und mal zu Perugia gehörte), wovon noch die wuchtigen Wehrtürme und der alte Wohnturm, der *cassero* künden. Auch die Stadtmauer ist übrigens noch vollständig erhalten. Besonders sehenswert ist die älteste Kirche des Dorfes, San Bartolomeo: Über dem Portal sehen Sie eine in den Stein gemeißelte zweischwänzige Meerjungfrau, ein Motiv, das Sie an der Pfarrkirche von Corsignano in Pienza und an der Kirche von San Pietro in Villore in San Giovanni d'Asso ebenfalls finden können. Außer der Porta del Triano am Ortsende gibt es auch noch die schöne Chiesa del Triano, die 1609 errichtet wurde. Auf der Rückseite des Gebäudes befindet sich ein kleiner Park mit zahlreichen gewaltigen Findlingen. Sie werden bei einigen von ihnen bei näherem Hinsehen die Umrisse bestimmter Tiere erkennen. Jahrelang hat sie ein einheimischer Künstler immer wieder bearbeitet, bis ihm die Behörden einen Strich durch die Rechnung machten.

Kehren Sie zur Hauptstraße zurück, brauchen Sie nur noch nach links abzubiegen, um auf die Staatsstraße 146 zu gelangen, die von Montepulciano zurück nach Pienza führt.

Die Terrecotte Artistiche Senesi in San Giovanni d'Asso

Dritte Tour

 Eine Rundfahrt von Montepulciano über Chianciano Terme, Sarteano, Cetona, San Casciano dei Bagni, Celle sul Rigo, Radicofani, Contignano und Castiglioncello del Trinoro bis zur Strada della Foce

 Ausgangs- und Zielpunkt: Montepulciano
Kilometer: 100
Voraussichtliche Dauer: 2 Tage

 *Ausflüge*: ab Montepulciano und San Casciano dei Bagni

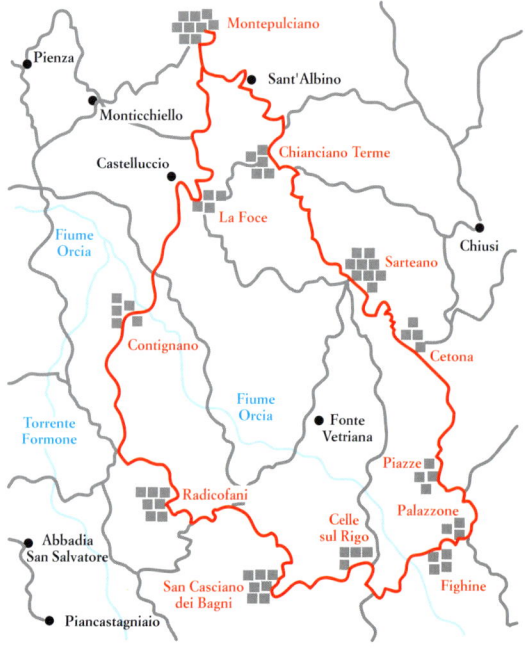

Montepulciano und seine Umgebung

Montepulciano Die zweite große Weinstadt auf unserer Route, **Montepulciano**, ragt auf einem Kamm empor, der zugleich die Wasserscheide zwischen dem Val di Chiana und dem Val d'Orcia markiert. Der bereits zu Zeiten der Etrusker und Römer bewohnte Hügel erlangte im Hochmittelalter Bedeutung, als die fortschreitende Versumpfung der Ebene den Verkehr zunehmend behinderte und man begann, neue Höhenwege anzulegen. Die erste Erwähnung des Mons Politianus als befestigte Siedlung stammt aus dem Jahr 715. Montepulciano und Montalcino genießen zwar beide einen

Montepulciano

Montepulciano

Einwohner 14170
Höhe 605 m ü. d. M.
PLZ 53045

Informationen

Municipio
piazza Grande, 1
Tel. 0578 7121

Ufficio Informazioni Pro Loco
via Gracciano
nel Corso, 59 a
Tel. 0578 757341

Strada del Vino Nobile di Montepulciano
piazza Grande, 7
Tel. 0578 717484
Fax 0578 752749
E-Mail: info@stradavinonobile.it
www.stradavinonobile.it

Übernachtung

Il Borghetto
via Borgo Buio, 7
Tel. 0578 757535
Fax 0578 757354
E-Mail: info@ilborghetto.it

Borgo Tre Rose
frazione Valiano
via I Palazzi, 5
Tel. 0578 724231
Fax 0578 724227
E-Mail: nlvoknci@tin.it

Il Duomo
via San Donato, 14
Tel. und Fax 0578 757473
E-Mail: albergoduomo@wind.it

Il Marzocco
piazza Savonarola, 18
Tel. 0578 757262
Fax 0578 757530

Restaurants

Osteria Borgo Buio
via di Borgo buio, 10
Tel. 0578 717497
Donnerstags geschlossen.

hervorragenden Ruf als Weinstädte, unterscheiden sich jedoch in vielerlei Hinsicht. Das spürbare Misstrauen zwischen beiden Städten ist nicht nur auf den in diesem Landstrich ausgeprägten Lokalpatriotismus oder die Konkurrenz unter Winzern zurückzuführen, sondern auch auf eine bemerkenswert unterschiedliche Geschichte.

Während Montalcino stets fest verankert im Machtbereich Sienas war, schlossen sich die Einwohner Montepulcianos, die sich bereits im 12. Jahrhundert eine unabhängige Kommunalverwaltung gegeben hatten, der Republik Florenz an, nicht zuletzt, um besser gegen die Expansionsgelüste Sienas gewappnet zu sein. Im Zeitalter des Humanismus erfuhr der Ort eine architektonische, künstlerische und kulturelle Blütezeit ohnegleichen. Als Montepulciano 1561 zum Bischofssitz avancierte, wurde dem Ort zugleich das Stadtrecht verliehen. Heute ist Montepulciano nicht nur ein blühendes landwirtschaftliches Zentrum, sondern auch Verwaltungssitz. In der Stadt befinden sich neben einem Gericht auch eine Musikhochschule sowie ein renommiertes Spracheninstitut, Einrichtungen also, die die Einwohner auf der anderen Seite des Val d'Orcia erst in Siena finden.

Montepulciano wird von einer Hauptstraße durchzogen, die etwa anderthalb Kilometer lang ist und in der Stadt nur «il Corso» heißt. Auf ihrem Weg durch die Stadt ändert sie mehrmals ihren offiziellen Namen, bevor sie schließlich auf den Hauptplatz führt, die Piazza Grande mitten in der Altstadt.

An der Piazza hat der Palazzo Comunale seinen Sitz, aber auch die Winzervereinigung Consorzio Vino Nobile, die Enoteca sowie die Büros der «Strada del Vino Nobile», die allesamt im Palazzo del Capitano del Popolo untergebracht sind. Unser Spaziergang beginnt am Stadttor **Porta al Prato**, das in der zweiten Hälfte des 13. Jahrhunderts als Teil der äußeren Ringmauer erbaut wurde. In der zweiten Hälfte des 16. Jahrhunderts wurde es erneuert und Teil der geschichtsträchtigen Medici-Festung, die für die Florentiner Patrizierfamilie von Antonio da Sangallo

Architekturdetails und dekorative Formen in Montepulciano

d. Ä. erbaut wurde. Die nächste Entdeckung können Sie schon wenig später in der Via di Gracciano nel Corso machen. Dort steht die **Marzocco-Säule**, die einen Löwen trägt, Symbol der Republik Florenz. Er verdrängte im Jahr 1511 die Wölfin von Siena, um kundzutun, dass nach 16 Jahren der Unterwerfung unter die Republik Siena nun die Wiederangliederung an Florenz vollzogen war. Eine Ironie des Schicksals wollte es, dass 1856 ausgerechnet der Sieneser Bildhauer Sarrocchi die Säule erneuerte und den Löwen durch eine Replik ersetzte. Das Original können Sie heute im Stadtmuseum sehen, das im Palazzo Neri Orselli eine neue Heimat gefunden hat.

Weitere Löwen flankieren das Portal des berühmten **Palazzo Avignonesi**, der traditionell Vignola zugeschrieben wird, dem bedeutendsten Architekten Mittelitaliens in der zweiten Hälfte des 16. Jahrhunderts.

Die Porta Gozzano in Montepulciano

Vino Nobile di Montepulciano

Im Jahr 1685 gab Francesco Redi, der Mediziner und Poet aus Arezzo, sein Gedicht *Bacco in Toscana* in Druck. Darin ließ er Bacchus und Ariadne durch die toskanischen Lande ziehen, um sämtliche Weine zu probieren, die dort erzeugt wurden. Sie kamen zu einem eindeutigen Ergebnis, das da lautete: «Der Montepulciano ist der König aller Weine!»

In der Tat genossen die Weine aus Montepulciano schon damals einen herausragenden Ruf. So zog Sante Lancerio, der Mundschenk von Papst Paul III. Farnese, um die Mitte des 16. Jahrhunderts durch ganz Italien, um seinem Gebieter, der einen guten Tropfen zu schätzen wusste, die besten Weine kredenzen zu können. Sein Urteil über den Montepulciano fiel wie folgt aus: «Überaus vollkommen sowohl im Winter wie auch im Sommer. Diese Weine haben wahrlich Duft, Farbe und Geschmack.»

Erst zur Mitte des 18. Jahrhunderts wurde das Gewächs dann erstmals mit dem Namenszusatz «Nobile» in einem Dokument erwähnt. Die Überzeugung, dass ihre Weine wahrhaft «vornehm» seien, wird an den alten Bauernfamilien sicherlich geholfen haben, um in den Fünfzigerjahren des vergangenen Jahrhunderts nicht den Mut zu verlieren, war dies doch die Zeit, in der das alte Pachtsystem eine so schwere Krise erlebte, dass sich weite Landstriche zusehends entvölkerten. Schon in den Zwanzigerjahren hatte Adamo Fanetti auf dem Gutshof seiner Frau in der Gegend von Sant'Agnese ganz auf Qualität gesetzt, um auf diese Weise einen Vino Nobile zu kreieren, der mit dem damals schon weltberühmten Chianti konkurrieren sollte. Was die verwendeten Rebsorten anbelangte, so folgte er im Wesentlichen dem Vorbild des besagten Chianti, indem er Prugnolo gentile (70%), Canaiolo nero (20%) sowie Malvasia und Trebbiano toscano (10%) assemblierte. Nach den ersten Erfolgen schlossen sich andere Winzer diesem Beispiel an, so etwa Baiocchi, Bologna, Contucci oder Pilacci. Ihre Devise lautete, weniger auf Quantität und dafür umso mehr auf Qualität zu setzen, auch wenn die Kellereien für die Umsetzung dieser Maxime eigentlich noch recht dürftig ausgestattet waren.

Im Jahr 1937 wurde die Cantina Sociale gegründet, der sich zahlreiche kleine Weinbauern anschlossen. Zunächst vermarktete diese Genossenschaft lediglich offene Weine, die sie erst später – sei es als Tafelwein, Chianti, oder eben Vino Nobile – auch auf Flaschen zog. Mittlerweile ist sie unter dem Namen Vecchia Cantina di Montepulciano zum größten Hersteller von Vino Nobile geworden.

Für die künftige Entwicklung der gesamten italienischen Weinbranche war das im Jahr 1963 verabschiedete, lang ersehnte Gesetz über geschützte Ursprungsbezeichnungen von entscheidender Bedeutung. Die ersten italienischen DOC-Gebiete befanden sich allesamt auf toskanischem Boden. Zunächst erhielt der Vernaccia di San Gimignano das begehrte Prädikat, dicht gefolgt vom Brunello di Montalcino, vom Bianco di Pitigliano und dann auch schon vom Vino Nobile di Montepulciano. Im Großen und Ganzen richteten sich die DOC-Bestimmungen nach den traditionellen Gepflogenheiten der jeweiligen Region. Die zugelassenen Rebsorten waren zuallererst Prugnolo gentile, dann Canaiolo nero, Trebbiano toscano, Malvasia del Chianti, Mammolo und Pulcinculo. Der maximale Hektarertrag wurde auf hundert Doppelzentner festgelegt.

Das Gütesiegel DOC war zwar wichtig, doch verstand es sich von selbst, dass nun alles Streben dem Kürzel DOCG galt, das besonders hochwertigen Gewächsen vorbehalten war. Barolo, Barbaresco und Brunello hatten da die Nase vorn, und so war es für die Winzer von Montepulciano Ehrensache, jede Anstrengung zu unternehmen, um ebenfalls in diesen erlauchten Kreis aufgenommen zu werden. Es sollte allerdings noch gut zehn Jahre dauern, ehe sie im Februar 1981 tatsächlich diese Auszeichnung erhielten. Den Bemühungen um das DOCG-Gütesiegel sind erweiterte Qualitätsstandards im Weinbaugebiet Montepulciano zu verdanken. Die geltenden Bestimmungen sehen einen

maximalen Hektarertrag von achtzig bis hundert Doppelzentnern vor, wobei der effektive Ertrag auf höchstens 70% beschränkt bleibt. Die Weine müssen mindestens zwei Jahre altern, davon wenigstens eins im Eichenfass. Ein Verschnitt mit anderen Weinen oder Mosten ist verboten, der Alkoholgehalt muss mindestens 11,5 bis 12% betragen. Im Rebsatz sind zu 70–100% Prugnolo-gentile-Trauben zu verwenden, während für alle anderen Rebsorten eine Obergrenze von 20% gilt. Die Abfüllung auf Flasche hat im Produktionsgebiet zu erfolgen.

Dem 1965 gegründeten Consorzio del Vino Nobile di Montepulciano gehören heute 52 Erzeuger an. Diese Institution hat nicht nur die Vermarktung des Vino Nobile im In- und Ausland gefördert, sondern auch den Modernisierungsprozess auf dem Gebiet der Weinbereitung geleitet. Darüber hinaus hat sie zwei Önologenkommissionen eingerichtet, die in regelmäßigen Abständen die Kellereien besuchen, um dort die Entwicklung der Weine während der Vinifizierung und der Reifung zu überwachen. Am Ende werden die Gewächse von einer Degustationskommission getestet und lediglich diejenigen Produkte, die dieser strengen Prüfung standhalten, werden alsdann den Vertretern des Landwirtschaftsministeriums präsentiert. Das Consorzio del Vino Nobile di Montepulciano (Tel. 0578 757812) hat seinen Sitz im zentral gelegenen Palazzo del Capitano del Popolo an der Piazza Grande 12, wo auch die mehr als Museum denn als Weinhandlung konzipierte Enoteca Poliziana beheimatet ist.

Eine weitere verdienstvolle Einrichtung stellt seit einigen Jahren die Initiative «Strada del Vino Nobile di Montepulciano» dar, deren Sitz sich ebenfalls in diesem Gebäude befindet (Tel. 0578 717484). Ist das Consorzio vorwiegend für den Kontakt mit anderen Institutionen und Organisationen zuständig, so wendet sich die Weinstraßeninitiative in erster Linie an die Verbraucher, also an die Weinfreunde unter den Touristen und an diejenigen Mitbürger, die einfach nur ihre Kenntnisse erweitern wollen. Sie organisiert den Weintourismus zur Erkundung der Heimat des Vino Nobile und veranstaltet in den Monaten Mai/Juni sowie September/Oktober Konzerte, die um das Thema Wein kreisen. Ihr besonderes Augenmerk gilt der Organisation von Gruppenfahrten durch die Weinberge, an deren Ende zumeist ein geselliges Abendessen steht. Die Luft, die man dabei atmet, ist frisch und angenehm: Man wäre fast geneigt zu glauben, dass dem Vino Nobile noch ganz andere Kräfte innewohnen, die der künftigen Entwicklung Montepulcianos Flügel verleihen dürften.

Montepulciano

Diva e Maceo
via di Gracciano
nel Corso, 90–92
Tel. 0578 716951
Dienstags geschlossen.

Fattoria Pulcino
strada Statale 146, 37
Tel. 0578 758711
Kein Ruhetag.

La Grotta
località San Biagio, 15
Tel. 0578 757607
und 0578 757479
Mittwochs geschlossen.

Moderno
piazza Don Minzoni, 9
Tel. 0578 757646
Samstags geschlossen,
im Sommer kein Ruhetag.

Ein Kaffee, ein Aperitif

Antico Caffè Poliziano
via Voltaia nel Corso, 25
Tel. 0578 758615

Einkaufen

Fleisch

Macelleria Augusto Binarelli
via Voltaia nel Corso, 17
Tel. 0578 757025

Getreide und Hülsenfrüchte

Mulino Giuliotti
località Sant'Albino
viale dei Mulini, 10
Tel. 0578 798054

Süssigkeiten

Pasticceria Regina
località Sant'Albino
via dei Tulipani, 3
Tel. 0578 798245

Obst und Gemüse

Alimentari La Spinella
via Gracciano
del Corso, 55
Tel. 0578 757325

Zur Zeit des Baubeginns – 1520 – war Vignola indes erst 13 Jahre alt, sodass er allenfalls in späterer Zeit beteiligt gewesen sein mag. Die eleganten Fenster des zweiten Stockwerks unterscheiden sich deutlich von der Gestaltung des Sockelgeschosses, dies spricht für zwei unterschiedliche Bauphasen, eine Mitwirkung Vignolas wäre also durchaus denkbar. Gegenüber steht der **Palazzo Tarugi** aus dem 16. Jahrhundert, an den sich der ebenfalls aus dieser Zeit stammende **Palazzo Cocconi** anschließt, der im 19. Jahrhundert aufgestockt wurde. Auf der rechten Seite des Corso finden sich der häufig umgebaute **Palazzo Batignani** und gleich darauf ein Gebäude mit einem sehr ungewöhnlichem Sockel, der nahezu vollständig aus etruskischen und römischen Fundstücken besteht: der **Palazzo Bucelli**, den Pietro Bucelli, ein Literat und Antiquar, im frühen 18. Jahrhundert erworben und umgebaut hatte, nicht zuletzt, um seine große Sammlung etruskischer Fundstücke aus der Umgebung unterzubringen. Bereits im Vorübergehen kann man Bruchstücke von Urnen und Inschriften bestaunen, die gut sichtbar in den Sockel eingelassen sind. Ein weiterer Teil der Sammlung ist im Museo Civico ausgestellt, während der Rest in Florenz aufbewahrt wird.
Wenn Sie nun den Corso weiter entlangspazieren, sehen Sie rechter Hand einen kurzen Treppenaufgang, der zur Kirche **Sant'Agostino** führt, deren

Oben: Der Palazzo Comunale
Mitte: Die Fassade von Sant'Agnese

Fassade ein Werk des Florentiner Architekten Michelozzo ist. Er schuf auch die drei Terrakotta-Figuren, die die Lünette oberhalb des Portals zieren: ein außerordentlich interessanter Brückenschlag zwischen Spätgotik und Renaissance. Der Innenraum hingegen wurde im späten 18. Jahrhundert vollständig neu gestaltet.
Gegenüber der Kirche erhebt sich der **Pulcinella-Turm** aus dem 16. Jahrhundert. Wie der Name schon andeutet, schlägt diese charakteristische Figur aus der Commedia dell'Arte weißgewandet und entsprechend maskiert hoch droben auf dem Turm zur vollen Stunde die Glocke. Ein paar Schritte weiter, und Sie gelangen zur Piazza delle Erbe mit den **Logge del Grano**, einer dreibogigen Marktlaube mit dem Wappen der Medici, das zu Ehren des Großherzogs Cosimo I. angebracht wurde. Heute sind die Logge del Grano Sitz einer Bank, was streng genommen dem ursprünglichen Zweck des Gebäudes nicht zuwiderläuft. An dieser Stelle teilt sich die Straße und ändert ihren Namen: Rechts beginnt die Via del Macellino, die zur Kirche Santa Lucia führt, links weist der Borgo Buio den Weg zum Gozzano-Tor, während die Straße, die geradeaus bergauf geht, den Namen Voltaia nel Corso annimmt. An diesem zentralen Abschnitt des Corso finden sich weitere Patrizierwohnsitze aus dem 16. Jahrhundert. Erwähnenswert ist die Hausnummer 21, der **Palazzo Cervini**, der für

Unten: Die Fassade von Santa Lucia

Montepulciano

Öl

Il Frantoio di Montepulciano
piazza Pasquino, 9
Tel. 0578 758732

Wein

Terra Toscana
via Ricci, 14 a
Tel. 0578 757708

Kunsthandwerk

Bücher

Legatoria Koiné
via Gracciano del Corso, 22
Tel. 0578 756066

Stoffe

Biagianti
piazza Michelozzo, 5
Tel. 0578 757261

Kupfergeschirr

Bottega del Rame
via Opio nel Corso, 64
Tel. 0578 758753

Weinerzeuger

**Tenimenti Angelini
Tenuta Trerose**
frazione Valiano
via della Stella, 3
Tel. 0578 724018

Avignonesi
via di Gracciano nel Corso, 91
Tel. 0578 757872
und 0578 757873

Bindella
località Acquaviva
via delle Tre Berte, 10 a
Tel. 0578 767777

Podere Le Berne
via Poggio Golo, 7
località Cervognano
Tel. 0578 767328

Boscarelli
frazione Acquaviva
via di Montenero, 28
Tel. 0578 767277
und 0578 767608

Kardinal Marcello Cervini errichtet wurde, der spätere Papst Marcellus II., der nur wenige Tage amtierte. Die Anordnung dieses möglicherweise Antonio da Sangallo d. J. zuzuschreibenden Gebäudes ist eigenwillig: Das Haupthaus ist gegenüber den beiden Flügeln nach hinten versetzt, wodurch sich eine Art Außenhof ergibt. Die Hausnummer 31 dagegen ist der Palazzo Braschi, in dem das Herz der Stadt schlägt, das Caffè Poliziano aus dem 19. Jahrhundert.

Anschließend lohnt sich ein Besuch der ebenfalls linker Hand gelegenen Kirche des im 18. Jahrhundert gegründeten Jesuitenkollegs, in der Sie unter der kleinen Kuppel ein schönes

Montepulciano

Trompe l'œil von Antonio Colli bewundern können. Colli war Schüler von Andrea Pozzo, auf den die illusionistischen Deckenmalereien im Saal des Palazzo Contucci zurückgehen. Unsere Straße ändert erneut ihren Namen und wird nun zur Via dell'Opio nel Corso. Gegenüber der Via del Teatro sehen Sie zur Linken das Geburtshaus des Dichters Angelo Poliziano. Gehen Sie von dort aus weiter, stoßen Sie auf die Via Poliziano, die an der Rückseite der Festung entlangführt, welche von Antonio da Sangallo d. Ä. im 16. Jahrhundert umgestaltet wurde. Zwischen dem 19. und dem 20. Jahrhundert wurde sie stark beschädigt. Damit gelangen Sie auch schon zur **Piazza Grande**, dem Zentrum von Montepulciano, das die Florentiner Einflüsse aus der Zeit vom 14. bis zum 16. Jahrhundert nicht verbergen kann. Besonders deutlich wird das beim **Palazzo Comunale** aus der ersten Hälfte des 15. Jahrhunderts, ein Werk des mediceischen Architekten Michelozzo – die Bezüge zum Palazzo della Signoria in Florenz sind nicht zu übersehen. Gegenüber erblicken Sie den **Palazzo Contucci**, dessen Bau 1519 von Antonio da Sangallo d. Ä. begonnen und später von Baldassare Peruzzi vollendet wurde. An der Nordseite des Platzes befindet sich der Renaissance-Palazzo **Nobili-Tarugi** mit einer eleganten Traver-

Die historischen Weinkeller

Für den Touristen, der Küche und Weine Montepulcianos entdecken will, zählt ein Besuch in den historischen, im Ortszentrum gelegenen Weinkellern gewiss zu den angenehmsten Erlebnissen. Häufig handelt es sich um allein schon in geschichtlicher Hinsicht interessante Räumlichkeiten, die dem Besucher eine Vorstellung von der historischen Entwicklung der Stadt vermitteln.

Die Familie Contucci baut seit der Renaissance in dieser Gegend Wein an. Die Weinkeller des gleichnamigen, im Jahr 1642 gegründeten Betriebes grenzen an den Palazzo Contucci und sind von der Via del Teatro 1 aus zugänglich. In diesen Kellergewölben des 13. Jahrhunderts reifen sämtliche Weine des Betriebes heran: Nicht nur der Vino Nobile und der Rosso di Montepulciano, sondern auch ein Sansovino und ein Bianco della Contessa. Kleine Mengen an Vino Nobile werden mehr als 15 bis 20 Jahre gelagert. Die Weinkeller des Betriebes **Contucci** sind zwar täglich von 9–12.30 Uhr und von 14.30–18.30 Uhr geöffnet, im Winter empfiehlt es sich jedoch, unter 0578 757006 die genauen Öffnungszeiten telefonisch zu erfragen.

Seit fünf Generationen erzeugt und verkauft die Familie Gattavecchi Trauben und Wein aus eigenen Weinbergen und den Weingärten kleinerer Erzeuger um Montepulciano und San Gimignano. Die Weine werden im historischen, unter der Kirche Santa Maria dei Servi gelegenen Weinkeller sowie in den Räumen des aus dem 14. Jahrhundert stammenden Servitenklosters ausgebaut, das etwas außerhalb der Stadtmauer an der Umgehungsstraße liegt, die zur Piazza Grande führt. Die Öffnungszeiten für Direktverkauf und Weinverkostung der **Cantina Gattavecchi** sind 9–13 Uhr und 15–19.30 Uhr (Tel. 0578 757110).

Seit 1921 führt die Familie Fanetti das Gut **Tenuta Sant'Agnese**. Ihre Weinberge befinden sich im Zentrum des Anbaugebietes, innerhalb des Dreiecks Madonna delle Querce-Cervognano-Ciarliana. Der Wein reift in Eichen- und Maulbeerbaumfässern sowie in Barriques. Der Weinkeller in Montepulciano, der sich etwas außerhalb der Porta al Prato neben dem Laden des Gutes befindet, wurde in einem alten Stollensystem eingerichtet. Die Erzeugnisse des Gutes können von 9–13 Uhr und von 15–18 Uhr erworben werden. Um den Weinkeller zu besichtigen, empfiehlt es sich, unter der Telefonnummer 0578 757266 einen Termin zu vereinbaren.

Die nach dem berühmten Literaten des 17. Jahrhunderts, Francesco Redi, der die Güte des Weines aus Montepulciano pries, benannte **Cantina del Redi** gilt zu Recht als Tempel dieses Tropfens. Sie ist im Palazzo Ricci, einem Werk von Antonio da Sangallo d. Ä. (1455–1534) zu Hause, von dem auch die Entwürfe für die Kirche San Biagio und den Palazzo Contucci stammen. Die gewaltigen Außenmauern des Weinkellers datieren aus dem Mittelalter, wohingegen die Raumaufteilung ein Ergebnis der Umgestaltung in der ersten Hälfte des 15. Jahrhunderts ist. Hier lagern die wertvollsten Weine der Vecchia Cantina, der Inhaberin des Markennamens «Cantina del Redi». Die Öffnungszeiten des Weinkellers sind 10–13 Uhr und 15–19 Uhr; Gruppen werden nur nach telefonischer Voranmeldung unter der Nummer 0578 716092 empfangen.

Die **Fattoria Pulcino** (Tel. 0578 758711) liegt gleich außerhalb des Ortes, an der Staatsstraße nach Chianciano. Der Betrieb erstreckt sich über 160 Hektar, von denen sechs dem Weinbau vorbehalten sind. Die Gesamtproduktion beträgt etwa 50.000 Flaschen, davon 30.000 Vino Nobile und 13.000 Chianti, die allesamt im Direktverkauf abgesetzt beziehungsweise von den beiden familieneigenen Restaurants ausgeschenkt werden. Der innerhalb der Stadtmauern des Ortes gelegene Weinkeller (Via di Gracciano nel Corso 94, Tel. 0578 758486) bildet eine Art «unterirdische Stadt». Er kann täglich von 9–19.30 Uhr besichtigt werden, und die Weine des Betriebes können dort auch gleich verkostet werden. Sitz des landwirtschaftlichen Betriebes **Avignonesi** ist der prachtvolle gleichnamige Palazzo, der gemeinhin Vignola zugeschrieben wird. Die historischen Kellergewölbe, in denen der Vino Nobile lagert, können nach Voranmeldung unter 0578 724008 besichtigt werden.

Die Kellerräume, in denen die Weine der **Fattoria della Talosa** lagern, befinden sich in den alten Fundamenten des Palastes, der einst im Besitz der adeligen Familie des seligen Bartolomeo Pucci Franceschi war. In der Via Piè al Sasso 3 gelegen, wird er gegenwärtig umgebaut. Schon bald sollen dort Besucher empfangen und Verkostungen durchgeführt werden können.

Arnaldo Crociano ist nicht nur ein Mann des Weins, sondern auch Bänkelsänger, Dichter und Schauspieler. Ein Besuch seines in dem Kellergewölbe eines Palastes aus dem 14. Jahrhundert beheimateten Weinkellers **Crociani** (Via Poliziano 15, Tel. 0578 757919) ist ein ganz besonderes Erlebnis, nicht nur wegen der Liebenswürdigkeit der beiden Winzer, Crociani Vater und Sohn, sondern auch, weil im Hinterzimmer der Verkaufsstelle der Wein auf Flaschen gezogen wird, was den Besucher so hautnah am Werden des Weines teilhaben lässt, wie er es demorts vergebens sucht. Neben Vino Nobile erzeugt der Betrieb Rosso di Montalcino, den Weißwein Caggiolino, Rosso Arnaldo und Vinsanto, der in kleinen, über fünfzig Jahre alten Fässchen, den so genannten *caratelli*, ausgebaut wird. Der Vinsanto wird in einem Raum gegenüber der Verkaufsstelle bereitet.

Montepulciano

Fattoria La Braccesca
località Gracciano –
S.S. 326, 15
Tel. 0578 724252

La Calonica
località Valiano
via della Stella, 27
Tel. 0578 724119

Canneto
via dei Canneti, 14
Tel. 0578 757737

Casale
Montepulciano Stazione
via di Nottola, 9
Tel. 0578 738257

Le Casalte
località Sant'Albino
via del Termine, 2
Tel. 0578 798246-
06 9306988

La Casella
località Gracciano
via Ciarliana, 29
Tel. 0578 716283

Fattoria del Cerro
frazione Acquaviva
via Grazianella, 5
Tel. 0578 767722

La Ciarliana
località Gracciano
via Ciarliana, 31
Tel. 0578 758423
und 0335 5652718

Contucci
via del Teatro, 1
Tel. 0578 757006

Il Conventino
via di Bossona, 20
Tel. 0578 716437

Crociani
via del Poliziano, 15
Tel. 0578 757919

Dei
località Villa Martiena, 35
Tel. 0578 716878

Carlo e Marco Ercolani
strada Statale 146
Tel. 0578 716764
und 0578 758711

tin-Fassade, daneben der **Palazzo Capitano del Popolo**, heute Sitz des Consorzio Vino Nobile und der «Strada del Vino Nobile». Der schöne **Pozzo de' Grifi e dei Leoni** (Löwen- und Greifenbrunnen) gegenüber aus dem Jahr 1520 wird ebenfalls Antonio da Sangallo d. Ä. zugeschrieben. Inmitten all dieser zurückhaltenden Eleganz wirkt die Kathedrale mit ihrer nie fertig gestellten Fassade ein wenig grob. Doch im Inneren erwartet den Besucher das bedeutende Triptychon *Die Himmelfahrt Mariens* von Taddeo di Bartolo (1401).
Hinter der Piazza Grande liegt das **Teatro Poliziano** (1793 bis 1795). An der Via Ricci, die abwärts zur Piazza San Francesco führt, finden Sie den **Palazzo Neri Orselli** mit dem **Museo Civico e Pinacoteca Crociani**. Gegenüber führt eine Straße bis hinunter zur frei in der Landschaft stehenden Wallfahrtskirche **San Biagio**. Dieses zwischen 1518 und 1545 errichtete Gotteshaus mit seiner hohen Kuppel ist nicht nur das Hauptwerk von Antonio da Sangallo d. Ä., sondern eines der größten Meisterwerke der toskanischen Renaissance überhaupt. Der Zentralbau wurde über dem Grundriss eines griechischen Kreuzes errichtet, die halbkreisförmige Apsis lässt den Innenraum besonders feierlich erscheinen. Ganz in der Nähe befindet sich auch das Pfarrhaus, das fast fünfzig Jahre nach Sangallos Tod nach seinen ursprünglichen Plänen errichtet wurde.

Vin Santo und Moscadello

Bezeichnet man den Vin Santo (oder Vinsanto) als einen Dessertwein, so tut man ihm fast ein wenig Unrecht. Denn in Wirklichkeit gilt er in seiner Heimat als das Symbol für Gastfreundschaft schlechthin. Man ehrt den Gast mit diesem golden schimmerndem Elixier, zu besonderen Anlässen wird er in besonders feinwandigen Gläsern kredenzt. Warum das so ist? Nun, zum einen liegt das einfach daran, dass der Vin Santo eben so gut ist: Eher trocken als süß und von samtigem Körper, kündet er mit seinem feinen Aroma von den letzten warmen Strahlen der Herbstsonne. Ein anderer Grund besteht darin, dass der Vin Santo im Grunde ein völlig unökonomisches Produkt ist: Er wird von ausgewählten weißen Beeren bereitet, die so spät gelesen werden, dass sie schon ein wenig angetrocknet sind. Der wenige Saft, den man ihnen noch abgewinnen kann, wird in Holzfässchen gesammelt, wo dann der langsame Gärungsprozess beginnen kann. Für den Ausbau sind mindestens vier Jahre vorgesehen, doch so mancher macht sich seinen Vin Santo noch zu Hause und lässt ihn auch zehn Jahre und länger reifen. Bedenken Sie nun, dass man aus der gleichen Traubenmenge, wäre sie bereits Anfang Oktober gekeltert worden, die sechsfache Menge Weißwein hätte bereiten können, so bekommen Sie eine Vorstellung davon, wie sehr der Vin Santo jeglichem ökonomischen Kalkül spottet, um stattdessen unerschütterlich die Fahne einer Gastfreundschaft hochzuhalten, die vielleicht nicht mehr ganz zeitgemäß ist.

Mag sein. Der Wertschätzung für diese Gewächse hat dies jedenfalls keinen Abbruch getan. Und so kam es 1996 zur Einführung von zwei geschützten Ursprungsbezeichnungen: Im Gebiet von Montalcino wird der «Sant'Antimo Vin Santo DOC» bereitet, der mindestens vier Jahre im Holzfass lagern muss, während wir im Gebiet von Montepulciano die DOC-Gewächse «Vinsanto di Montepulciano» (drei Jahre Alterung), «Vinsanto di Montepulciano Riserva» (vier Jahre Alterung) und «Vinsanto di Montepulciano Occhio di Pernice» (mindestens acht Jahre Alterung) vorfinden. Die wesentlichen Rebsorten sind Malvasia bianca, Grechetto (auch Piulcinculo genannt) und Trebbiano toscano, was den gewöhnlichen Vin Santo und die Riserva betrifft, sowie Sangiovese (Prugnolo gentile) für den Occhio di Pernice.

Ein anderer bedeutender Dessertwein ist der Moscadello aus Montalcino. Bis zum 19. Jahrhundert waren die «Moscadellaje», einzig diesem Gewächs vorbehaltene Weingärten, weit verbreitet. Die Beeren wurden in bereits angetrocknetem Zustand gelesen, ihr Saft beim Keltern sofort von den Schalen getrennt. Nachdem man ihn einige Tage lang im Bottich hatte gären lassen, erfolgte der Abstich des Mostes, den man daraufhin den ganzen Winter über in Holzfässern reifen ließ. Im Frühjahr wurde der Moscadello dann in die typischen Flaschen der damaligen Zeit mit ihrem langen, schmalen Hals gefüllt.

Als gegen Ende des 19. und zu Beginn des 20. Jahrhunderts auch das Gebiet um Montalcino von den Plagen des Echten und des Falschen Mehltaus sowie der Reblaus heimgesucht wurde, musste die gehobene Gesellschaft in Italien wie auch nördlich der Alpen auf ihren geliebten Moscadello verzichten. Danach hatte das traditionsreiche Gewächs Mühe, wieder Fuß zu fassen. Auf der Grundlage von Moscato-bianco-Reben, die der allgemeinen Verwüstung entgangen waren, konnte der Moscadello jedoch in jüngerer Zeit wieder einiges an Boden gut machen, so dass er 1984 das DOC-Gütesiegel erhielt und 1991 unter den Schutz eines eigenen Weinverbandes gestellt wurde. Seine Weinberge umfassen heute wieder eine Fläche von über 150 Hektar. Von den drei vorgesehenen Kategorien, nämlich «Tranquillo» (still), «Frizzante» (perlend) und «Vendemmia Tardiva» (Spätlese), ist sicherlich die Letztgenannte die vielversprechendste. Das Aroma des Moscadello erinnert an vanillegetränkte Früchte mit Aprikosen- und Pfirsichnoten, zu denen sich nach längerer Reifung auch noch Beiklänge von Datteln und Gewürzen gesellen. Er ist ein schmackhafter, geradliniger und eleganter Wein, mit dem nie Langeweile aufkommt.

Zu Fuß

Nach Montefollonico

Ausgangspunkt: Montepulciano
Zielpunkt: Montefollonico
Wegstrecke: 9 Kilometer
Voraussichtliche Dauer: ein halber Tag

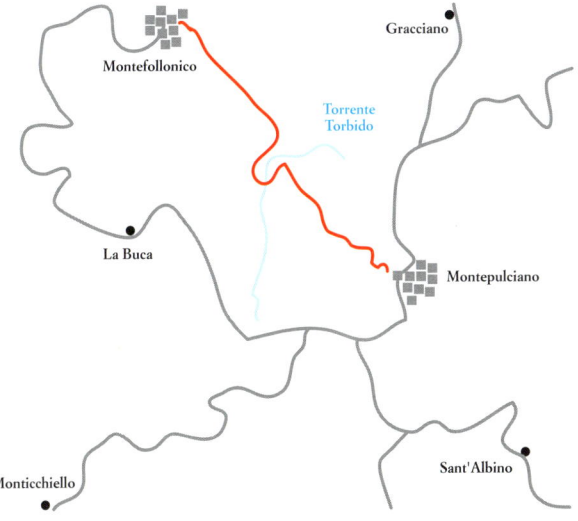

Wenn Sie Montepulciano durch die Porta Grassi verlassen, führt eine abschüssige Straße zur Kirche San Biagio auf dem westlich des Dorfes gelegenen Plateau. Auf der Straße, die hinter der Apsis der

Montepulciano

Fassati
località Gracciano
via di Graccianello, 3 a
Tel. 06 844311
und 0578 708708

**Tenuta di Gracciano
della Seta**
via Umbria, 59
Tel. 0578 708340

**Fattoria di Gracciano
Tenute Folonari**
via Umbria, 63
località Gracciano
Tel. 0578 708676

**Tenuta Lodola Nuova
Tenimenti Ruffino**
località Valiano
via Lodola, 1
Tel. 0578 724032

Lombardo
località Gracciano
via Lazio
Tel. 0578 708321

Il Macchione
via Provinciale, 18
Tel. 0578 758595

Nottola
località Bivio Nottola
Tel. 0578 707060
und 0577 685240

Fattoria di Palazzo Vecchio
località Valiano
via Terrarossa, 5
Tel. 0578 724170

Fattoria di Paterno
località Sant'Albino
via di Fontelellera
Tel. 0578 798174

Poliziano
via Fontago, 1
Tel. 0578 738171

Redi
via di Collazzi, 5
Tel. 0578 757102

Massimo Romeo
località Nottola
di Gracciano
via di Totona, 29
Tel. 0578 757127

*Kirche einen Bogen macht, gelangen Sie nach knapp einem Kilometer an eine Abzweigung, von der aus links die von Ahornbäumen gesäumte Via di Colombelle zum Landgut Casella hinuntergeht. Kurz vor dem Landgut wird die Straße breiter, und nach etwa einem Kilometer erreicht man das Landgut Colombelle, ein verlassener Bau aus rotem Backstein. Der Weg führt weiter hinab bis zum Wildbach Torbido, den Sie über eine kleine Betonbrücke überqueren. Hier biegen Sie rechts ab, waten durch den «Fosso dei Grilloni» und gehen zum schmalen, von Bäumen flankierten Gutsweg hinauf, der dann in einen weiteren Weg einmündet. Wenn Sie sich ein wenig rechts halten, laufen sie auf ein Haus mit einer schönen Loggia zu, gehen um das Gebäude herum und stehen vor der Fassade und einem kleinen Innenhof. Von hier aus folgen Sie weiter dem Gutsweg, biegen links ab und gehen etwa einen Kilometer bergauf bis zu einer Gruppe von Eichen, die vor einem schönen Anwesen stehen. Die Kirche Santa Maria del Triano ist weiter oben hinter dem Haus sichtbar. Nach weiteren 200 Metern erreichen Sie eine Kreuzung, an der die Sant'Anna-Kapelle steht. Sie biegen links ab, folgen 500 Meter weit den rot-weißen CAI-Markierungen und kommen dann an eine Abzweigung, an der Sie die Straße verlassen und rechts weiterlaufen. Sie steigen den Weg hinauf – die Kirche sehen Sie jetzt oben rechts – der zur Porta del Triano führt. Diese wurde, wie man einer Inschrift entnehmen kann, 1294 von Bernardino Ristori erbaut, der der Bauhütte in Siena angehörte.
Auf der Rückseite der Chiesa del Triano erwartet Sie ein bemerkenswerter kleiner Park mit zahlreichen Findlingen – wenn Sie genauer hinsehen, werden Sie bei einigen die Umrisse bestimmter Tiere erkennen. Insgesamt verdanken sie ihre Form einer Laune der Natur, doch hat ein einheimischer Künstler ein wenig nachgeholfen. Er hat die Steine mit dem Meißel bearbeitet, bis die Behörden ihm dies untersagten ...*

Zu Fuß

Nach Pienza

Ausgangspunkt : Montepulciano
Zielpunkt : Pienza
Wegstrecke : 13 Kilomter
Voraussichtliche Dauer: ein halber Tag

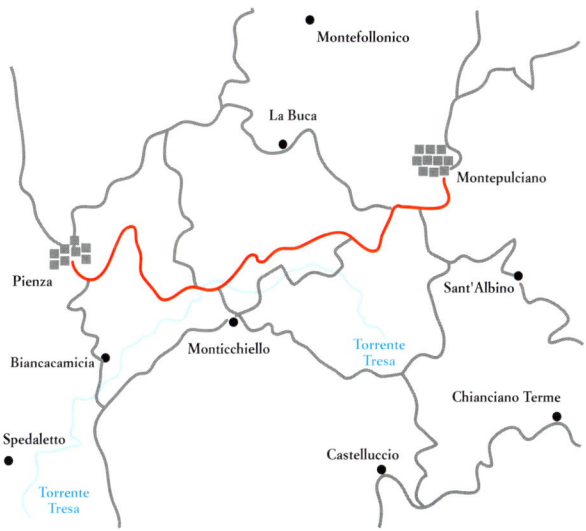

 *Sie starten bei der Kirche San Biagio, biegen in die Zypressenallee ein und nehmen an der Kreuzung die rechte Straße nach Pienza. Nach etwa 200 Metern biegen Sie links in eine kleine Straße ab, die später in einen Feldweg übergeht. An der Abzweigung halten Sie sich rechts und folgen 4,5 Kilometer weit dem Hügelkamm. Zunächst laufen Sie durch einen Wald, dann folgt ein steiler Abstieg von 200 Metern, an dessen Ende Sie einen Wildbach durchwaten. Gleich darauf biegen Sie rechts in den Feldweg ab. Nach etwa 700 Metern kommen Sie an die Straße von Pienza nach Monticchiello, wo Sie nach rechts bergab weitergehen. Die Talsohle erreichen Sie nach etwa 800 Metern, wo Sie an der Kreuzung dreier Wege den rechten nehmen. 200 Meter weiter biegen Sie links ab. Nun gehen Sie ungefähr 700 Meter weiter, überqueren dann eine schmale Brücke, biegen rechts ab und beginnen den 2,3 Kilometer langen Aufstieg nach Pienza. An der Kreuzung dreier Wege gehen Sie nach links und nach weiteren 200 Metern erreichen Sie die Straße, die um Pienza herumführt. Sobald Sie diese Straße überquert haben, gelangen Sie durch die Porta al Ciglio in den Ort hinein.*

Montepulciano

Salcheto
via di Villa Bianca, 15
Tel. 0578 799031

Tenuta Sant'Agnese
via Antica Chiusina, 15
Tel. 0578 757266

Fattoria della Talosa
via Talosa, 8
Tel. 0578 758277

**Triacca
Fattoria Santavenere**
strada per Pienza, 39
Tel. 0578 757774

Tenuta Valdipiatta
via Ciarliana, 25
località Gracciano
Tel. 0578 757930

**Vecchia Cantina
di Montepulciano**
via Provinciale, 7
Tel. 0578 716092
und 0578 716093

Villa Sant'Anna
frazione Abbadia
Tel. 0578 708017

Sarteano
Die Straße, die von Montepulciano zu den Dörfern unserer dritten Tour führt, ist anfangs nicht sonderlich reizvoll. Sie führt zunächst nach Sant'Albino, einem Ortsteil mit sehr schönen Thermen, aber ohne interessante Sehenswürdigkeiten, und dann nach **Chianciano Terme**, einem wichtigen Kurort, dessen historischer Ortskern einen Besuch wert ist, insbesondere das Museo Civico Archeologico delle Acque (Thermenmuseum) und das Museo della Collegiata (Kollegiatsmuseum) im Palazzo dell'Arcipretura. Einige Kilometer hinter Chianciano Terme geht es dann rechts ab in Richtung **Sarteano**.
Sarteano verfügt ebenfalls über eine große Thermalquelle, die mit 350 Litern pro Minute und einer gleichbleibenden Temperatur von 24 Grad Celsius in drei Becken strömt. Regelmäßiges Schwimmen im Wasser des «Bagno Santo», das reich an Sulfat, Karbonat, Kalk und Natrium ist, hat eine so belebende Wirkung, dass das Bad als «Jungbrunnen» gilt. Der Campingplatz Parco Campeggio delle Piscine, der zweitgrößte nach Chianciano Terme, ist vom 1. April bis zum 30. September geöffnet. Es handelt sich um eine Parkanlage, die direkt außerhalb der Stadtmauern liegt. Der historische Ortskern konnte seinen ursprünglichen Charakter bewahren – er birgt so manches Schmuckstück der Kunst und Architektur.
Stellen Sie Ihr Auto auf einem der Parkplätze vor den Stadttoren ab und schlendern Sie zur Via Roma, an deren Beginn sich

San Casciano dei Bagni und Sarteano

Zu Fuß

In der Umgebung von San Casciano dei Bagni

Ausgangs- und Zielpunkt: San Casciano dei Bagni
Wegstrecke: 15 Kilomter
Voraussichtliche Dauer: Tagesausflug

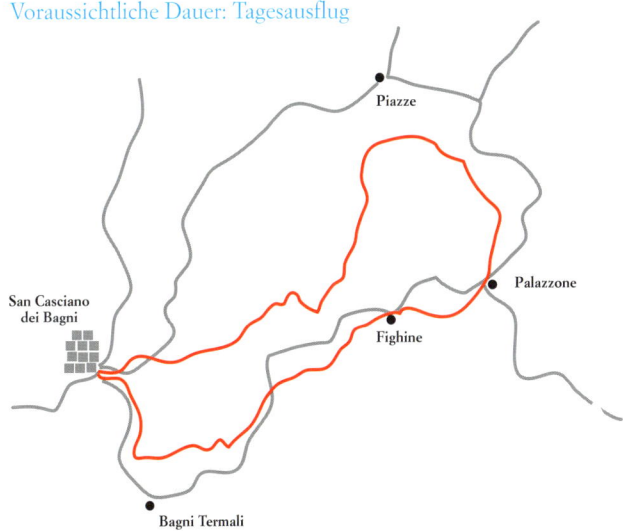

 *Kehren Sie dem Albergo Sette Querce den Rücken – Ihr Blick ist auf die Altstadt gerichtet – und biegen Sie rechts in die Straße ein, nach hundert Metern biegen Sie noch einmal scharf rechts ab. Hier be-*

Chianciano Terme

Einwohner 6359
Höhe 475 m ü. d. M.
PLZ 53042

Informationen

Agenzia per il Turismo
piazza Italia, 67
Tel. 0578 671122/23

Weinerzeuger

Carpineto
strada della Chiana, 62
Tel. 0578 30073

Agricola Gavioli
località Maglianella
SS 146
Tel. 0578 63955

Sarteano

Einwohner 4282
Höhe 573 m ü. d. M.
PLZ 53047

Informationen

Municipio
corso Garibaldi, 7
Tel. 0578 2691
Fax 0578 269202

Ufficio Informazioni
corso Garibaldi, 1
Tel. 0578 265312

Übernachtung

Residenza Santa Chiara
piazza Santa Chiara, 30
Tel. 0578 265412
Fax 0578 266894

Relais Club Le Anfore
via di Chiusi, 30
Tel. 0578 265871
Fax 0578 265969
und 0578 265521

Restaurants

Osteria da Gagliano
via Roma, 5
Tel. 0578 268022
Dienstags geschlossen.

ginnt ein ungefähr ein Kilometer langer, ruhiger und schattiger Abschnitt, der es Ihnen erlaubt, Ihre Energie für das folgende Teilstück aufzusparen: den steilen, auf drei Etappen verteilten Anstieg. Zwar bleiben Sie auf demselben Sträßchen, doch ist dieses nun weit weniger geschützt. Auf dem Gipfel angelangt, halten Sie sich rechts und wandern durch einen hübschen Pinienhain, welcher der Hochebene besonderen Reiz verleiht. Nach zwei Kilometern befinden Sie sich etwa hundert Meter vor der Befestigungsmauer der Burg Fighine. Um die Burg selbst oder zumindest die Kapelle zu besichtigen, müssen Sie rechts abbiegen. Folgen Sie dagegen dem Sträßchen, so verlassen Sie es 150 Meter weiter und schlagen links einen Pfad ein, der durch

San Casciano dei Bagni

Macchia hindurch bergab führt. Der gut markierte Weg führt ungefähr einen Kilometer lang durch einen Wald und daraufhin in eine wunderschöne Landschaft mit Ausblick auf Piazze. Kurz darauf erblicken Sie auf der rechten Seite eine elegante Villa mit Park. Hier gelangen Sie erneut auf das Sträßchen von zuvor. Setzen Sie Ihre Wanderung weitere zwei Kilometer bergab fort, bis Sie an einer Asphaltstraße anlangen. Biegen Sie rechts ab und wandern Sie noch einen Kilometer weiter bis nach Palazzone. Durchqueren Sie das Dorf und verlassen Sie es auf der anderen Seite wieder auf einer ansteigenden Straße. Nach drei Kilometern kommen Sie nach Fighine, von wo aus Sie ihr Weg wieder auf der Straße bergab nach San Casciano zurückführt.

Olio extravergine d'Oliva

In nahezu dem gesamten Gebiet dieser Route leistet der Olivenbaum einen nicht unwesentlichen Beitrag zur lokalen Wirtschaft. Zahlreiche Dörfer, auch kleinere, verfügen über eigene, mittlerweile natürlich den EU-Richtlinien entsprechende Ölmühlen. Doch Norm hin oder her, das Wichtigste war hier schon immer die regelmäßige Reinigung der ganzen Anlage zur Gewährleistung höchster Qualität, egal ob mit Mahlstein oder Hammermühle, mit Perkolation oder Dekantierung, mit Kalt- oder Warmpressung produziert wurde.

Natürlich leistet der Olivenanbau so ganz nebenbei auch einen entscheidenden Beitrag zum Erscheinungsbild der Landschaft, denn wer kennt ihn nicht, den Zauber der sich sanft in der Brise wiegenden silbrigen Blätter? Dass sich jedoch in letzter Zeit viele Betriebe, vor allem in der Gegend um Castelmuzio, Trequanda, San Quirico und Castiglione d'Orcia auf biologischen Anbau umstellen, liegt weniger an der Ehrfurcht vor derlei ästhetischen Kriterien, als vielmehr an handfesten klimatischen Bedingungen: In der Ebene, also unter 200 Metern Höhe, bedeckt oft Morgendunst den Boden und die Luft bewegt sich kaum. Feuchtigkeit ist jedoch der Erzfeind des Olivenbaums, schafft sie doch ideale Lebensbedingungen für die Vermehrung der schädlichen Olivenfliege. Daran liegt es, dass Sie in sehr tiefen Lagen keine Olivenhaine finden werden. Dort hingegen, wo eine leichte Brise die Bäume umweht, ist die Luft trockener und erschwert der Olivenfliege die Eiablage. Bestimmte Olivenbaumarten halten sogar den kalten Temperaturen von Höhenlagen stand, wie der Olivastro Seggianese, der noch bis zu einer Höhe von 650 Metern vortrefflich gedeiht. In der Gegend um Montepulciano beläuft sich der Ölbaumbestand auf etwa 100.000 Pflanzen, aus deren Früchten jährlich um die 160 Tonnen des hochwertigen Olio Extravergine gewonnen werden. Die wichtigsten hier kultivierten Olivenbaumarten heißen Frantoio (oder Correggiolo), Moraiolo und Leccino. In den meisten Olivenhainen stehen unterschiedliche Baumarten zusammen, Frantoio ist jedoch mit 70% die am häufigsten vertretene Art. Während Frantoiofrüchte ein würziges, vollmundigeres Öl mit äußerst geringem Säuregehalt liefern, der im Idealfall, vor allem bei den Ölen aus Castelmuzio und Umgebung, sogar unter 0,01 % liegen kann, wird aus Leccino, einer etwas widerstandsfähigeren Art mit kleinen runden, traubenförmig angeordneten Oliven, ein milderes Öl gepresst: Ein kleiner Zusatz Leccino wird also gerne zur geschmacklichen Abrundung des Öls beigemischt. Der Moraiolo-Baum dagegen wird seinen zahlreichen Früchten, die fest an der Pflanze angewachsen und damit schwer zu ernten sind, wird vorwiegend als Bestäuber angebaut.

Die Olivenhaine oberhalb des Val di Chiana liefern zwar ein ausgezeichnetes Öl, doch unterscheidet sich dieses in aller Regel von dem aus den gleichen Sorten gewonnen Öl aus dem Val d'Orcia. Das liegt daran, dass aus dem Val di Chiana, einem ehemaligen Moorgebiet, Dunst, ja oft auch Nebel aufsteigt, der einen Hauch Feuchtigkeit auf den nahezu reifen Früchten hinterlässt, was sich wiederum negativ auf das Öl auswirkt, denn das Resultat ist mit der Pressung überreifer Oliven vergleichbar: In beiden Fällen erhält man ein Öl mit einem – wenn auch nur geringfügig – höheren Säuregehalt, was wiederum für die Hersteller von Nachteil ist, gilt doch ein niedriger Säuregehalt stets als Pluspunkt. Das alljährlich Anfang Dezember stattfindende Ölfest in San Quirico ist eine vortreffliche Gelegenheit, um aufs Angenehmste das bisher Gesagte zu überprüfen: Die traditionsverbundene Ölmühle Frantoio Simonelli ist der Öffentlichkeit zugänglich, und die Straßen der Ortschaft zieren die Stände der Olivenbauern der Gegend, die gerne die Besonderheiten ihres Öls erklären.

Das mildeste Öl dieser Gegend wird aus den Früchten des Ölbaums Olivastro gewonnen. Wie bereits erwähnt, ist dies oben in Seggiano auf dem Monte Amiata die einzige Olivenart, die das Klima verträgt und dabei ein fettreiches, dickflüssiges und fein schmeckendes Öl ergibt, dessen etwas höherer Säuregehalt bei 0,1–1% liegt. Heutzutage schätzt so mancher Verbraucher diese «milderen» Eigenschaften, vor allem dann, wenn er das intensiv würzige Aroma und den ins Bittere gehenden Geschmack des klassischen toskanischen Olivenöls nicht gewohnt ist. Weil in dieser Gegend vornehmlich für den überregionalen Markt produziert wird, halten viele Ölbauern auch um Montalcino herum ihrem Olivastro die Treue.

der im Stil der Renaissance errichtete **Palazzo Piccolomini** erhebt. Er wurde von Kardinal Franceso Todeschini Piccolomini errichtet, der 1503 nur 26 Tage lang als Papst Pius III. amtierte. Es ist augenfällig, dass er sich bei seinen Unternehmungen – auch den architektonischen – an der Vision seines berühmteren Vorfahren Enea Silvio Piccolomini orientierte, dem Papst Pius II., nach dem Pienza benannt ist. Das Wappen der Familie Piccolomini prangt auf der Travertinfassade der Kirche San Francesco an der Piazza Bargagli. Der aus dem 16. Jahrhundert stammende Palazzo Gabrielli liegt dem Domizil des Kardinals praktisch gegenüber und beherbergt eines der schönsten

Das Theater in Sarteano

Museen der Gegend: das kleine **Museo Civico Archeologico**. Die ausgestellten Fundstücke veranschaulichen die materielle Kultur und die Geschichte dieser Gegend von der Bronzezeit bis in die späte Römerzeit. Von besonderem Interesse ist die Rekonstruktion einer Grabkammer mit zwei so genannten Kanopen, Urnen, denen ein menschlicher Kopf als Deckel aufgesetzt ist, sowie Grabbeigaben aus dem 5. vorchristlichen Jahrhundert. Der Besuch vergegenwärtigt, dass die Umgebung von Sarteano bereits in etruskischer Zeit eine Blüte erlebte und auch später von den Römern sehr geschätzt wurde.

Setzen Sie Ihren Rundgang auf der Via Roma fort, dann stoßen Sie schon bald auf einen Bogen, der einst das Ende der Ortschaft markierte. Von hier aus gelangen Sie zur Piazza San Martino hinunter. An der klassizistischen Fassade der gleichnamigen Kirche könnte man leicht achtlos vorübergehen, was ein schlimmer Fehler wäre, beherbergt die Kirche doch eines der schönsten Werke des Sieneser Manierismus: die *Verkündigung* von Domenico Beccafumi, wohl von 1546. So typisch das Rot-Orange für sein Werk ist, so einzigartig ist die Dramatik dieser Komposition. Auffallend ist auch der Landschaftshintergrund und die Atmosphäre des Bildes, die an die Pittura Metafisica des frühen 20. Jahrhunderts denken lässt. Ebenfalls bemerkenswert in dieser Kirche sind die aus dem 14. Jahrhundert stammenden Werke von Jacopo di Mino del Pelliciaio sowie ein Gemälde des 15. Jahrhunderts von Andrea di Niccolò. Zum Abschluss wenden Sie sich dem **Castello dei Manenti** aus dem 11. Jahrhundert zu. Die Burg wurde im 15. Jahrhundert von den Sienesen erneut befestigt; sie fügten den trutzigen quadratischen Wehrturm hinzu, der noch heute das Ortsbild prägt. 1575 wurde die Burg nach Plänen Baldassare Peruzzis umgestaltet. 1617 überließ Cosimo I. de' Medici den Landsitz der Familie Fanelli.

Alljährlich am 15. August wird in Sarteano ein jahrhundertealtes Fest gefeiert – die Giostra del Saracino. Der «Feind», den es in diesem Ritterspiel zu schlagen gilt, ist eine Holzbüste, die auf einer drehbaren Unterlage befestigt ist. Die Ritter – sie vertreten die fünf Stadtviertel von Sarteano – galoppieren auf die Figur zu und versuchen mit ihrer Lanze, einen auf dem Schild angebrachten Ring zu erbeuten.

Cetona und San Casciano

Um von Sarteano nach **Cetona** zu gelangen, setzen Sie Ihre Fahrt auf der Straße, die um die Ortschaft herum führt, fort, halten sich dann leicht rechts und fahren in südlicher Richtung weiter. Eine Reihe von Serpentinen führt Sie zu dem anmutigen Dorf, das dicht gedrängt auf einem Hügel des Val di Chiana steht, genau östlich des lang gestreckten Bergrückens, der die Gebiete der

Residenza Santa Chiara in Sarteano

Chiana und der Orcia voneinander trennt. Cetona darf sich rühmen, bereits in prähistorischer Zeit besiedelt gewesen zu sein. Bedeutende Ansiedelungen sind für den Zeitraum von der Altsteinzeit bis zur Bronzezeit belegt. Das **Museo Civico per la Preistoria del Monte Cetona** (Via Roma 37) dokumentiert die verschiedenen Etappen menschlicher Ansiedlung im Umkreis des Cetonamassivs, und ein Besuch im nahe gelegenen Freiluftmuseum Parco Archeologico Naturalistico di Belvedere macht die historische Entwicklung noch greifbarer.

Die Piazza Garibaldi erscheint im Verhältnis zu dem darüber liegenden mittelalterlichen Dorf etwas überdimensioniert. Sie stammt aus der Zeit der Medici und sollte als Bindeglied zwischen den verschiedenen Stadtkernen dienen, hat aber im Lauf der Jahrhunderte ihre Rolle als Bühne städtischen Lebens eingebüßt. Dennoch bleibt sie Seele und Forum des Ortes, erste Anlaufstelle sowie Ausgangspunkt für Streifzüge durch die Gassen, die zur Burg hinaufführen. Spaziert man die Via Roma hoch, so stößt man linker Hand auf die Stiftskirche Santissima Trinità. Diese birgt ein Fresko, das wohl von der Werkstatt Peruginos ausgeführt wurde sowie eine *Himmelfahrt Mariens*, die Pinturicchio zugeschrieben wird. Wer sich für diese Werke nicht begeistern kann, den entschädigt der Ausblick, der vor der Kirche zu genießen ist: Umrahmt von alten Häusern, gibt der Vicolo del

Cetona

Einwohner 3156
Höhe 385 m ü. d. M.
PLZ 53040

Informationen

Municipio
via Roma, 41
Tel. 0578 237611
Fax 0578 238616

Ufficio Informazioni
piazza Garibaldi, 63
Tel. 0578 239143

Hotels mit Restaurant

Frateria di Padre Eligio
località Convento
di San Francesco
Tel. 0578 238261
Dienstags geschlossen.

Restaurants

Osteria Vecchia
via Cherubini, 11
Tel. 0578 239040
Dienstags geschlossen.

Einkaufen

Frische Pasta

La Rocca Pasta Fresca
piazza Garibaldi, 25
Tel. 0578 238789

Öl

**Antico Frantoio
Tiribocchi**
località Le Piazze
piazza Arturo Toscanini, 3
Tel. 0578 244122

Regionale Produkte

Cantina La Frasca
via Roma, 13
Tel. 0578 238081
und 0578 238696
und 0578 238682

Il Vecchio Carro
via Cherubini, 5
Tel. 0578 238554

Keramik, Kunsthandwerk in Holz

Consorzio Gli Ostinati
piazza Garibaldi, 55
Tel. 0578 238153

Sole einen wirklich atemberaubenden Blick frei auf diese von Olivenhainen geprägte, hügelige Landschaft.
Um von Cetona nach San Casciano dei Bagni zu gelangen, können Sie Richtung Sarteano zurück- und dann links den Monte Cetona hinauffahren, der Ihnen von der anderen Seite einen Blick auf das Val di Paglia bietet. Als Alternative können Sie die Straße nach Chiusi nehmen und dann an der Abzweigung, die Sie sogleich erreichen, rechts abbiegen. Nach ungefähr zehn Kilometern durchqueren Sie den Weiler **Piazze**. In der an der Kreuzung gelegenen Ölmühle Antico Frantoio Tiribocchi können Sie Olivenöl im Direktverkauf erwerben. Nach drei weiteren Kilometern stoßen Sie auf **Palazzone**, dessen historischer Palazzo Corneli sogleich ins Auge sticht. Die verschiedenen Wildwasser der Gegend haben eine üppige Vegetation entstehen lassen, die sich stark von derjenigen unterscheidet, der Sie auf der Route über den Berg begegnet sind. Palazzone markierte einst die Grenze zwischen dem Kirchenstaat und dem Großherzogtum Toskana, und

San Casciano dei Bagni

noch heute verläuft hier die Grenze zwischen der Provinz Siena auf der einen und den Provinzen Perugia und Terni auf der anderen Seite. Von Palazzone aus führt Sie eine unbefestigte Straße zunächst bergauf durch den schönen Pinienhain **Pineta di Fighine** und dann bergab zu dem heiteren kleinen Thermalbad San Casciano.

Die Thermalquellen von **San Casciano** werden bereits seit Urzeiten genutzt – von den Etruskern, den Römern und den Feudalherren des Mittelalters. Zu den Gästen, die in der Neuzeit die heilende Wirkung des Wassers schätzten, zählt Großherzog Ferdinando I., der 1607 den großen Säulengang der Badeanlage errichten ließ. Die erst kürzlich renovierten Thermen befinden sich einen Kilometer von der Ortschaft entfernt.

Kurioserweise ist das augenfälligste Gebäude San Cascianos, das man auch schon von weitem erblicken kann, alles andere als repräsentativ für seine Geschichte: Allen Zinnen und mittelalterlichen Stilelementen zum Trotz handelt es sich bei der Burg gewissermaßen um eine «Fälschung», die 1911 der Fantasie eines Architekten entsprungen ist. Nur einige Abschnitte der einstigen Mauer sowie Teile des Wehrturms stammen tatsächlich noch aus dem Mittelalter. Ansonsten hat San Casciano jedoch in vieler Hinsicht die Eigentümlichkeiten eines mittelalterlichen Dorfes bewahren können und ist darüber hinaus mit einem

grandiosen Ausblick auf das Val di Paglia und das Val d'Orcia gesegnet.

Verlassen Sie San Casciano auf der Straße nach Radicofani, so empfehlen wir Ihnen, in **Celle sul Rigo** kurz Halt zu machen. Die «Celle» sind ein unterirdisches Höhlensystem, das noch existiert und zum Teil in Kellerräume umgewandelt worden ist. Die mit Naturstein gepflasterten Plätze, der Turm aus dem 13. Jahrhundert und der Natursteinbrunnen aus dem 18. Jahrhundert machen Celle zu einem richtigen Schmuckstück, eingebettet in eine besonders schöne Landschaft.

SAN CASCIANO DEI BAGNI

Einwohner 2146
Höhe 582 m ü. d. M.
PLZ 53040

INFORMATIONEN

Municipio
piazza della Repubblica, 4
Tel. 0578 58027
Fax 0578 58178

Ufficio Informazioni Pro Loco
via San Cassiano, 11
Tel. 0578 58141

ÜBERNACHTUNG

Albergo Sette Querce
viale Manciati, 2
Tel. 0578 58174
Fax 0578 58172
E-Mail: settequerce@ftbcc.it

HOTELS MIT RESTAURANT

Albergo ristorante La Fontanella
via Roma, 38
Tel. 0578 58300

Agriturismo La Crocetta
località La Crocetta
Tel. 0578 58360

Albergo Trattoria La Pace
frazione Celle sul Rigo
via Teatro, 5
Tel. 0578 53716

Agriturismo Il Poggio
frazione Celle sul Rigo
località Il Poggio
Tel. 0578 53748
Fax 0578 53587
E-Mail: ilpoggio@ftbcc.it

RESTAURANTS

Ristorante Daniela
piazza Matteotti, 7
Tel. 0578 58041
Mittwochs geschlossen, im Sommer kein Ruhetag.

Chianciano Terme bei Sarteano

Nahrungsmittel aus der Natur

Das Reizvolle an wild wachsenden Nahrungsmitteln ist nicht nur ihr intensiver Geschmack, sondern auch das gute Gefühl, etwas Unverfälschtes und Ursprüngliches gegessen zu haben. Im Vergleich dazu kann jedes kultivierte Nahrungsmittel nur ein schwacher Abklatsch sein. Daneben stellt sich die Freude darüber ein, nur durch einen glücklichen Zufall diese Schätze gefunden zu haben. Ebenso wenig wie der Erfolg des Pilzesammelns oder einer Wildschweinjagd geplant werden kann, findet man ohne weiteres ein noch unbestelltes, von Schädlingsbekämpfungsmitteln unberührtes Feld, auf dem vorzügliche Salate wild wachsen. Die Wälder um den Monte Amiata wie auch das Hügelland bis hin zu den Hochebenen des Val d'Orcia bieten zahlreiche Möglichkeiten, die verschiedensten ursprünglichen Geschmacksnoten kennen zu lernen – und das nahezu in jeder Jahreszeit.

Der Monte Amiata ist aufgrund der Mannigfaltigkeit seiner Böden und seiner Vegetation eine besonders für **Pilze** geeignete Gegend. Hier gedeihen neben den vier vornehmsten Steinpilzarten (*Boletus Edulis, Reticulatus, Aereus* und *Pinicola*) nicht nur der Kaiserling (*Amanita Cesarea*), der Maipilz (*Calocybe Gambosa*), der Nebelgraue Trichterling (*Lepista Nebularis*) und der Nackte Ritterling (*Lepista Nuda*), sondern auch Hallimasch, Butterpilz, Kräuterseitling und Hunderte weiterer Arten. Bisher konnten um die 500 verschiedene Pilzarten in der Gegend des Monte Amiata erfasst werden, eine vollständige Bestandsaufnahme steht jedoch bis heute aus. Solche Fülle weckt Begehrlichkeiten: Ein eigens verabschiedetes Regionalgesetz bestimmt, dass jeder Pilzsammler einen Korb mitzunehmen hat und maximal zwei Kilo Pilze sammeln darf.

Im Sommer reifen am Monte Amiata im Unterholz Unmengen von **Brombeeren**, **Himbeeren** und **Erdbeeren** heran, während im Winter die Zeit des **Erdbeerbaums** (*Arbutus unedo*) gekommen ist, dessen kleine, rote und raue Früchte in den Wäldern leuchten und den Bienen zur Blütezeit den Grundstoff für einen köstlichen, gelblichen und leicht bitteren Honig geben.

Mit dem Frühling beginnt auch der **Wilde Spargel** auszutreiben, der nicht nur im Gebirge, sondern ebenso in der Macchia der tieferen Lagen wächst. Doch Vorsicht: Wer auf Spargelsuche geht, muss auf die noch trägen Vipern achten! Daneben gibt es hier weitere wild wachsende Pflanzen, deren kultivierte Formen charakteristisch für die italienische Küche sind: so zum Beispiel die **Wilde Artischocke** (*Cynara cardunculus*), von der die Artischocke abstammt. Weil sie sticht, braucht man zum Pflücken Handschuhe und eine gewisse Leidenschaft für die Kochkunst. Die bereits geschälten Böden der Blütenkörbe werden roh, gebraten oder gekocht gegessen. Vor einiger Zeit, als noch jede Bauernfamilie ein paar Käselaibe für den Eigenverbrauch herstellte, setzte man die Blüten der wilden Artischocke (*pressura* genannt) zur Milchgerinnung ein.

Einer der kulinarischen Höhepunkte des Frühjahrs ist das Omelette mit gekochten *vitalbini*, den zarten Blüten der **Waldrebe** (*Clematis vitalba*), einer Pflanze, die sehr häufig in Hecken und Wäldern von Gegenden mit reichem Oliven- und Kastanienbestand vorkommt. Der **Borretsch**, der hier nahezu überall wächst, ist eine willkommene Grundlage für die verschiedensten Gerichte: Gekocht, gewürzt und klein gehackt ergeben die weicheren Basalblätter mit Ricottakäse eine köstliche Raviolifüllung; die kleinen Blüten werden in Teig gebraten, die großen kommen in den Salat. Auch **Brennnesseln** sind sehr schmackhaft, ob in klarer Gemüsesuppe, als Sauce zur Pasta, roh im Salat oder gekocht und angemacht. Gleiches gilt für den **Ackerrettich** (*Raphanus raphanistrum*), der zu verschiedenen Jahreszeiten auf den Feldern geerntet wird. Trotz ihres rauen und harten Aussehens können die Blätter, wenn man Stängel und Rippen entfernt hat, gekocht und gewürzt werden wie Spinat. Die **Wilde Zichorie** oder **Radicchio** (*Cichorium intybus*) schmeckt nicht nur gut, sondern hat auch eine heilende Wirkung: werden die noch weichen Basalrosetten gekocht und mit Öl und Zitrone angemacht, wirken sie anregend und reinigen das Blut. Von den vielen Sorten wild wachsenden Salates, die vom Ende des Winters bis zum Beginn des Sommers zu finden sind, ist der **Gekielte Feldsalat** (*Valerianella carinata*) die erlesenste: Zur Osterzeit werden die jungen Rosetten der Basalblätter, die weich sind und leicht süß schmecken, zu hart gekochten Eiern gegessen. Weitere Salatsorten, die im Frühling wachsen, sind der **Bitterlattich** (*Reichardia picroides*), die **Malve** und die **Rapunzelrübe** (*Campanula rapunculus*) mit ihren etwas zarteren Blättern.

In freier Natur lebendes Wild, auf dessen Fleisch man sich während der Jagdsaison freuen darf, sind beispielsweise **Fasan**, **Ringeltaube**, **Wachtel** und **Hase** (der ausgezeichnet schmeckt, wenn er geschmort und mit reichlich Pfefferschoten gewürzt wird; in dieser Gegend *zenzero* genannt). Außerdem gibt es aufgrund der Abschussquoten viel Wildschweinfleisch, und das nahezu das ganze Jahr über. Auch Rehe werden erlegt, weil sie aber nicht zum jagdbaren Wild gehören, erscheinen sie seltener auf den Speisekarten.

Oben: San Casciano dei Bagni
Mitte und unten: Santa Maria di Belvedere in Cetona

Iris Origo

«All dieses Nationalgefühl macht die Menschen sehr unglücklich», schrieb der Vater von Iris Origo auf dem Sterbebett an seine Frau. Iris war seine einzige Tochter. «Ziehe sie groß, wo sie nicht zugehört, so wird sie ihn [diesen Ort] nicht besitzen können. Ich würde Frankreich oder Italien England vorziehen, so dass sie eine wirkliche Kosmopolitin wird …»

Die spätere Schriftstellerin Iris Origo (1902–1988), Tochter eines Amerikaners und einer Anglo-Irin, verlebte ihre Jugendjahre in Florenz, wo sie in der Villa Medici in Fiesole wohnte und in den Kreisen des Kunsthistorikers Bernard Berenson in der Villa «I Tatti» verkehrte. 1924 heiratete sie im Alter von 22 Jahren den Marchese Antonio Origo. Im Jahr zuvor hatten die beiden nach langer Suche «ein riesiges Anwesen, ‹La Foce›, ein Stück südlich von Pienza, gefunden. Zu der einen Seite blickt es auf das gesamte Orciatal, zu der anderen auf einen großen Teil Umbriens … Es ist ohne Zweifel das schönste – und wildeste – Stück Land, das ich je gesehen habe … und diese Art der Schönheit spricht von Zartheit und Trostlosigkeit.»

Das Ehepaar Origo wusste genau, was es wollte: «Einen Ort, der uns eine Aufgabe für das ganze Leben gibt.» Und La Foce war genau dieser Ort: Die Zimmer des Backsteinhauses aus dem 17. Jahrhundert waren klein, es gab weder Bad, Strom noch Telefon, der landwirtschaftliche Betrieb mit seinen 25 Gutshöfen befand sich in einem desolaten Zustand, die Böden waren stark erodiert, in den Wäldern wucherte Dickicht, und zahlreiche Pächterhäuser waren verwahrlost und schwer zu erreichen. Dementsprechend war es natürlich kein Wunder, dass die Bauern in größter Armut lebten, ihre Kinder kaum lesen und schreiben konnten und ihr Argwohn gegenüber den Gutsherren tief verwurzelt war. Antonio Origo machte sich sofort daran, den Hof und die Häuser der Halbpächter herzurichten und seine Frau gründete eine Schule für die Kinder und eine Krankenstube für alle Familien, die dem Betrieb angehörten. Währenddessen war der Architekt Cecil Pinsent bereits damit beschäftigt, das Haus schöner zu gestalten und den Garten zu planen. Die Ergebnisse waren beeindruckend: Die 1924 eröffnete Schule bot den Kindern neben dem Unterricht zwei Mahlzeiten am Tag, ein Bettchen für den Mittagsschlaf und ein Stück Grund für eigene kleine Beete. In etwas mehr als fünf Jahren entstanden auf dem Gutsgelände 102 Kilometer neue Straßen, dreißig neue Pächterhöfe sowie Brücken und Dämme, es wurden Brunnen gegraben, Weinberge, Obstgärten und Olivenhaine angelegt, und es wurde Getreide ausgesät. 25 Tonnen Erde und Steine wurden in den Fluss und in die Wildwasser geschüttet, um den Lauf der Orcia zu kontrollieren und Bewässerungswasser abzuleiten. 220 Hektar Land wurden mit Eichen und Zypressen aufgeforstet, erste Dreschmaschinen wurden angeschafft. Schon bald hatte sich La Foce zu einem Musterbetrieb entwickelt, dessen Entwicklung Staatssekretär Professor Serpieri aktiv begleitete, der für die vom Mussolini-Regime veranlasste Bonifica Integrale, die Gesamturbarmachung, zuständig war.

Während der Kriegsjahre gründete Iris Origo in La Foce ein Heim für vertriebene Kinder und Waisen aus Genua und Turin. Nach der Landung der Alliierten und dem schrittweisen Rückzug der deutschen Truppen war sie gezwungen, zusammen mit den Kindern, von denen einige noch sehr klein waren, aus La Foce zu fliehen, um in Montepulciano Zuflucht zu suchen. Dieses Ereignis wird in dem Tagebuch erzählt, das sie in den Jahren 1943/44 führte und das später unter dem Titel *Guerra in Val d'Orcia* (*Toskanisches Tagebuch 1943/44. Kriegsjahre im Val d'Orcia*, München 1991) veröffentlicht wurde. Einige Exemplare der 1986 bei Bompiani erschienenen italienischen Ausgabe sind von Luana Rossi in der bemerkenswerten kleinen Buchhandlung Libreria Incontro in Pienza aufgespürt worden, eine Neuausgabe gibt es seit kurzem beim Verlag Le Balze. Dieses Tagebuch ist nicht nur eine bemerkenswerte Schilderung historischer Ereignisse, sondern auch ein Dokument über eine Landschaft, über einen Halbpacht am Vorabend ihres Untergangs, über wichtige Persönlichkeiten und einfache Leute, über mutige und großherzige Taten inmitten eines finsteren Kapitels der Geschichte.

In ihrer Autobiographie *Goldene Schatten: aus meinem Leben* (München 1996), die 1970 erstmals auf Englisch und 1984 in italienischer Übersetzung erschien, erzählt Iris Origo von vielen anderen Begebenheiten aus ihrem Leben in La Foce, in Florenz, in den Vereinigten Staaten und anderswo. Es gab jedoch in ihrem Leben manches, an das sie niemanden herankommen ließ, wie den Tod des geliebten Erstgeborenen Gianni, der 1933 im Alter von nur sieben Jahren gestorben war. Etwas von diesem Schmerz klingt in *Allegra* durch (deutsche Übersetzung Berlin 1993), der Biographie, die sie 1935 über Byrons ebenfalls im Kindesalter gestorbene Tochter schrieb. Noch im selben Jahr entstand *Leo pardi*, eine weitere Biographie; 1963 dann *Der Heilige der Toskana* (München 1995). Das bekannteste Werk von Iris Origo ist jedoch *Im Namen Gottes und des Geschäfts* (Berlin 1997), das 1957 erstmals auf Englisch und ein Jahr später auf Italienisch erschien. Dieses Werk nur als Biographie zu bezeichnen, würde ihm keinesfalls gerecht: Viel zu lebendig und detailreich wird hier neben dem Leben des Francesco di Marco Datini, eines Geschäftsmannes aus dem 14. Jahrhundert, das Bild einer ganzen Epoche nachgezeichnet.

Radicofani

Einwohner 1247
Höhe 814 m ü. d. M.
PLZ 53040

Informationen

Municipio
via Magi, 59
Tel. 0578 55905

Ufficio Informazioni
via Magi, 27
Tel. 0578 55684

Übernachtung

Agriturismo La Palazzina
località Le Vigne
Tel. 0578 55771
und 0577 897133
Fax 0577 899009

Restaurants

La Grotta
piazza Sant'Agata, 2
Tel. 0578 55866
Dienstags geschlossen.

Einkaufen

Fleisch

Macelleria Sandi
via Magi, 5 a
Tel. 0578 55993

Käse

Cooperativa produttori latte Val d'Orcia
località Contignano
Tel. 0578 52012

Radicofani

Ganz anders dagegen sind Erscheinungsbild und Atmosphäre von **Radicofani**, dem Dorf des legendären Banditen Ghino di Tacco, den Dante Alighieri unsterblich machte. Denn trotz seiner geographischen Nähe zu den soeben besuchten Ortschaften «gehört» Radicofani irgendwie noch zu Abbadia San Salvatore. Historisch gesehen ist dies ohnehin nicht zu leugnen, denn bevor es zunächst dem Kirchenstaat zufiel und anschließend der Republik Siena und damit den Medici, war Radicofani ein Besitztum der Abtei SS. Salvatore. Doch auch ein geologischer Umstand spielt gewiss eine Rolle: Radicofani gehört zum Gebiet des Monte Amiata, es ist von Abbadia aus über einen Grat zu erreichen, ohne dass man ins Tal hinabsteigen müsste. Sogar das Gestein, aus dem Radicofani erbaut ist – Basalt vulkanischen Ursprungs –, erinnert viel eher an das dunkle, oben am Berg eingesetzte Baumaterial denn an das helle, goldfarbene aus Orten wie San Casciano.
Mit anderen Worten: Radicofani hat etwas Düsteres. Als die Via Francigena, der Pilgerweg nach Rom, die Wanderer noch

Die Villa La Foce und die Villa Medicea in Radicofani

Künstlergärten III
Der Giardino della Foce

Der zum Anwesen der Schriftstellerin Iris Origo gehörende «Giardino della Foce» gilt als schönstes und vollendetstes Werk Cecil Pinsents, des jungen englischen Architekten, der sich zu Beginn des 20. Jahrhunderts in Florenz niederließ. Einer seiner ersten Aufträge, den er um das Jahr 1909 erhielt, betraf die Gestaltung der Gärten von Bernard Berensons Villa I Tatti in Settignano. Bei dieser Gelegenheit lernte er die Familie von Iris Cutting kennen, der späteren Iris Origo, die damals noch ein Kind war. Wenig später restaurierte er gemeinsam mit Sybil Cutting, Iris' Mutter, die Gärten des Familiendomizils Villa Medici in Fiesole. Als er nach dem Ende des Ersten Weltkriegs nach Florenz zurückkehrte, wurden seine Dienste vor allem von ausländischen Villenbesitzern in Anspruch genommen, die einen Architekten und Landschaftsgärtner suchten, der einen respektvollen Umgang mit der Geschichte mit einem Gespür für die Besonderheit des jeweiligen Geländes, der jeweiligen Gesamtkonzeption zu vereinen wusste. Die lange Arbeit in I Tatti hatte Pinsent schon vor einige Probleme gestellt, die ihm in La Foce wiederbegegnen sollten, allen voran ein äußerst steiles Gelände. Als er Mitte der Zwanzigerjahre nach La Foce gerufen wurde, war er bereits bekannt dafür, dass er mit der Natürlichkeit englischer Landschaftsgärten die strenge Geometrie traditioneller italienischer Gartenanlagen abzumildern verstand. Blumen waren nicht seine Stärke, auch wenn er auf diesem Gebiet viel von Sybil Cutting gelernt hatte. In La Foce jedoch wusste er, dass er eng mit seiner Freundin Iris zusammenarbeiten würde, die von ihrer Mutter das große Interesse an Pflanzen und Farben geerbt hatte. Zusammen waren die beiden ein ganz außerordentliches Team, sie lernten nicht nur im Verlauf der Arbeit voneinander, sie hatten auch große Freude daran.

Nur wenige schriftliche Dokumente geben Aufschluss über die Gartenphilosophie Pinsents. Eine der Notizen hebt hervor, dass die am nächsten am Haus gelegenen Gartenteile so angelegt sein sollten, dass «der Übergang vom Haus auf die Terrasse bzw. von einer Terrasse in die verschiedenen Teile des Gartens wie der Übergang von einem Raum in den anderen ist». Die Metamorphose einer ursprünglich kargen Landschaft in elegant ausgewogene und vielgestaltige Pracht ist es, die den Garten von La Foce zu einem so gelungenen Werk macht.

Das Setzen der Pflanzen erfolgte zum größten Teil zwischen 1929 und 1930. Iris Origo gab dabei Rosen den Vorzug, in ihrem Notizbuch für das Jahr 1930 sind zehn Rosensorten aufgelistet, die den Grundstock für den neuen Rosengarten bilden sollten, daneben Iris und Rosen für eine Rabatte, die in den Farben gelb und orange erstrahlen sollte, sowie verschiedene Chrysanthemen- und Pfingstrosensorten. Sobald der Garten um das Haus herum angelegt war, wandten sich die beiden den höher gelegenen Abschnitten zu, wo sie einen Glyzinienlaubengang gestalteten, der den Rosengarten umrahmen und zu dem darüber gelegenen Steineichen- und Pinienwald

führen sollte. 1939 legten sie weiter unten den formalen Garten mit seinen zweireihigen Buchsbaumhecken an, die Fluchtlinien zu einem Wasserbassin und gleich dahinter zu einer von einer Statue überragten Bank bilden sollten. Pinsent entwarf auch den kleinen Friedhof, der von dem Laubengang aus auf einem Weg durch den Wald zu erreichen ist. Den Anlass für die Anlage des Friedhofs gab der Tod des geliebten erstgeborenen Sohnes der Familie Origo, der 1933 im Kindesalter verstarb, dem Jahr, in dem auch der Zitronengarten angelegt wurde. Heute ruhen in der grünen Stille des Friedhofs auch Iris Origo, ihr Mann Antonio und ihre liebste Freundin, Elsa Dallolio. «Ich habe Freude an der Langsamkeit des Prozesses [der Gartenarbeit]», so schrieb Iris Origo, «an seiner Beständigkeit, an seiner Grausamkeit, an der Hoffnung, die er vermittelt.» Heute öffnet der Giardino della Foce von April bis September am Mittwoch von 15.30–19.30 Uhr und von Oktober bis März am Mittwoch von 15.30–17.30 Uhr seine Pforten für die Öffentlichkeit. Unter der Telefonnummer 0578 69101 können für Gruppen Besichtigungstermine an anderen Tagen mit Ausnahme des Wochenendes vereinbart werden.

Der Giardino della Foce bei Chianciano Terme

hier vorbeiführte, wo sie sicher waren, mussten die Pilger allerlei Mühsal auf sich nehmen, um zu dem, später von De Brosses als «die abscheulichste Unterkunft ganz Italiens» beschriebenen, Ort hinaufzusteigen. Doch im rechten Licht betrachtet hat auch Radicofani seine Reize. Auf jeden Fall ist die **Fortezza** sehenswert, deren Anfänge auf das 9. Jahrhundert zurückgehen. Mit den erst kürzlich abgeschlossenen, gelungenen Restaurierungsarbeiten wurde eine Art «lebendes Museum» geschaffen. Und auch das Dorf selbst ist einen Besuch

Contignano

wert, insbesondere die Kirche **San Pietro Apostolo**, eines der interessantesten Beispiele für romanisch-gotische Architektur am Monte Amiata. Ihr Inneres birgt Terrakotta-Arbeiten der Bildhauerfamilie Della Robbia und eine geschnitzte *Madonna mit Kind* (1411) von Francesco di Valdambrino, ein Schüler des bekannteren Jacopo della Quercia. Unweit des Ortes befindet sich der Palazzo della Posta, eine Medici-Villa, die, zunächst als Jagdschloss erbaut, später zu einem Hotel umfunktioniert wurde, das Reisende wie Montaigne, Chateaubriand und Dickens beherbergte.

Wenn Sie dem zwischen dem Fluss Orcia und dem Wildwasser Formone liegenden Grat folgen, stoßen Sie an der Straße nach Chianciano Terme ungefähr 13 Kilometer weiter auf den Ortsteil **Contignano**. In der dortigen Burg hat die Genossenschaft der Milcherzeuger des Val d'Orcia ihren Sitz, die heute die Milch von etwa 150 Mitgliedern verarbeitet. Sie finden die Käserei unweit des Ortes an der Straße nach Montepulciano, und eine Verkaufsstelle gibt es auch gleich hinter dem Werk.

Wenn Sie von Contignano herab kommen, können sie an der Kreuzung «Quadrivio della Vittoria» nach rechts und dann wieder nach links abbiegen, in Richtung La Foce und Castiglioncello del Trinoro. Schon bald führt unsere Strecke nach links, also nach La Foce, und da die Straße nun nicht mehr

Urlaub auf dem Bauernhof

Wer Gelegenheit hat, mehrere Tage in dieser Gegend zu verbringen, sollte die schönste und am besten zur Umgebung passende Form von Unterkunft, den Agriturismo (Ferienhof) wählen. Keine andere italienische Region bietet eine so reiche Auswahl wie die Toskana, was verschiedene Gründe hat: So sorgte beispielsweise die Abschaffung der Halbpacht vor gar nicht allzu langer Zeit dafür, dass zunächst zahlreiche Bauernhöfe, Landgüter und Pächterhäuser aufgegeben wurden und verfielen. Doch glücklicherweise war die Region Toskana so weitsichtig, Fördermittel der Europäischen Gemeinschaft zu beschaffen, die für die Nutzung solcher Anwesen zur Einrichtung von Beherbergungsbetrieben bereitgestellt worden waren. So ist es ihr nicht nur gelungen, den Wein- und Gastronomietourismus anzukurbeln (und ein Bewusstsein dafür zu entwickeln, dass die Natur ein erhaltenswertes Gut ist), sondern auch zwei der wichtigsten Wirtschaftszweige der Gegend der Crete Senesi zu fördern: die Ziegelsteinproduktion und das Bauwesen. Genau genommen ist die Bezeichnung «Agriturismo» heute recht schwammig geworden. Eigentlich sollte es sich um Betriebe handeln, die zwar Gäste auf dem Hof empfangen, ihre Haupteinkünfte jedoch aus der Landwirtschaft beziehen. Tatsächlich kann man mittlerweile renovierte Landhäuser mieten, bei denen nichts auf die Zugehörigkeit zu einem landwirtschaftlichen Betrieb hinweist, oder Bauernhöfe, die einige Zimmer oder Ferienappartements zur Verfügung stellen, ja ganze Dörfer, die zu Mini-Touristenorten geworden sind. Etliche Anwesen verfügen mittlerweile sogar über ein Schwimmbad, und damit ist auch klar, dass die Preise nicht nur mit der Größe der Häuser zusammenhängen, sondern natürlich auch mit der Ausstattung. Eins darf jedenfalls als Faustregel gelten: Bei den Landhäusern der südlichen Toskana handelt es sich zumeist nicht um noble Villen, sondern um Wohnstätten bescheideneren Ursprungs, um ehemalige Bauernhäuser, manchmal auch um die Häuser der einstigen Gutsverwalter.

In den Randspalten zu diesen drei Touren und im Anhang haben wir einige schöne Ferienhöfe herausgegriffen, die auch Verköstigung anbieten und dafür möglichst Produkte des eigenen Betriebes oder zumindest aus der näheren Umgebung verwenden. Dass dabei nur ein kleiner Teil aller verfügbaren Unterkünfte erfasst werden konnte, versteht sich von selbst. Für einen umfassenderen Überblick empfehlen wir «Agriturismo Toscana», das offizielle Jahrbuch der Region Toskana, mit 1951 Adressen.

Radicofani

asphaltiert und recht schattig ist, empfehlen wir, den Wagen abzustellen und den Weg zu Fuß fortzusetzen. Halten Sie sich rechts, und Sie gelangen nach **Castiglioncello del Trinoro**, einem netten mittelalterlichen Dorf, in dem Sie in der Bar-Trattoria mit einer Kleinigkeit Ihre Lebensgeister wecken können. Sobald Sie zum Auto zurückgekehrt sind, fahren Sie nach **La Foce** weiter, das für immer mit dem Namen der aus Amerika stammenden Schriftstellerin Iris Origo verbunden bleiben wird.

In La Foce (wie in anderen Orten dieser Gegend auch) werden im Sommer eine Reihe von Kammerkonzerten unter dem Motto «Begegnungen im Sieneser Land» abgehalten, die der Enkel von Iris Origo, der Cellist Antonio Lysy, leitet. Sollten Sie jedoch nicht das Glück haben, sich gerade zu dieser Zeit hier aufzuhalten, raten wir zu einem Besuch von La Foce am Mittwoch: Nur an diesem Wochentag ist der wundervolle Garten, den Iris Origo zusammen mit dem Architekten Cecil Pinsent angelegt hat, der Öffentlichkeit zugänglich.

Um zum Ausgangspunkt unserer Tour, also nach Montepulciano zurückzukehren, können Sie den Weg einschlagen, den die Familie Origo im Juni 1944 trotz drohender Bombardements zu Fuß mit etwa zwanzig evakuierten Kindern aus La Foce zurücklegte. Überqueren Sie die Asphaltstraße in La Foce und schlagen Sie die Schotterstraße ein, die an Castelluccio vorbeiführt. Folgen Sie der Wegweisung, dann gelangen Sie unweit des Ortes zur Staatsstraße 146. Iris Origo erzählt, wie sie mit ihrer Kinderschar ermattet zu Boden sank und versuchte, Kräfte für den letzten Aufstieg zu sammeln. «Doch als wir so da saßen, kam eine kleine Gruppe von Bürgern der Stadt Montepulciano, gleich darauf noch eine. Sie hatten uns von den Bastionen aus gesehen und waren gekommen, um uns mit offenen Armen zu empfangen. Man kann sich kein rührenderes Willkommen vorstellen … Sie setzten die Kinder auf ihre Schultern und hängten sich unsere Bündel um … und wetteiferten miteinander, uns ihre Gastfreundschaft zu erweisen.»

Der Palazzo della Posta in Radicofani

Für Sie ausgewählt

Abbadia San Salvatore

Hotels mit Restaurant

Piccolo Hotel Aurora
via Piscinello, 51
Tel. 0577 778173
oder 0577 776445
Drei Sterne, 20 Zimmer
mit TV und Telefon.
Restaurant und Pizzeria.
Preise: EZ € 30–55, DZ €
40–60, Halbpension € 30–45,
Vollpension € 35–50.
Hoch oben gelegen mit schönem Blick auf das Tal, im angegliederten Restaurant Schmackhaftes aus dem Holzofen: Dort isst man die beste Pizza der Gegend.

Cesaretti
via Trento, 37
Tel. 0577 778198
Ein Stern, 16 Zimmer.
Restaurant.
Preise: EZ € 20, DZ € 30, Vollpension € 40.
Eine kleine Pension mit schlichtem Restaurant, beliebtes Ziel von Leuten, die in der Nähe arbeiten. Sehr redliche Preise.

Albergo Olimpia
via Trieste, 30
Tel. 0577 778250
Zwei Sterne, 25 Zimmer mit TV.
Restaurant.
Preise: EZ € 35, DZ € 45.
Ein himmelblauer Palazzo vor den Toren der Altstadt, den die Familie Flori betreibt: Mamma Luciana steht in der Küche, Vater Enrico ist immer auf Pilzsuche und Tochter Silvia bedient die Gäste. Typische Küche: Gemüsesuppe mit Brot *(acquacotta)*, Pilzgerichte, gebratener Kapaun mit Kastanienfüllung. Durchschnittliche Preise: € 13.

Albergo Parco Erosa
via Remedi
Tel. 0577 779735
Drei Sterne, 40 Zimmer.
Restaurant.
Preise: DZ € 35, Halbpension € 60.
Ein hübsches Beispiel für die Bauweise dieser Berglandschaft. Das Albergo finden Sie gleich außerhalb des Ortes, rechts an der Straße nach Piancastagnaio. 1991 erbaut, steht den Hotelgästen von April bis Oktober ein ordentliches Restaurant zur Verfügung.

Hotel Relais San Lorenzo
località San Lorenzo, 1
Tel. 0577 785003
Fax 0577 784449
E-Mail: hotel.sanlorenzo@iol.it
Drei Sterne, 18 Zimmer mit Telefon, TV und Minibar,
3 Appartements mit Küchenbenutzung sowie eine Suite.
Restaurant, Park, Swimmingpool.
Preise: Halbpension € 60–75, Vollpension € 75–90.
Das schönste Hotel der Gegend, in einem ehemaligen Zisterzienserkloster, das umgebaut und geschmackvoll eingerichtet wurde. Es liegt einige Kilometer von Abbadia entfernt, in Richtung Piancastagnaio, rechts hoch durch den Staatsforst. Typische Küche auf Vorbestellung. Angemessene Preise angesichts der qualitativ hochwertigen Unterbringung. Der Ort ist hervorragend für Wandertouren geeignet. Ein Tourenvorschlag: Sie nehmen die Steigung bis Cipriana, gehen über das Bergwerk bis zur Quelle von Acquapassante, von dort aus zum 1000 m entfernten Buchenhain oberhalb von Vivo d'Orcia, mit Rast im Giardino Daniel Spoerri nahe Seggiano. Von dort aus geht es weiter nach Casteldelpiano, Santa Fiora und schließlich Piancastagnaio. Für diese Tour sollten Sie einen ganzen Tag einplanen.

Restaurants

Ristorante Il Cantinone
via Asmara
Tel. 0577 776552
Ruhetag: Mittwoch.
Betriebsurlaub: 15 Tage im Juli.
Gedecke: 50
Preise: € 18 ohne Wein.
Alle Kreditkarten außer DC und AE.
In einem kleinen Innenhof gelegen, einfach aber gepflegt die Küche. Ausgezeichnet die Teigblätter *(straccetti)* mit Pilzen und Zucchini, sowie die Polenta mit Fleischsauce und Pilzen.

Ristorante Laccoria
località Laccoria
Tel. 0577 777107
oder 0577 778889
Mittwochs geschlossen.
Betriebsurlaub: Ende Juni.
Gedecke: 80
Preise: € 13 ohne Wein.
Bancomat im Haus.
Das Restaurant befindet sich in einem Gut außerhalb von Abbadia, rechter Hand auf dem Weg nach San Filippo. Einfache Hausmannskost, im Sommer Gelegenheit zum Speisen im Freien unter einer Pergola. Auf

kleine Gäste wartet eine weitläufige Spielfläche zum Austoben! Unter den Spezialitäten: die klassischen *pici al cartoccio* und Wildgerichte.

Einkaufen

Regionale Produkte

Pinzi Pinzuti
via Cavour
Tel. 0577 778040
Weine und Spezialitäten der Region, viele aus dem gleichnamigen Betrieb. Lecker die Kastanienmarmelade.

Asciano

Restaurants

Ristorante La Torre
località Monte Oliveto Maggiore
Tel. 0577 707022
Dienstags geschlossen. Ganzjährig geöffnet.
Gedecke: 130
Preise: € 20–30 ohne Wein.
Alle Kreditkarten.
In diesem Restaurant erwartet Sie eine ordentliche toskanische Küche, mit den typischen Suppen, *pici* und Pappardelle, während der Saison mit köstlichen Trüffeln. Dazu Weine aus der Gegend.

Castiglione d'Orcia

Hotels mit Restaurant

Albergo Flora
località Vivo d'Orcia
via IV Novembre, 18
Tel. 0577 873724
Zwei Sterne, 12 DZ und 1 EZ. Parkplatz, Restaurant, Garten.
Preise: Übernachtung € 23–25;
Halbpension € 40;
Vollpension € 45.
Dank seiner günstigen Lage ist dieser Familienbetrieb ein beliebtes Ziel von Trekkingfans: Er liegt in einer Höhe von 900 Metern am Nordhang des Monte Amiata, unweit des Val d'Orcia, nur wenige Kilometer von Bagni San Filippo entfernt. Das nicht nur Hotelgästen offene Restaurant hat 200 Plätze. Hausmannskost, auch aus dem Holzofen.

Hotel Terme San Filippo
località Bagni San Filippo
via San Filippo, 23
Tel. 0577 872982
Fax 0577 872684
Drei Sterne, 4 EZ und 23 DZ mit TV, Safe, Telefon. Wellness-Center, Thermalbad, Park.
Preise: EZ € 48–50–58, Halbpension € 55–60–68, Vollpension € 60–65–73; DZ € 40–43–45, Halbpension € 50–53–60, Vollpension € 55–58–65. Die Preise gelten pro Person, einschließlich Frühstück und Eintritt zum Thermalbad.
Das Hotel ist an die Thermen angeschlossen, die schon zu Zeiten von Lorenzo dem Prächtigen berühmt waren, und bietet neben zahlreichen Wellness-Wochenangeboten auch «Antistress»-Kurzaufenthalte für ein Wochenende. Es gibt unter anderem Fangoanwendungen, Inhalationskuren, Peeling und verschiedene Massagebehandlungen. Das Restaurant lockt mit typisch toskanischer Küche und einer großen Auswahl an Desserts und Weinen der Gegend.

Castello di Ripa d'Orcia
località Ripa d'Orcia
Tel. 0577 897376
33 Betten, verteilt auf 7 Appartements und 6 DZ. Restaurant, montags geschlossen.
Preise: DZ mit Frühstück € 105; Appartements mit 4 Betten € 600 pro Woche, mit zwei Betten € 425.
Zimmer, Appartements und ein Restaurant befinden sich in Räumlichkeiten, die zur Burg gehören, in einem Dorf aus dem 13. Jahrhundert, von dem aus man eine herrliche Aussicht genießt. Geöffnet ist dieses Hotelrestaurant von März bis November. Mindestaufenthalt in einem der sieben Appartements ist eine Woche (von Samstag bis Samstag), im Zimmer zwei Nächte. Das Restaurant ist nicht nur für Hotelgäste geöffnet.

Agriturismo Casa Ranieri Centro Ippico Val d'Orcia
località Campiglia d'Orcia
Tel. 0577 872639
E-Mail: naranier@tin.it
7 DZ mit Bad für 14 Personen und ein Appartement mit Schlafzimmer, Wohnzimmer, Küche, Bad und Garten für 2 Personen.
Restaurant, Swimmingpool, Reitschule.
Preise: DZ € 65–75, inklusive Frühstück, Strom, Gas, Bettwäsche, zweiwöchentliche Reinigung, Wäschewechsel, tägliche Reinigung der Küche und des Speiseraums.
Gäste bekommen Frühstück und Abendessen. Fortgeschrittene Reiter können Ausritte buchen, Anfänger das Reiten erlernen. Der Hof verfügt über eine überdachte Reithalle für das Dressur- und Springreiten. Darüber hinaus werden Kochkurse angeboten.

Agriturismo I Lecci
località I Lecci
Tel. 0577 887287
6 Einzimmerwohnungen mit Küchenbenutzung, 5 Appartements für 4 bis 6 Personen, 4 DZ.
Restaurant, Swimmingpool, Tennisplatz, Vermietung von Mountainbikes.
Preise: DZ € 50–60 pro Nacht, Einzimmerwohnungen € 300–400 pro Woche, Appartements € 450–600 pro Woche.
Es können bis zu 45 Gäste beherbergt werden. Im Februar geschlossen. Das Restaurant (Februar und März geschlossen, dienstags Ruhetag) steht nicht nur Übernachtungsgästen offen. Ausgezeichnet sind die Nudeltäschchen (*tortelli*). Reitmöglichkeit auf einem drei Kilometer entfernten Reitplatz.

RESTAURANTS

Osteria Il Castagno
località Vivo d'Orcia
via Amiata, 129
Tel. 0577 873508
Montags geschlossen.
Betriebsurlaub: wechselnd.
Gedecke: 60 plus 70 im Freien.
Preise: € 18 ohne Wein.
Keine Kreditkarten.
Der Eingang liegt, wie der Name schon verrät, im Schatten einer riesigen Kastanie. Die Gaststube ist schlicht und rustikal eingerichtet. Probieren sollte man die Gnocchi, deren Teig Trüffeln und Pilze beigemengt sind (*schiacciatelli*), dann die großen Teigtäschchen mit Ricotta und Kartoffeln (*maremmani*) und ein Gericht, das traditionell während der Dreschzeit gegessen wurde: verschiedene Fleischstücke auf Knoblauchbrot (*scottiglia alla vivaiola*). Hervorragende Weine und verschiedene Pecorino-Käsesorten, die von Rossano, dem Besitzer des Lokals, bei einer nahen Käse- und Weinhandlung ausgewählt werden.

EINKAUFEN

ÖL

Oleificio Sociale Cooperativo
località La Fonte
Tel. 0577 887184
Die genossenschaftliche Ölmühle, fünf Kilometer von Montalcino entfernt, stellt in den Hügeln zwischen den Tälern des Ombrone und des Asso ein qualitativ hochwertiges Olivenöl aus biologischem Anbau her. Eine gute Adresse, um sich mit Olio Extravergine einzudecken.

CETONA

HOTELS MIT RESTAURANT

Frateria di Padre Eligio
località Convento
di San Francesco
Tel. 0578 238261
Ruhetag: Dienstag.
Betriebsurlaub: im November.
Gedecke: 30
Preise: € 80 ohne Wein.
Alle Kreditkarten außer DC.
Den Klosterkomplex aus dem 13. Jahrhundert haben die Jugendlichen von Mondo X renoviert, einer von Padre Eligio gegründeten Vereinigung. Hier kann man in komfortablen Räumen übernachten und die kreative Küche von Walter Tripodi kennen lernen. Das Menü variiert täglich, die Zutaten stammen aus den Gemüsegärten und den Ställen des Hauses. Hier können Sie eine Kaninchenpastete mit Pinienkernen an einer Sauce aus frischen Datteln genießen, oder einen mit Seeigellaich und Seebarschfilet gespickten Kartoffelauflauf an Fenchelcreme; ferner *cannolicchi* mit Brokkoli und Pilzen oder in Rotwein geschmorte Ente mit weißer Polenta und Lauch. Bitten Sie darum, den gut bestückten Weinkeller besuchen zu dürfen.

RESTAURANTS

Osteria Vecchia
via Cherubini, 11
Tel. 0578 239040
Dienstags geschlossen.
Betriebsurlaub: 20. Januar bis 10. Februar.
Gedecke: 65
Preise: € 20–25 ohne Wein.
Alle Kreditkarten.
Diese rustikale Trattoria im historischen Ortskern von Cetona führt Signor Nilo mit seiner Familie. Unter den meistgewählten Speisen sind die hausgemachte Pasta, klassische toskanische Suppen und Wildbret. Lassen Sie auch noch ein wenig Platz für ein Stück von dem leckeren hausgemachten Kuchen.

EINKAUFEN

FRISCHE PASTA

La Rocca Pasta Fresca
piazza Garibaldi, 25
Tel. 0578 238789
In dem Geschäft von Stefania Stefani finden Sie hervorragende Fettuccine, Tagliatelle, Pappardelle, Ravioli und Maltagliati.

ÖL

Antico Frantoio Tiribocchi
località Le Piazze
piazza Arturo Toscanini, 3
Tel. 0578 244122
Kaltgepresstes Olivenöl aus einer Steinmühle von 1842, und im Direktverkauf erhältlich.

REGIONALE PRODUKTE

Cantina La Frasca
via Roma, 13
Tel. 0578 238081
oder 0578 238696

Hier erhalten Sie typische Produkte aus eigener Herstellung: Öl, Wein, Pecorino, Honig, Marmelade und Vin Santo. Mittwochs geschlossen.

Il Vecchio Carro
via Cherubini, 5
Tel. 0578 238554
Im Laden von Katiuscia Medi finden Sie eine schöne Auswahl an Wurstwaren, Pecorino und toskanischen Weinen. Während der Saison gibt es Weiße Trüffeln von den Crete Senesi.

KERAMIK, KUNSTHANDWERK IN HOLZ

Consorzio Gli Ostinati
piazza Garibaldi, 55
Tel. 0578 238153
In diesem Laden finden Sie von Vincenzo und Franco Mencaglia bemalte Keramik von Pippo (*ceramiche Pippo*) sowie Gobelins und Holzmöbel des Kunsthandwerkers Stefano Canuti.

CHIANCIANO TERME

WEINERZEUGER

Carpineto
Strada della Chiana, 62
Tel. 0578 30073
Giovanni Carlo Sacchet und Antonio Mario Zaccheo, Eigentümer auch der Kellerei Carpineto di Greve in Chianti, haben 1997 diesen alten Betrieb zwischen Montepulciano und Chianciano übernommen. Die Renovierungsarbeiten sind zwar noch im Gange, haben aber schon einiges bewirkt: Der alte Keller ist renoviert, und die ersten 35 Hektar Weinberge sind dicht mit Reben bepflanzt – innerhalb der nächsten fünf Jahre sollen es doppelt so viele werden.

Agricola Gavioli
località Maglianella
strada statale, 146
Tel. 0578 63955
Sergio Gavioli, ein in der Hotellerie tätiger Unternehmer aus der Lombardei, lebt seit über zwanzig Jahren in Chianciano. Seine seit langem gehegte Leidenschaft für den Weinbau brachte ihn schließlich dazu, selbst Qualitätsweine zu bereiten. Auf dem Gut Poggio Oliveto (zwanzig Hektar) werden vorwiegend Sangiovese-Trauben kultiviert, aus denen Vino Nobile (einfach und als Riserva) sowie Rosso di Montepulciano hergestellt werden. Die Alterung erfolgt in slawonischen Eichenfässern und Barriques in der Kellerei von Montepulciano, Abfüllung und Ausbau dagegen im Sitz in Chianciano. Auf den verbleibenden zehn Hektar Grund reifen Trauben für eine weniger große Produktion von Chianti Colli Senesi, Spumante Brut Metodo Classico und Vin Santo.

MONTALCINO

ÜBERNACHTUNG

Hotel Bellaria
via Osticcio, 19
Tel. 0577 849326
und 0577 848668
Fax 0577 846012
Drei Sterne, 24 DZ und 1 EZ mit TV, Minibar, Klimaanlage, Safe und privates Fax auf Anfrage. Parkplatz, Swimmingpool. Preise: € 50–80.
15 Minuten zu Fuß die ruhige, piniengesäumte Straße entlang, die hinter der Carabinieri-Kaserne beginnt, und schon sind Sie bei diesem neu erbauten Hotel. Großzügig geschnittene Zimmer, vernünftige Preise und eine herrliche Aussicht erwarten Sie. Der Swimmingpool ist von Mai bis September geöffnet. Es werden regelmäßig Gruppenausflüge organisiert.

Hotel dei Capitani
via Lapini, 6
Tel. 0577 847227
Fax 0577 847239
Drei Sterne, 29 DZ mit Minibar, Satelliten-TV, Telefon, Safe, Klimaanlage.
Parkplatz, Swimmingpool, Garten.
Preise: € 95 inklusive Frühstück.
Das Hotel wurde erst kürzlich eröffnet (1996) und befindet sich in einem ansehnlich restaurierten Palazzo aus dem 17. Jahrhundert, der vorher als städtisches Altersheim diente. Das Ambiente ist freundlich, ruhig und komfortabel. Kleiner Pool und schöne Zimmer, viele mit herrlicher Aussicht auf das Val d'Orcia.

Hotel Il Giglio
via Saloni, 5
Tel. und Fax 0577 848167
E-Mail: hotelgiglio@tin.it
Drei Sterne, 4 EZ und 13 DZ mit TV, Telefon und Minibar. Parkplatz, Restaurant, Taxi-Service, Wäscherei.
Preise: im Hauptgebäude EZ € 45, DZ € 65, Dreibettzimmer € 75; im Nebengebäude EZ € 35, DZ € 50, Dreibettzimmer € 65.
Angenehmes, einladendes Hotel mitten im Zentrum, mit Aussicht auf das Tal. Folgende Zimmer stehen zur Wahl:

drei Einzel- und neun Doppelzimmer im Hauptgebäude, ein Einzel- und vier Doppelzimmer im Nebentrakt. Anna, die Ehefrau des Betreibers, kocht typische Gerichte der Gegend für das kleine Restaurant. Es ist nur abends geöffnet und steht nicht nur Hotelgästen offen. Ein Besuch der angeschlossenen Enoteca lohnt sich.

Hotel Residence Montalcino
via Saloni, 31
Tel. und Fax 0577 847188
Drei Sterne, 3 DZ, 2 Zweizimmer-Appartements, 7 Dreizimmer-Appartements, mit Telefon, Stereoanlage, TV, Satellitenantenne, Videorekorder.
Preise: DZ € 70–75, Zweizimmer-Appartements € 400–500 pro Woche, Dreizimmer-Appartements € 400–650 pro Woche.
Restaurant, Garage, Garten.
Dieses kleine Hotel befindet sich mitten in der Altstadt in einem erst kürzlich restaurierten Palazzo von 1727, bietet drei Zimmer und neun Mini-Appartements, die allesamt geräumig und bequem eingerichtet sind, sowie einen über 1000 Quadratmeter großen Garten rund ums Haus. Das nicht nur Hotelgästen offen stehende Restaurant bietet neben typisch toskanischen Gerichten auch einige Meeresspezialitäten.

RESTAURANTS

Il boccon divino
località Colombaio Tozzi, 201
Tel. 0577 848233
Dienstags geschlossen.
Betriebsurlaub: im November.
Gedecke: 60
Preise: € 30 ohne Wein.
Alle Kreditkarten.

Mit fünfzig Jahren hat es den Mailänder Mario Fiorani nach Montalcino gezogen, wo er zusammen mit seiner Frau und den zwei Töchtern dieses Lokal eröffnet hat. Seit einigen Jahren setzt er mit vorzeigbaren Ergebnissen auf Qualitätsverbesserung und eine Rückkehr zur Tradition. Probieren Sie die Zwiebelsuppe (carabaccia) und die in Wein geschmorte Rinderbacke (peposo). Im Sommer kann man auf einer schönen Terrasse speisen, mit Ausblick auf das Val d'Orcia.

Il grappolo blu
Scale di via Moglio, 1
Tel. 0577 847150
Freitags geschlossen.
Betriebsurlaub: 15. Januar bis 15. Februar.
Gedecke: 50
Preise: € 20 ohne Wein.
Alle Kreditkarten.
Typisch toskanische Osteria, 1994 im Zentrum von Montalcino eröffnet. Das Ambiente ist rustikal. Maria Pia Locatelli, die Inhaberin, kümmert sich auch um die Küche. Ein kleiner Auszug aus den zahlreichen Spezialitäten: Ravioli mit Pecorino, Rinderhaxe in Balsamico, gebratenes Wildschwein, Mürbteigkuchen mit Zitronencreme und Pinienkernen. Großer Weinkeller mit 350 Etiketten, um den sich Luciano Moretti kümmert. Wer reserviert, kann im Doppelzimmer übernachten.

Osteria Bassomondo
frazione Castelnuovo dell'Abate
via Bassomondo, 7
Tel. 0577 835619
Montags geschlossen,
im Sommer kein Ruhetag.
Ganzjährig geöffnet.
Gedecke: 100
Preise: € 18 ohne Wein.
Keine Kreditkarten.

Hier können Sie sich sowohl für einen Imbiss als auch für ein traditionelles Essen entscheiden. Signora Giovanna macht ihre frische Pasta selbst. Hervorragend auch die Wurstwaren aus eigener Herstellung, die in Öl eingelegten Rouladen und das vortrefflich zubereitete Spanferkel mit wildem Fenchel. Es empfiehlt sich, tagsüber hinzugehen, denn abends schließt die Küche recht früh.

Osteria del Vecchio Castello
località Pieve di San Sigismondo
Tel. 0577 816026
Dienstags geschlossen.
Betriebsurlaub: wechselnd.
Gedecke: 25
Preise: € 43 ohne Wein.
Alle Kreditkarten.
Der neue Sitz des ehemaligen Lokals in Roccalbegna (Provinz Grosseto): noch schöner, leicht zu erreichen und mit prächtigem Ausblick. Sie können à la carte bestellen oder zwischen zwei Degustationsmenüs wählen. Ein Muss sind das Schweinefilet mit Ziegenkäse (filetto di maiale con ravaggio di capra), die Entenbrust (ventaglio di petto di germano), die Sahne mit Pinienkernen und Kastaniencreme. Abschließend dann einen Espresso, für den es sogar eine eigene Karte gibt. Im Weinkeller lagern Spitzengewächse. Übernachtungsgäste haben die Wahl zwischen vier Appartements im oberen Stockwerk. Kurzum: Ein Lokal, das die Gastronomie Montalcinos, die in den letzten Jahren nicht sonderlich viel zu bieten hatte, zweifellos bereichert.

Poggio Antico
località I Poggi
Tel. 0577 849200
Sonntagabends sowie montags geschlossen.
Betriebsurlaub: im Januar.

Gedecke: 50
Preise: € 50 ohne Wein.
Kreditkarten: Visa.
Dieses Restaurant finden Sie in der gleichnamigen Kellerei mit eigener Produktion von Brunello und Rosso di Montalcino. Neben typisch toskanischen Gerichten, die vom erfahrenen Küchenchef Roberto Minnetti in stets gleich bleibender Qualität zubereitet werden, stehen diverse andere italienische Speisen, darunter auch Fischgerichte, zur Auswahl. Unter den Spezialitäten sind zu erwähnen: Das Schmorfleisch in Rotwein (*peposo*) nach Art der Renaissance, das Geflügelleberparfait an Moscadello-Sauce oder die in Vin Santo geschmorte gefüllte Taube. Gut bestückte Weinkarte, umfangreiche Käse- und Dessertkarte. Im Sommer können Sie draußen speisen, mit Aussicht auf die 200 Hektar Land des Betriebs.

Il Pozzo
località Sant'Angelo in Colle
piazza del Pozzo, 2
Tel. 0577 844015
Dienstags geschlossen.
Betriebsurlaub: wechselnd.
Gedecke: 40
Preise: € 18 ohne Wein.
Kreditkarten: Visa, CartaSi.
Diese rustikal eingerichtete Osteria ist etwa zehn Kilometer von Montalcino entfernt. Großes Angebot an typischen Gerichten, *pici*, Zwiebelsuppe, Brotsuppe, mit Gemüse geschmortes Hühner- und Kaninchenfleisch (*scottiglia di pollo e coniglio*), Mandelkekse (*cantucci*) und Vin Santo. Die frische Pasta und die Mürbteigkuchen sind hausgemacht. Unbedingt reservieren!

Re di Macchia
via Saloni, 21
Tel. 0577 846116
Freitags geschlossen.
Betriebsurlaub: 9. Januar bis 9. Februar.
Gedecke: 30
Preise: € 40 ohne Wein.
Alle Kreditkarten.
Chefin dieses vor einem Jahr in einem Renaissancebau eröffneten Lokals ist Anna Vittoria Moretti, die Tochter des Eigentümers von Il Grappolo Blu. In elegantem Ambiente erwarten Sie vier Menüs: vegetarisch, traditionell, leicht oder kreativ. Alle Gerichte werden mit Zutaten aus der Region zubereitet. Unter den Spezialitäten: Dinkelbrei mit Colonnata-Speck und in Brunello geschmortes Lamm. Zur Nachspeise gehört stets ein Dessertwein. Sehr gepflegter Weinkeller. In der kleinen Weinhandlung können Sie auch außerhalb der Tischzeiten Weine verkosten oder aus dem gut sortierten Zigarrenangebot wählen.

Sciame
via Ricasoli, 9
Tel. 0577 848017
Dienstags geschlossen.
Betriebsurlaub: im Februar.
Gedecke: 30
Preise: € 20 ohne Wein.
Alle Kreditkarten.
Dieses kleine Lokal im Herzen der Altstadt bietet qualitativ gute Gerichte zu korrekten Preisen. Wir empfehlen die breiten Bandnudeln mit Wildschwein, die Bohnensuppe, das in Brunello geschmorte Huhn oder das Wildschweinsteak.

Taverna dei Barbi
località Podernovi
Tel. 0577 841111
Mittwochs und dienstagabends geschlossen.
Betriebsurlaub: im Januar.

Gedecke: 80
Preise: € 23 ohne Wein.
Alle Kreditkarten.
Hier erwartet Sie das Beste, was die lokale Küche an Speisen und Weinen zu bieten hat. Keinesfalls verpassen dürfen Sie die Wurstwaren und Käsespezialitäten aus eigener Herstellung. Besonders empfehlenswerte typische Gerichte sind die Pilzsuppe und *pici* mit kräftiger Fleischsauce. Und dazu einen Tropfen aus der Kellerei Barbi!

Enoteche

Enoteca Bacchus
via Matteotti, 15
Tel. 0577 847054
Neben den Weinen gibt es hier auch eine schöne Auswahl an typischen Spezialitäten, die man im Laden (im Sommer auch draußen) probieren und kaufen kann.

Enoteca La Fortezza
piazzale La Fortezza
Tel. 0577 849211
Außergewöhnliches Ambiente in der Festungsanlage, Tische auch im Freien. Bei den Besitzern erwirbt man auch die Eintrittskarte für die Wehrgänge der Festung und die Besichtigung der Türme. Hier haben Sie die reichste Auswahl an Brunello di Montalcino, die Sie finden können.

Enoteca Osteria Osticcio
via Matteotti, 23
Tel. und Fax 0577 848271
Ein wunderschönes Lokal über zwei Stockwerke mit einer großen Fensterfront und Blick auf den Garten. Ausgezeichnete Auswahl an erstklassigen Weinen mit Möglichkeit zu wirklich durchdachten Degustationen. Die ganze Auswahl finden Sie vorab unter www.osticcio.com.

Ein Kaffee, ein Aperitif

Fiaschetteria italiana 1888
viale della Libertà, 5
Tel. 0577 846047
Ein faszinierend eingerichtetes historisches Lokal mitten im Zentrum. Drinnen befindet sich die Enoteca mit einer hervorragenden Auswahl an Brunello di Montalcino. Draußen kann man gemütlich an einem der Tische der Welt zusehen, wie sie vorbeizieht. Eine gute Adresse zum Frühstücken oder auch für einen Imbiss, zu dem ein Wein aus der Gegend nicht fehlen darf.

Pasticceria Gelateria Mariuccia
piazza del Popolo, 29
Tel. 0577 849319
Angela Maccioni konzentriert sich bei der Herstellung ihrer Backwaren ausschließlich auf Spezialitäten aus Montalcino: Mandelgebäck *(rustici, ricciarelli)*, Baci di Montalcino, *torta marita*, ein Kuchen mit Nüssen, Orangen und Schokolade. Probiert werden sollten auch die Eisspezialitäten, vor allem der herrliche «Zuccotto Mariuccia», ein halbgefrorener, mit Likör getränkter Biskuitkuchen, der mit Nüssen und Schokolade gefüllt ist.

Einkaufen

Fleisch

Fratelli Marconi
via Mazzini, 40
Tel. 0577 848729
Erstklassiges Fleisch aus eigener Aufzucht in einem schön ausgestatteten Geschäft.

Süssigkeiten

Pasticceria Ticci
località Torrenieri
via Romana 47
Tel. 0577 834146
Diese in der Ebene jenseits der Via Cassia gelegene Pasticceria bietet die besonders typischen Sieneser Produkte, den Reispudding und verschiedenes Hefegebäck.

Käse und Wurstwaren

Fattoria dei Barbi
località Podernovi, 170
Tel. 0577 848277
Die Fattoria dei Barbi wartet nicht nur mit exzellenten Weinen und einer hervorragenden Küche auf, sondern auch mit vierzig Jahren Erfahrung in der Herstellung von Wurst und Käse. Es erwartet Sie Bekanntes wie Pecorino in verschiedenen Reifestufen, toskanische Salami, Presssack, mit Fenchelsamen gewürzte Wurst und die inzwischen rar gewordene typische pikante Wurst *(ammazzafegato)*, doch auch interessante Variationen wie zum Beispiel Weinkäse und Brunello-Salami.

Honig

Apicoltura Roberto Batignani
via delle Caserme, 5
Tel. 0577 848444
Roberto Batignani hat die Imkerei seines Vaters übernommen, der seine Arbeit in den frühen Fünfzigerjahren aufnahm, und die Qualität des Honigs bewahren können. Auf der Suche nach den besten Blüten stellt Roberto seine rund 400 Bienenstöcke ständig um. Sie können sich für eine der extrareinen, hochwertigen Biohonigsorten aus Süßklee, Sonnenblume, Steinklee, Kastanie sowie Akazie entscheiden oder auch für den Blütenhonig.

Brot

Lambardi
via Saloni, 54
Tel. 0577 848084
Hier erhalten Sie vor allem toskanisches Brot, das so schmeckt, wie es schmecken soll, aber auch *pici* und andere frische Teigwaren. Unter den Backwaren empfehlenswert: das Gebäck zu Allerseelen *(ossi da morto)*, Mandelkekse mit Honig *(cantucci al miele)*, Pfefferkuchen *(panpepato)*, Mandelgebäck. Eine süße Versuchung sind die «Tegole di Montalcino», eine Süßspeise aus Mandeln und Rosinen.

Kunsthandwerk

Arte orafa
piazza del Popolo, 14
Tel. 0577 847096
Giuseppe Pollini und sein Vater kreieren in ihrem kleinen Laden eigene Modelle und fertigen Schmuck nach Maß.

Galleria Turchi
via Saloni, 35
Tel. 0577 849408
Hier erwarten Sie eine ständige Ausstellung zeitgenössischer Kunst sowie pfiffig arrangierte Wanderausstellungen mit Werken italienischer und ausländischer Künstler. Es gibt weitere Initiativen, wie zum Beispiel die in Zusammenarbeit mit der Kellerei Casa Vinicola Castello di Camigliano ausgerichtete Aktion «Kunst und Wein».

Il Coccio
piazza Garibaldi, 3–5
Tel. 0577 849194
Handbemalte Keramik aus der Toskana und Umbrien, Repliken der antiken Trinkgefäße aus

Montalcino, die im Museum ausgestellt sind.

Le Antiche Tele
via Mazzini, 27
Tel. 0577 849338
Die Stoffe aus Leinen, Baumwolle und Hanf werden in handwerklicher Tradition von der Traditionsfirma Busatti in Anghiari (Provinz Arezzo) in der Nähe von Sansepolcro hergestellt.

Pignattai fratelli
piazza del Popolo, 11
Tel. 0577 847155
Hier gibt es geschmackvolle und qualitativ hochwertige Heimtextilien, Tischtücher und Servietten sowie in handwerklicher Tradition hergestellte Bezugsstoffe.

WEINERZEUGER

Altesino
località Altesino
Tel. 0577 806208
Dieser einladende Betrieb beeindruckt mit seinem gewaltigen Bestand an Barrique-Fässern. Unter den Weinen tun sich vor allem die beiden eleganten Brunello-Brüder mit kompaktem Geschmack hervor. Weitere Schmuckstücke sind ein süffig würziger Alte di Altesi und ein Quarto d'Altesi mit ausgeprägter Kräuternote. Der Weinbaubetrieb Altesino war einer der Vorreiter bei der Bereitung von erstklassigem Brunello di Montalcino und machte sich bereits in den frühen Achtzigerjahren um den Namen dieser Herkunftsbezeichnung verdient.

Tenimenti Angelini
Val di Suga
località Val di Cava
Tel. 0577 80411
Unter den zahlreichen Weingütern, die der Pharmakonzern besitzt, ist dieses das wohl bekannteste und geschätzteste. Seine Weine zeichnen sich durch ihren langen Ausbau in Fässern aus neuer Eiche aus, der die Duftnoten besonders schön zur Geltung bringt. Der Vigna del Lago ist ein kräftiger Brunello mit vollem Körper, von vornehmer Tiefe und besonderer Intensität. Der einfache Brunello ist, wenngleich weniger ausdrucksstark, rein, warm, reif, reich und von feinem Geschmack.

Tenuta di Argiano
località Sant'Angelo in Colle, 54
Tel. 0577 844037
Die historische Tenuta di Argiano ist mit ihren rund zwanzig Hektar Weinbaufläche einer der größten Betriebe der Gegend. Es erwarten Sie drei große Klassiker: Brunello, Rosso di Montalcino und Solengo. Die besten Ergebnisse erzielen wie stets der Brunello (vor allem als Riserva) und der Solengo mit nachhaltig fruchtigen Duftnoten, im Geschmack dann Nuancen von neuer Eiche und leichte, elegante Tannine.

Castello Banfi
Castello Poggio alle Mura
Tel. 0577 840111
Der größte Weinbaubetrieb von Montalcino bietet eine Reihe hervorragender Weine, die aufs Trefflichste die Produktion einer Kellerei von internationalem Niveau repräsentieren: hervorragend der Summus, ein Verschnitt von Sangiovese, Syrah und Cabernet Sauvignon, mit feiner balsamischer Duftnote, ebenso wie sein «Bruder» Excelsus, ein weicher, frischer und kräuterwürziger Bordeauxverschnitt. Ein Muss sind der Brunello Riserva Poggio all'Oro und der Rosso di Montalcino. Daneben werden auch andere vornehme Auslesen erzeugt, wie die Weißen Fontanelle und Serena sowie die Roten Tavernelle, Mandrinelle und Colveccio.

Fattoria dei Barbi
località Podernovi
Tel. 0577 841111
In der Fattoria dei Barbi erwartet Sie ein breit gefächertes Angebot, das von den schlichtesten Tafelweinen bis hin zu großen Gewächsen reicht. Beherrscht wird es natürlich vom Brunello (alkoholstark, tiefgründig und mit herben und prononcierten Tanninen, sowohl in der normalen Version wie auch als Vigna del Fiore Riserva) und dem Rosso di Montalcino. Außerdem erhältlich: ein Brigante dei Barbi, wohlschmeckend und mit ausgewogenen Tanninen, sowie ein Brusco dei Barbi mit markanter Eichennote.

Biondi Santi
Villa Greppo, 183
Tel. 0577 848087
In dieser Kellerei atmen Sie die Geschichte des Brunello di Montalcino! Der Weinberg der Kellerei Biondi Santi hat den Gewächsen dieser Gegend mit Auseleseweinen so erstklassiger Qualität die Ehre erwiesen, dass sich Weinliebhaber auf der ganzen Welt für diese Tropfen begeistern. Heute werden einige besondere Riserva-Gewächse aus nahezu unauffindbaren Jahrgängen zu Schwindel erregenden Preisen verkauft. Die neuen Brunello-Weine bewegen sich auf respektablem Niveau, die Preise allerdings auch.

Campogiovanni
località Sant'Angelo in Colle
Tel. 0577 864001
Zehn Hektar Weinberg entlang des Hangs, der von Sant'Angelo in Colle auf die Maremma

blickt, sowie zwei Brunello-Auslesen, ein einfacher und eine Riserva Vigna del Quercione, sind die Visitenkarten dieses dem Versicherungskonzern Ras gehörenden Betriebs. Er ist auch Eigentümer der Kellerei San Felice di Castelnuovo Berardenga.

Canalicchio di Sopra
località Canalicchio di Sopra
Tel. 0577 848316
Rosildo und Franco Pacenti lieben keine allzu kraftvollen Weine, ihre Kreationen zeichnen sich vielmehr durch feine Ausgewogenheit aus. Ihr Brunello hat Duftnoten von Lakritz, Rhabarber und Graphit, im Geschmack ist er tanninbetont und fruchtig, im Abgang dann leicht bitter und nachhaltig, alles Wesenszüge, die der Brunello als Riserva noch vornehmer zum Ausdruck bringt. Der Rosso di Montalcino ist süffig, wenn auch etwas herb, und duftet angenehm nach Sauerkirschen.

Cantina di Montalcino
località Val di Cava
Tel. 0577 848704
Die einzige genossenschaftliche Kellerei in diesem Gebiet, die nach der gleichen Methode wie die Südtiroler vorgeht: Die Weinbauern werden für ihre Trauben je nach deren qualitativen Eigenschaften entlohnt. Der Brunello di Montalcino mit seiner klar fruchtigen Duftnote hat große Klasse, der Rosso ist zwar eindeutig schlichter, jedoch mit ansprechend komplexem Bukett; der Geschmack ist geschmeidig und harmonisch, im Abgang leicht bitter.

Capanna
località Capanna, 333
Tel. 0577 848298
Den Familienbetrieb der Cencioni führt Benito mit Hilfe von Patrizio und Francesco. Er verfügt über etwa 14 Hektar Weinbaufläche auf den Hügeln rund um Montalcino. Erzeugt werden die klassischen Weine, allen voran der Brunello. Die Brunello-Weine der letzten Jahrgänge, für die der Önologe Paolo Vagaggini verantwortlich zeichnet, sind ausgesprochen interessant und ein schöner Erfolg für die Arbeit dieser Familie. Hier können Sie auch zu noch erschwinglichen Preisen im Direktverkauf einige Flaschen erwerben.

Tenuta Caparzo
località Caparzo
Strada Provinciale nach Montalcino, bei Kilometer 1,700
Tel. 0577 848390
oder 0577 847166
Der Betrieb wird von Nuccio Turone und dessen Berater Vittorio Fiore geführt. Zum Gut gehören 22 Hektar, die sich nördlich von Montalcino und in den zwei renommierten Cru-Bereichen Castelgiocondo und Montosoli befinden, wo die Trauben für eines der hochwertigsten Produkte heranreifen: den geschätzten Brunello La Casa, ein ausgemacht eleganter Tropfen mit guter Geschmacksentwicklung und reifen Tanninen. Beachtlich auch die Riserva: im Bukett facettenreich und feingliedrig, mit Duftnoten von Kakao und roten Früchten, im Geschmack kräftig mit feinen Tanninen.

Casanova di Neri
località Casanova
Tel. 0577 834455
oder 0577 834029
Giacomo Neri zieht Cru-Weine den Riserva-Weinen vor. Das Ergebnis ist ein exzellenter Brunello, der Cerretalto: kraftvoll und opulent, mächtig und energisch, zeichnet er sich durch seine reichen, markanten und doch zu keinem Zeitpunkt aggressiven Tannine aus sowie durch einen langen Abgang, der Anklänge an Gewürze, Lakritz, Sauerkirschen und Eiche bietet. Von bemerkenswerter Qualität ist auch der andere Cru: der Tenuta Nuova ist herrlich ausgewogen, mit großzügigem, kompaktem Geschmack. Der Rosso di Montalcino entwickelt Duftnoten von schwarzen Beeren und Gewürzen.

Fattoria del Casato
Donatella Cinelli Colombini
località Casato Prime Donne
Tel. 0577 849421
Ein noch relativ neuer Betrieb, der aber zweifellos aus dem reichen Erfahrungsschatz seiner Eigentümerin Donatella Cinelli Colombini schöpfen kann. Es gibt zwei Brunello-Gewächse: Der einfache ist ausgewogen und vielgestaltig, mit feinen Tanninen und einem nachhaltig klaren Abgang. Der Prime Donne, der seinen Namen den weiblichen Verkostern verdankt, die letztendlich über den Verschnitt entscheiden, wartet mit Karamell- und Röstaromen sowie Anklängen an reife rote Früchte auf. Am Gaumen ist er angenehm dicht und ausgewogen tanninhaltig.

Case Basse
Villa Santa Restituta
Tel. 02 461544
Bei den Riserva-Weinen aus dem Betrieb von Gianfranco Soldera scheiden sich die Geister in vorbehaltlose Fans einerseits und harsche Kritiker andererseits. Fest steht, dass die Weine der Kellerei Case Basse immer wieder zu den Degustationsbesten zählen. Davon zeugen auch die letzten in den Handel gelangten Jahrgänge, allen voran der 95er, bei denen die Intuition des Inhabers Mai-

länder Herkunft, der hervorragende Weinberg Santa Restituta und das technische Know-how des Haus-Önologen Giulio Gambelli eine glückliche Verbindung eingegangen sind.

Castelgiocondo
località Castelgiocondo
Tel. 055 27141
Diese Kellerei gehört der Florentiner Familie Frescobaldi, die schon seit 700 Jahren Weinbau betreibt: 134 Hektar Anbaufläche mit großen Weinbergen und kleineren Parzellen. Der Brunello di Montalcino gibt sich klassisch mit Duftnoten von Lorbeer, Veilchen und Sauerkirschen sowie Anklängen an neue Eiche; am Gaumen zeigt er sich kräftig und robust, würzig und tanninbetont. Der betriebseigene Merlot, der Lamaione, ist reich an fruchtigen Nuancen mit einem Hauch von Kakao, im Geschmack ist er voll, üppig und weich.

Castello di Camigliano
località Camigliano
via d'Ingresso, 2
Tel. 0577 844068
Ein mittelständischer Betrieb mit 80 Hektar Anbaufläche, dessen Eigentümer, Gualtiero Ghezzi, einen hohen Ertrag (mehr als 100.000 Flaschen Brunello) gleich bleibend hoher Qualität produziert. Neben dem wichtigsten Wein dieses Gebiets, dem Castello di Camigliano, den es in einfacher Ausführung und als Riserva gibt, werden ein angenehmer Rosso di Montalcino und zwei «Super-Toskaner» produziert, ein Sant'Antimo Cabernet Sauvignon und ein Poderuccio aus einem Verschnitt von Sangiovese-, Cabernet- und Merlot-Trauben.

Castello Romitorio
località Romitorio
Tel. 0577 897220
Sandro Chias Betrieb ist in einem wunderschönen ehemaligen Kloster gelegen. Er bewirtschaftet acht Hektar mit Reben für die Brunello-Produktion und zwölf Hektar mit anderen Rebsorten wie Cabernet Sauvignon und Chardonnay. Der Brunello, voll und intensiv im Bukett, ist reich an fruchtigen Noten, die sich harmonisch verbinden mit dem süßen, würzigen Duft von Holz; im Geschmack ist er reif, kompakt und tanninstark. Chia, ein bekannter Vertreter der Transavanguardia, entwirft auch die Etiketten seiner Flaschen selbst, die mittlerweile eine regelrechte Sammlergemeinde gefunden haben.

Centolani
località Friggiali
Tel. 0577 849358
oder 0577 849454
Zu diesem Betrieb gehören zwei Güter im Gebiet von Montalcino: eines in Friggiali, das andere im Bereich von Castelnuovo dell'Abate. Aus diesen beiden Weinbaugebieten stammen die Trauben für zwei verschiedene Brunello-Gewächse, wobei der bessere der Pietranera ist: vielfältig im Bukett mit Noten von Schokolade und roten Früchten, ausgewogen in der Geschmacksentfaltung und mit rundem Abgang. Auch die sofort genussreifen Rossi-di-Montalcino-Weine mit ihren Tabak- und Karamellnoten warten mit ähnlichen Charakteristika auf.

Cerbaiona
località Cerbaiona
Tel. 0577 848660
Der ehemalige Pilot Diego Molinari führt diesen Betrieb mit seiner Frau Nora. In den letzten Jahren wurden die Experimente zielgerichteter, und so bauen sie mittlerweile neben der Sangiovese-Rebe fast ausschließlich Cabernet Sauvignon und Merlot an. Der in Fässern aus slawonischer Eiche verfeinerte Cerbaiona ist gut und elegant, mit würzigen Noten, feinen Extraktstoffen und süßen Tanninen. Der Brunello duftet nach Sauerkirschen, Maraskakirsche und Lakritz; die kompakten, deutlichen Tannine werden von dem Gesamtgefüge gut ausgeglichen.

Podere Cerrino
località Cerrino, 1
Tel. 0577 848187
Ein kleiner landwirtschaftlicher Betrieb, der seit den ersten Lesen hochwertige Weine erzeugt. Enzo und Maria Tiezzi vinifizieren aus den Trauben des drei Hektar großen Besitztums Brunello di Montalcino (hervorragend der 95er) und Rosso di Montalcino. Nach Voranmeldung kann man die Kellerei besichtigen.

Ciacci Piccolomini
frazione Castelnuovo dell'Abate
borgata di Mezzo, 62
Tel. 0577 835616
Das traditionsreiche Weinhaus von Giuseppe Bianchini ist nach einigen Jahren des Schattendaseins wieder zu alter Größe zurückgekehrt. Der Brunello di Montalcino Pianrosso changiert in den Duftnoten zwischen fruchtig und alkoholisch, ist tanninstark und gut geeignet für lange Lagerung. Sehr interessant sind auch der Ateo (aus Sangiovese-Trauben mit Zusätzen von Cabernet und Merlot) und der Fabiur, ein Sant'Antimo auf Syrah-Basis.

Col di Sole
località I Verbi
Tel. 0577 355789
Dieser Betrieb – Eigentümer ist Lionello Marchesi – erstreckt sich über eine Gesamtfläche von elf Hektar, von denen 5,5 mit Weinreben bepflanzt sind. Er produziert etwa 30.000 Flaschen Brunello und 15.000 Flaschen Rosso di Montalcino. Die lange Lagerung in Holzfässern macht den Brunello elegant, harmonisch und sehr konsistent in der Struktur. Der Rosso, direkter und weniger komplex, kann auch jung getrunken werden.

Tenuta Col d'Orcia
località Sant'Angelo in Colle
Tel. 0577 808001
Inhaber dieses historischen Betriebs, der einen der interessantesten Brunello überhaupt, den Poggio al Vento Riserva, bietet, ist die Familie Marone Cinzano. Bei diesem Tropfen handelt es sich um eine Auslese, die seit den frühen Achtzigerjahren bis heute nur während der besten Jahrgänge hergestellt wird. Exzellent ist der Brunello di Montalcino: süffig, weinig und fruchtig der Rosso degli Spezieri, ein Verschnitt aus Sangiovese, Ciliegiolo, Malvasia nera und etwas Merlot. Unter den Weißen tun sich der Moscadello Vendemmia Tardiva Pascena und der Sant'Antimo Pinot Grigio hervor. Der Betrieb lohnt einen Besuch.

Tenuta di Collosorbo
frazione Castelnuovo dell'Abate
via Villa Sesta, 25
Tel. 0577 835534
Ein viel versprechender Betrieb mit gutem Rebbestand auf 18 Hektar Anbaufläche. Die Qualität der von Attiglio Pagli als technischem Berater betreuten Weine ist mehr als gut. Die Eigentümerin Giovanna Ciacci kommt auf gut 40.000 Flaschen Brunello und 20.000 Flaschen Rosso di Montalcino Jahresproduktion.

Andrea Costanti
località Colle al Matrichese
Tel. 0577 848195
Einer der zuverlässigsten Betriebe der Gegend. Die etwa sieben Hektar Anbaufläche, auf denen Reben für die Brunello-Erzeugung heranreifen, liegen an der Straße, die von Osten aus, von Torrenieri, nach Montalcino führt. Der Brunello wechselt von Noten roter Johannisbeeren und Himbeeren in der Jugend bis zu Anklängen an Maraskakirschen in zunehmendem Alter. Die Riserva weist klare Röst- und Kakaonoten auf, die angenehm säuerliche Komponente am Gaumen vereint sich gut mit der geschmacklichen Festigkeit. Andrea Costanti erzeugt einen der besten Rosso di Montalcino, den Calbello, und einen interessanten Tafelwein aus Sangiovese-Trauben, genannt Vermiglio.

Due Portine – Gorelli
via Cialdini, 51-53
Tel. 0577 848098
Giuseppe Gorelli gehört zu denjenigen Erzeugern rund um Montalcino, die sich als Handwerker verstehen. Eine Berufsauffassung, die sich von der großer Hersteller unterscheidet, die aber Voraussetzung für Weine von besonderer Persönlichkeit ist. Der Brunello begegnet einem entschieden und mit deutlicher Holznote, dahinter nimmt man neben einer reifen, fruchtigen Komponente eine milchige Note wahr, die Struktur verleiht; im Geschmack dann wird die fruchtige Note sehr reif, das Holz tritt in den Hintergrund. Der körperreiche und ausgewogene Rosso di Montalcino zeichnet sich durch seine gute Trinkbarkeit aus.

Fanti – La Palazzetta
frazione Castelnuovo dell'Abate
borgo di Sotto, 25
Tel. 0577 835631
Flavio Fanti ist einer jener Erzeuger, die bei der Produktion sorgfältig darauf achten, was ein Wein von guter Qualität braucht. Daher hat er sich entschieden, seine neuen Weinbauflächen (fünf Hektar) so weit zu verdichten, dass er eine Pflanzdichte von 5000 Rebstöcken pro Hektar erreicht. Sein Brunello präsentiert sich mit Geruch mit einer intensiven Duftpalette, die mit zunehmender Alterung noch reichhaltiger wird; im Geschmack ist er körperreich und ausgewogen, im Abgang ziemlich nachhaltig, klar und sauber.

Fanti – San Filippo
frazione Castelnuovo dell'Abate
località San Filippo
borgo di Mezzo, 15
Tel. 0577 835628
Baldassarre Fanti ist nicht nur mit Leib und Seele Winzer, sondern auch Vorsitzender des Consorzio del Brunello e del Rosso di Montalcino. Die glückliche Begegnung mit dem Agronomen Stefano Chioccioli hat zu einer Reihe von Entscheidungen und wichtigen Veränderungen geführt, die die Qualität der Weine spürbar angehoben haben. Die Bepflanzung erfolgt jetzt im Dichtstand, während im Keller fast nur noch Barriques und *tonneaux* lagern. Die Ergebnisse beim Brunello werden in einigen Jahren prüfbar sein, in der Zwischenzeit können noch die ordentlichen, nach dem «alten» Verfahren bereiteten Weine verkostet werden.

La Fiorita
frazione Castelnuovo dell'Abate
via Piaggia della Porta, 3
Tel. 0577 835511
Roberto Cipresso, der bereits für viele Betriebe nicht nur in der Gegend rund um Montalcino als Önologe tätig war, hat nun, neben seiner Tätgkeit als Berater, die er weiterhin ausübt, in Castelnuovo dell'Abate Wurzeln geschlagen. Dort hat er dieses kleine, feine Gut gegründet. Sein erster Erfolgswein war der La Quadratura del Cerchio, eine interessante Assemblage aus Primitivo-pugliese- und Sangiovese-Trauben, auf den die erste Brunello di Montalcino-Auslese mit nicht mehr als 2000 Flaschen folgte.

La Fornace
località Fornace
Tel. 0577 848465
Ein kleiner Familienbetrieb. Zunächst hatten die Eltern der gegenwärtigen Eigentümer das Gut erworben, auf dem sie nahezu ihr ganzes Leben lang als Halbpächter gearbeitet hatten, dann begannen sie, Brunello (einfachen und Riserva) in bescheidenen Mengen herzustellen. Aus dem Trester wird in La Fornace ein Grappa di Brunello hergestellt.

Podere La Fortuna
località la Fortuna
Tel. 0577 848308
Der kleine Betrieb von Gioberto Zannoni (3,5 Hektar Weinbaufläche) produziert einen Brunello, der sich hervorragend für die Alterung eignet. Das Bukett präsentiert sich mit Anklängen an Karamell, Vanille und Gewürze, im Geschmack ist er weich und entwickelt kräftige Holznoten, der Abgang ist klar und leicht bitter. Der Rosso di Montalcino ist ähnlich, aber frischer und fruchtiger, mit Noten von Himbeere, Sauerkirsche und Lorbeer. Eine gute Adresse, um sich mit hervorragenden Weinen zu angemessenen Preisen einzudecken.

La Fuga
località La Fuga
Tel. 0577 816039
Der kleine Betrieb von Gabriella Cristofolini stellt wunderbare Montalcino-Weine her. Aus den sieben Hektar Anbaufläche werden nicht mehr als 30.000 Flaschen gewonnen, je zur Hälfte Brunello und Rosso di Montalcino. Die technische Leitung obliegt jetzt Attilio Pagli, ein würdiger Nachfolger des kompetenten Roberto Cipresso. Die Ergebnisse dieses außergewöhnlich harmonischen «Wachwechsels» lassen sich am 95er Brunello erfahren, der noch vom scheidenden Techniker gekeltert und von seinem Nachfolger verfeinert wurde. Unbedingt probieren!

Eredi Fuligni
via Saloni, 32
Tel. 0577 848039
und 0577 848127
Roberto Fuligni hat aus seinem Betrieb einen der besten in der Gegend um Montalcino gemacht, indem er die Weine der Familie weiter verfeinert und bereichert hat. Die mit Trauben für die Brunello-Erzeugung bepflanzten vier Hektar Grund liegen an der Straße nach Buonconvento. Jüngste Errungenschaft dieser Kellerei ist der San Giacomo, ein Merlot, der ein Jahr lang in Barriques ausgebaut wird, und der großen Zuspruch – besonders in den Vereinigten Staaten – gefunden hat: Dicht und konsistent, ist er im Geschmack interessanter als im Bukett. Erwähnenswert sind auch die beiden Brunello, vor allem die Riserva: voll im Duft, mit Noten von Maraskakirsche, Brombeere, roter Johannisbeere und einem Hauch von Tabak.

La Gerla
località Canalicchio
Tel. 0577 848599
Der Betrieb befindet sich im Ortsteil Canalicchio genau unterhalb von Montalcino, an der Straße nach Siena. Eigentümer ist der überaus lebhafte Sergio Rossi, der sich von Vittorio Fiore technisch beraten lässt, einem Önologen, der sich nicht nur in dieser Gegend bewährt hat. Aus den acht Hektar Anbaufläche werden drei Brunello-Auslesen gewonnen, allen voran der Vigna degli Angeli, dann der Rosso di Montalcino und schließlich der Birba aus Sangiovese-Trauben.

Greppone Mazzi
Tenimenti Ruffino
località Greppone
Tel. 055 8368307
oder 0577 849215
Der Betrieb gehört zum Gut Ruffino und verfügt über zehn Hektar, die ausschließlich Rebsorten für die Brunello-Erzeugung vorbehalten sind. Derzeit ist eine Umgestaltung unter der Ägide des «Mutterhauses» im Gange, um die Anzahl der Stöcke pro Hektar zu vergrößern und eine sorgfältigere Auswahl von neuen Klonen einzuleiten. Der Brunello ist ausgewogen und schön süffig, im Geruch klar und intensiv, mit Noten von überreifen Maraskakirschen.

Maurizio Lambardi
podere Canalicchio di Sotto, 8
Tel. 0577 848476
Lambardi ist kein Mann vieler Worte, ist aber sehr ausdauernd, wenn es darum geht, seine Produktion aufzuwerten und zu verbessern. So hat er

ein neues System zur Kontrolle und Überwachung der Gärtemperatur eingeführt und er hat den Weinkeller vergrößert, um für die vielen kleinen Fässer Platz zu schaffen. Bemerkenswert sind sowohl der Brunello als auch der Rosso di Montalcino – mit einem optimalen Verhältnis von Preis und Qualität.

Lisini
località Sant'Angelo in Colle
Tel. 0577 864046
Die Straße, die zu dem Betrieb führt, ist nicht gerade leicht zu befahren, dafür aber ungemein malerisch. Die zehn Hektar Anbaufläche für Brunello-Weine befinden sich in Sesta, einem besonders geeigneten Gebiet. Es gibt drei repräsentative Gewächse, die mit der technischen Unterstützung des berühmten Önologen Franco Bernabei entstanden sind: einen vor allem im Geschmack elegant ausgewogenen einfachen Brunello; dann den geringfügig tanninhaltigen, einschmeichelnden Brunello Ugolaia und einen frischsäuerlichen, im Abgang leicht adstringierenden Rosso di Montalcino.

Loacker – Corte Pavone
località Casanova, 278
Tel. 0577 848110
Dieses Weingut liegt in den Hügeln um Montalcino in einer Höhe von 500 Metern über dem Meeresspiegel. Die Landschaft ist bestimmt von einem ständigen Wechsel von Weinbauflächen, Feldern und lichter Mittelmeermacchia. Die besten Abschnitte sind für die Brunello-Erzeugung reserviert, der aus ausgewählten Sangiovese-Klonen gewonnen wird. Die Corte-Pavone-Weine altern vier bis fünf Jahre in Eichenfässern verschiedener Größe und Herkunft, anschließend wird der Reifeprozess mindestens sechs Monate lang in der Flasche fortgesetzt.

Luce
località Castelgiocondo
Tel. 0577 848492
Der Betrieb entstand im Rahmen eines Joint Venture zwischen den Produzenten Frescobaldi und Mondavi (einer der wichtigsten Betriebe Kaliforniens), und die sich stetig steigernde Qualität scheint beiden Häusern Recht zu geben. Das Prunkstück der Produktion ist der Luce (aus Sangiovese- und Merlot-Trauben): intensiv rubinrot, mit Duftnoten von reifen Früchten, Vanille und Röstaromen, weich im Geschmack, mit ausgewogenen Tanninen. Die Angebotspalette wird abgerundet durch den Lucente (Sangiovese- und Merlot-Trauben), der nicht ganz so körperreich ist wie der Luce, und den Danzante Rosso (Sangiovese-Trauben aus den Marken) sowie den Danzante Bianco (Pinot grigio und Riesling).

Il Marroneto
località Madonna alle Grazie
Tel. 0577 849382
Der kleine Weinberg dieses Familienbetriebs von Alessandro Mori ist etwa 1,5 Hektar groß. Auf ihm reifen jedoch Trauben für einen ausgezeichneten Brunello di Montalcino, dessen Gärung in Holz- und in Stahlbottichen erfolgt. Das Ergebnis ist ein klassisch eleganter Wein. Bei der Geruchsprobe kann man Noten von Maraskakirsche, Veilchen und Tabak ausmachen, besonders jedoch besticht der ausgewogene Geschmack: rund, warm und vornehm, mit feinen, weichen Tanninen und langem Abgang.

Mastrojanni
frazione Castelnuovo dell'Abate
poderi Loreto e San Pio
Tel. 0577 835681
Der beste Wein, den Gabriele Mastrojanni mit der technischen Beratung von Maurizio Castelli bereitet hat, ist sicherlich der jüngste: es handelt sich um den Botrys, eine Assemblage aus Muskateller-Trauben (auf Gittern zum Teil getrocknet) und spät gelesenen Malvasia-di-Candia-Trauben, der zunächst 15 Monate in Barriques ausgebaut und dann auf Flaschen gezogen wird. Nicht zu vergessen natürlich die beiden Brunello, einen einfachen und vor allem den Schiena d'Asino, ebenso wenig den Rosso di Montalcino und den San Pio (Sangiovese und Cabernet Sauvignon, in Barriques gereift).

Mocali
località Mocali, 273
Tel. 0577 849485
Der Betrieb von Tiziano Ciacci zeichnet sich durch die stetige Steigerung der Qualität seiner Produkte aus – ein Verdienst der erstklassigen Anbauflächen, aber auch der strengen Aussonderung bei der Lese, des temperaturgesteuerten Kellers und der ständigen Erneuerung des Fassbestands. Neben den klassischen Säulen Brunello (einfach und Riserva) und Rosso di Montalcino bietet Mocali auch einen schlichteren, süffigen Wein, den I Piaggioni.

Tenute Silvio Nardi
località Casale del Bosco
Tel. 0577 808269
Dieser Betrieb kennt einfach keine Verschnaufpause: Nachdem zunächst der Fassbestand erneuert worden war und die Weinbereitung mittlerweile in temperaturgeregelten Stahlbottichen erfolgt, werden nun

gerade weinkundliche Studien in Zusammenarbeit mit der Universität Florenz durchgeführt, unter anderem um vergessene Rebsorten wieder zu entdecken. Eines der besten Produkte ist der Brunello di Montalcino Manachiara: fruchtig und intensiv im Geruch, am Gaumen voll und mit kräftigen, nicht bitteren Tanninen.

Tenuta Oliveto
frazione Castelnuovo dell'Abate
località Oliveto
Tel. 0577 835542
Castelnuovo Abate ist ein Erfolgsterrain für Roberto Cipresso, einer der bedeutendsten Önologen auch über die Toskana hinaus. Er stammt eigentlich aus Venetien, ist aber inzwischen hier in dieser Gemeinde im Umland von Montalcino heimisch geworden: Der erste Betrieb, um den er sich gekümmert hat, ist der von Ciacci Piccolomini und hat seinen Sitz ebenfalls in diesem Ort. Auch auf dem Gut Tenuta Oliveto hat man sich an ihn gewandt, damit er aus den Erträgen der sieben Hektar Anbaufläche den hauseigenen Brunello bereitet. Nehmen Sie sich Zeit für die Degustation.

Siro Pacenti
località Pelagrilli, 1
Tel. 0577 848662
Giancarlo Pacenti, ein junger Erzeuger mit klaren und weitsichtigen Ideen, ist einer der Bannerträger des Brunello di Montalcino: der Haustropfen hat einen starken Charakter und eignet sich gut für lange Lagerung. Gibt er sich anfangs auch zurückhaltend, so erweist er sich bei der Geruchsprobe doch als vollfruchtig, mit Vanille- und Röstaromen; der Geschmack ist kraftvoll und ausgewogen, tanninbetont und insgesamt rund.

Der Rosso di Montalcino reiht sich in die Besten seines Standes ein, mit einer beneidenswerten Struktur und dichten, weichen Tanninen.

Piancornello
frazione Castelnuovo dell'Abate
località Piancornello
Tel. 0577 844105
Der kleine Familienbetrieb von Silvana Pieri liegt im südlichsten Teil des DOC-Bereichs und verfügt über etwa drei Hektar klassisch bewirtschafteter Weinbaufläche. Genauso traditionell geht es im Keller zu, wo Eichenfässer mittlerer Größe lagern. Der Brunello duftet klar nach sonnenreifen roten Früchten, was den Eigenschaften seines warmen Herkunftsgebiets entspricht. Im Geschmack gibt er sich solide, samtig, kompakt und nachhaltig.

Pian delle Vigne
località Pian delle Vigne
Tel. 0577 816066
Das Gut Pian delle Vigne mit sechzig Hektar Anbaufläche (rund dreißig Hektar sind den Trauben für die Brunello-Erzeugung vorbehalten) ist Teil der unzähligen Erwerbungen des Weinimperiums Antinori. Das mehrere hundert Jahre alte und mehrfach ausgezeichnete Familienunternehmen hat diese Flächen 1993 erworben, aber Piero Antinori und sein Produktionschef Renzo Cotarella wollten eine qualitativ hochwertige Lese abwarten, um den ersten Brunello Pian delle Vigne abzufüllen. Das Ergebnis ist schon jetzt beachtlich und dürfte nach einer weiteren Alterung in der Flasche noch zulegen können.

Pian dell'Orino
località Pian dell'Orino, 189
Tel. 0335 5250115
Das Weinbaugebiet Montalcino steht, wie andere Landstriche der Toskana auch, ganz oben auf der Wunschliste von meist deutschsprachigen Ausländern aus dem Norden. Und so hat auch Caroline Pobitzer, die vom kompetenten Önologen Luca d'Attoma beraten wird, ihren eigenen Betrieb hochgezogen. Der größte Teil der fast fünf Hektar ist mit Sangiovese-Reben bepflanzt, der Rest mit Merlot. Gegenwärtig gibt es noch keinen Brunello; begnügen Sie sich mit dem Pian dell'Orino (Sangiovese grosso), dem Piandorino Rosso (Sangiovese grosso und Merlot) und dem Orellino Rosso, der ebenfalls aus Sangiovese-grosso- und Merlot-Trauben vinifiziert wird.

Agostina Pieri
frazione Castelnuovo dell'Abate
località Piancornello
via Fabbri, 2
Tel. 0577 844163
Der Brunello dieses Betriebs gehört zu den besten seines Standes: Facettenreich und sauber im Bukett, besticht er mit warmem, weichem und alkoholischem Geschmack, dem ein voller, runder Abgang mit Noten von Vanille und Kaffee folgt. Weniger rund, dafür aber ebenfalls sauber und unverfälscht ist der Rosso di Montalcino, der im Abgang überraschend gehaltvoll und frei von Bitterstoffen ist.

Pietroso
località Podere Pietroso
Tel. 0577 848573
Der Betrieb von Gianni Pignattai im Westen von Montalcino verfügt über vier Hektar Anbaufläche in 400 Meter Höhe über dem Meeresspiegel, auf denen Reben für die Brunello-

Produktion heranwachsen. Zum Gut Pietroso gehört auch ein kleiner Agriturismo-Betrieb und man kann hausgemachtes Öl und Grappa erwerben.

Pieve Santa Restituta
località Chiesa di Santa Restituta
Tel. 0577 848610
Bei diesem Betrieb im Montalcino-Bereich handelt es sich um die erste Investition Angelo Gajas in der Toskana. Anschließend vergrößerten sich die Besitztümer des piemontesischen Hauses Gaja, das zu den meistprämierten Weinherstellern der Welt zählt, um das Gut in Bolgheri, wo mittlerweile ein neues Firmenzentrum fertig gestellt werden konnte. In Pieve Santa Restituta sind indessen nach den technischen Neuerungen, die die neuen Besitzverhältnisse mit sich brachten, die Auslesen von 1995 in den Handel gebracht worden, die hervorragend abschneiden. Neben dem Brunello, der in zwei verschiedenen Sorten als Rennina und Sugarile angeboten wird, gibt es einen Roten aus Sangiovese- und Cabernet-Sauvignon-Trauben, der Promis.

La Poderina
frazione Castelnuovo dell'Abate
località Poderina
Tel. 0577 835737
Dieses Gut ist zugleich der Montalciner Ableger der Saiagricola, mit rund zehn Hektar Fläche, auf denen Reben für die Brunello-Erzeugung gepflanzt sind. Der Technikerstab wird von Lorenzo Landi geführt. Zu den besten Tropfen – neben einem runden, kraftvollen und ausgewogenen Brunello – gehört eine in Barriques ausgebaute Moscadello-Spätlese: kompakt und nachhaltig im Geschmack, präsentiert sie sich im Geruch intensiv blumig, mit Anklängen an Aprikose und gelben Pfirsich.

Poggio Antico
località I Poggi
Tel. 0577 848044
Dieses der Familie Gloder gehörende Gut gilt dank Paola als eine der besten Kellereien des Montalcino-Bereichs. Neben dem landwirtschaftlichen Betrieb ist sogar noch Zeit geblieben, im Poggio Antico eines der besten Restaurants der Gegend zu eröffnen, das denselben Namen wie die Kellerei trägt. Die Brunello-Auslesen (Altero und Riserva) sind exzellent, angenehm auch der Rosso di Montalcino. Der Betrieb verfügt über dreißig Hektar Weinbaufläche, der zuständige Önologe ist Carlo Ferrini, ein Garant für gute Weine.

Poggio di Sotto – Palmucci
frazione Castelnuovo dell'Abate
località Poggio di Sopra, 222
Tel. 0577 835502
Piero Palmucci und der Önologe Giulio Gambelli stellen eine besondere Variante des Brunello her, die ebenso wenig mit dem so genannten modernen Geschmack wie mit traditionellen Auffassungen zu tun hat. Die Lage der Weinbauflächen ist perfekt. Weinherstellung und Reifung erfolgen nach strengen Kriterien: hohe Gärtemperaturen, lange Maischung, mindestens vier Jahre Alterung in slawonischen Eichenfässern. Das Ergebnis ist ein alkoholstarker Brunello mit gutem Körper und sehr nachhaltigem Abgang.

Villa Poggio Salvi
località Poggio Salvi
Tel. 0577 848486
Jacopo Biondi Santi, Erbe der Eigentümerfamilie des Guts Il Greppo, führt seit einigen Jahren diesen schönen Betrieb. Beraten von Vittorio Fiore, einem angesehenen Önologen, den man oft in den Kellereien des Montalcino antrifft, produziert Jacopo einen vorzüglichen Brunello, einen süffigen Rosso di Montalcino, den körperreichen Lavischio (aus Merlot-Trauben) und den schmackhaften Aurico (Muskateller-Trauben).

Poggio San Polo
località San Polo
Tel. 0577 835522
Die Familie Fertonani hat Poggio San Polo 1999 erworben. Der Betrieb liegt an einem der malerischsten Flecken des gesamten Montalcino-Bereichs: Seine 400 Meter über dem Meeresspiegel gelegenen Weingärten blicken auf das prächtige Tal mit der Abtei Sant'Antonimo. Der Kleinbetrieb stellt etwa 10.000 Flaschen Brunello und rund 6000 Flaschen Rosso di Montalcino her. Die Brunello-Jahrgänge 1989 und 1994 haben in der angesehenen amerikanischen Zeitschrift *Wine Spectator* sehr hohe Wertungen bekommen.

Il Poggiolo
località Poggiolo, 259
Tel. 0577 848412
Der Betrieb von Rudy Cosimi stellt drei Brunello-Weine her, die sich stilistisch deutlich unterscheiden: Der einfache Brunello gibt sich sehr klassisch, mit Noten von Kirsch- und Brombeerkonfitüre im Geruch und deutlichem Tannineinschlag; der Sassello kann geschmacklich noch zulegen, mit einem hervorragenden Extraktstoffgehalt; der Beato schließlich, der in Barriques und *tonneaux* reift, duftet überraschenderweise nach Chinagewürzen, bei dezenter Holznote.

Tenuta Il Poggione
località Sant'Angelo in Colle
via Castello, 14
Tel. 0577 844029
Eines der ältesten Weingüter der Gegend. Trotz hoher Produktionszahlen kann es sich eines hohen Qualitätsstandards rühmen und hat noch nie den für die Branche typischen flüchtigen Modeerscheinungen nachgegeben. Diese konsequente klassische Ausrichtung ermöglicht vor allem die Produktion eines alkoholstarken Brunello, der tiefgründig, angenehm säuerlich und im Abgang leicht trocken ist. Der tanninhaltige, kräftige und fruchtige Rosso di Montalcino entwickelt klare überreife Nuancen. Der Rosso San Leopoldo (ein Verschnitt aus Sangiovese- und Cabernet-Trauben) ist frischer und fruchtiger, mit intensivem Duft nach Schwarzer Johannisbeere und weißem Pfeffer.

Salicutti
podere Salicutti
Tel. 0577 847003
Die Weine, die im Betrieb des ehemaligen Chemikers Francesco Leanza gekeltert werden, werden von Jahr zu Jahr interessanter. Der Brunello entwickelt durch seine prononcierten Holznoten, die die fruchtigen Anklänge leicht übertönen, ein charakteristisches Bukett, der Geschmack ist kräftig und alkoholstark. Der Rosso di Montalcino gehört zu den Besten seiner Art, er ist reich an komplexen Duftnoten und wunderbar im Geschmack. Erstklassig ist auch der Il Dopoteatro, ein am Gaumen sehr zurückhaltender Cabernet Sauvignon.

Salvioni – La Cerbaiola
piazza Cavour, 19
Tel. 0577 848499
Giulio und Mirella Salvioni, die Inhaber dieses Betriebs, haben erst in jüngster Zeit ihre Anbaufläche um mehr als einen Hektar erweitert. Die harte Arbeit in den Weinbergen hat einen ganz besonderen Brunello-Stil «à la Salvioni» entstehen lassen: Dieser Tropfen präsentiert einen fruchtigen Einschlag mit vegetabilem Unterton im Geruch, am Gaumen ist er elegant und bewusst nicht zu kräftig, bemerkenswert tanninfein und extraktreich.

Livio Sassetti – Pertimali
località Pertimali
Tel. 0577 848721
Der Betrieb Pertimali gehört der Familie Sassetti, die hervorragende Ergebnisse bei ihrem Brunello di Montalcino erzielt, sowohl bei der einfachen Version, als auch bei der Riserva. Aus den Trauben der neun Hektar Anbaufläche werden etwa 40.000 Flaschen gekeltert, größtenteils Brunello, aus dem Rest Rosso di Montalcino und der rote Tafelwein Vigna dei Fili di Seta aus Sangiovese- und Cabernet-Trauben.

Scopetone
località Scopetone
Tel. 0577 848713
Auch in dieser Kellerei, die auf die technische Leitung des hochrangigen Önologen Carlo Ferrini zählen kann, ist der Brunello das Vorzeigeprodukt: erstklassig in der einfachen Version wie als Riserva. Ebenso beachtlich der Rosso di Montalcino.

La Serena
podere Rasa
Tel. 0577 848659
Der Betrieb von Andrea Mantengoli gehört zu den erfreulichen Neuigkeiten im Montalcino-Bereich: Eine Kellerei, die von Anfang an wegen der Güte ihrer Produkte von sich reden machte. Die sieben Hektar Anbaufläche liefern den Grundstoff für 6000 Flaschen Brunello, etwa 10.000 Flaschen Rosso di Montalcino und einen Sant'Antimo Rosso. Attilio Pagli ist technischer Berater.

Solaria – Cencioni
podere Capanna, 102
Tel. 0577 849426
Die Eigentümerin dieses Betriebs, Patrizia Cencioni, ist eine junge Frau, die persönlich in ihren Weinbergen mit anpackt. Sie ist fest davon überzeugt, dass man nur aus makellosen Trauben große Weine keltern kann und dass in der Kellerei nicht das zerstört werden darf, was man in den Weinbergen geschaffen hat. Patrizias Liebe zum Wein ist so groß, dass sie auch die geschmackvollen Etiketten für ihre Flaschen selbst entwirft. Im Weinkeller ist vor allem Platz für Barriques und *tonneaux*, in denen sowohl der Brunello als auch ein Cabernet Sauvignon lagern, der demnächst in den Handel kommt.

Talenti
località Sant'Angelo in Colle
Tel. 0577 844043 oder 844004
Der im Jahr 2000 verstorbene Pierluigi Talenti hat mit seinem Beitrag zur Entwicklung und zum Wachstum des modernen Brunello di Montalcino eine ganze Epoche geprägt. Auf etwa acht Hektar wachsen die Trauben für rund 40.000 Flaschen, die zu maßvollen Preisen verkauft werden. Heute führt Pierluigis Sohn

Riccardo den Betrieb, ein außerordentlich großherziger und hingebungsvoller Mann, der getreu das Lebenswerk des Vaters fortführt.

La Togata
via del Poggiolo oder
località del Poderuccio
Tel. 0577 847107
oder 06 42871033
Der neue Sitz des Betriebs im Ortsteil Poderuccio ermöglicht eine zweckmäßige Aufteilung der Räumlichkeiten für die Weinbereitung und die Lagerung im Keller. Zudem sind jüngst fünf Hektar Weinbaufläche zwischen Orgiano und Camigliano hinzugekommen, eine Lage mit hervorragender Ausrichtung und einer langen Reihe exzellenter Qualitätsmerkmale. Im Weinkeller ruhen in großen Fässern aus slawonischer Eiche der Rosso und der Brunello di Montalcino, während in den Barriques ein Azzureta aus 100% Sangiovese-Trauben lagert, der der Tochter des Eigentümers gewidmet ist.

Uccelliera
località Uccelliera
Tel. 0577 835729
Andrea Cortonesi kann auf die technische Beratung von Paolo Vagaggini zählen, der als einer der kompetentesten Önologen dieses Gebiets anerkannt ist. Die etwa drei Hektar große Weinbaufläche ergibt rund 6000 Flaschen hervorragenden Brunello. Probieren sollten Sie auch den Rosso und den Rapace, einen Rotwein, der einem besonderen Falken der Gegend gewidmet ist und aus Sangiovese-, Cabernet-Sauvignon- und Merlot-Trauben bereitet wird.

Valdicava
località Valdicava
Tel. 0577 848261
Vincenzo Abruzzese, Eigentümer dieses schönen Guts in Montalcino, hält bei seinen Weinen – dank der technischen Beratung durch Attilio Pagli – eine konstant hohe Qualität. Unbedingt verkosten sollten Sie den Brunello di Montalcino Riserva Madonna del Piano. Ordentlich sind auch der einfache Brunello und der Rosso di Montalcino. Das Gut verfügt über fast zehn Hektar Anbaufläche, mit einer Produktion von etwa 50.000 Flaschen im Jahr.

Verbena
località Verbena
Tel. 0577 848432
Das Gut Verbena von Luca Nannetti bietet einen exzellenten Brunello di Montalcino, der Charakter und Persönlichkeit hat. Auch hier wie in vielen anderen Betrieben spürt man die Hand von Attilio Pagli, einem der kompetentesten Önologen der Gegend.

Tenuta Vitanza
podere Renaione
Tel. 0577 846031
Ein weiterer viel versprechender Betrieb, der zwar nicht allzu groß ist (8,5 Hektar), allerdings schon mit den ersten Kostproben einen Vorgeschmack seiner Möglichkeiten gibt. Der 95er Brunello, ein besonders guter Jahrgang, ist außerordentlich interessant – ein Verdienst von Rosalba Vitanza, der Eigentümerin, und von Paolo Vagaggini, dem Önologen.

MONTEFOLLONICO

HOTELS MIT RESTAURANT

Locanda ristorante La Costa
località Montefollonico
via Coppoli, 15
Tel. 0577 669488
Fax 0577 668800
E-Mail: info@lacosta.it
8 Zimmer und 4 Suiten.
Restaurant, Weinbar, Parkplatz.
Preise: DZ € 125–175,
Suiten € 175–200.
Das Gebäude in der Altstadt stammt aus dem 14. Jahrhundert und war einst der Gutshof des Ortes. In den ehemaligen Pferdeställen ist ein gemütlicher Empfangsbereich mit einem kleinen Kaminzimmer und einer Weinstube eingerichtet worden. Aus den ehemaligen Kornspeichern wurde das elegante Restaurant. Die Zimmer mit eigenem Bad sind vollständig renoviert und mit antiken Möbeln ausgestattet, manche verfügen über eine Terrasse mit Ausblick. Auf der Terrasse mit Blick auf das Val di Chiana und den Trasimener See kann man frühstücken, sich sonnen oder die Spezialitäten der Gegend genießen, die unter der Ägide von Paolo Masini zubereitet werden.

EINKAUFEN

FLEISCH

Macelleria Iolanda Ciolfi
via Di Duccio
Tel. 0577 669618
Das Fleisch stammt aus Zuchtbetrieben der Gegend. Auch die Wurstwaren eigener Herstellung verdienen es, probiert zu werden.

Käse

Caseificio Fratelli Putzulu
località Imposto
Montefollonico, 7
Tel. 0577 669744
Der Name verrät es bereits: die Brüder Putzulu stammen aus Sardinien. 1962 sind sie in diese Gegend gezogen und haben sich fortan der Schafzucht gewidmet. Die kleine Familienkäserei wurde 1976 in Betrieb genommen und stellt schmackhaften Pecorino in verschiedenen Reifegraden her.

Wurstwaren

Salumificio Franchetti
località Montefollonico
via del Pianello, 37
Tel. 0577 669675
Mitten im Ort führt die Familie Franchetti diese kleine, handwerklich orientierte Wurstwarenhandlung. Sie finden hier sämtliche Klassiker der regionalen Schweinefleischverarbeitung, von der toskanischen Salami bis zur *finocchiona*, einer mit Fenchelsamen gewürzten Wurst.

Weinerzeuger

Il Chicco
località Montefollonico
via dei Frati, 10
Tel. 0577 669606
Dieser Betrieb in den Sieneser Hügeln profitiert von seiner besonderen Lage, in der Klima und Böden ideal sind. Harmonisch fügen sich hier die Weinwelt des Chianti, die Nähe zum Bereich des Vino Nobile di Montepulciano und der Einfluss der Kellertechnik des Brunello di Montalcino ineinander. Die angebauten Rebsorten (Sangiovese, Canaiolo, Trebbiano, Merlot, Malvasia und Grechetto) wurden je nach Bodenbeschaffenheit ausgewählt. Strenge Traubenauslese, geringer Hektarertrag und späte Lesen machen die grundlegenden Eigenschaften der Produkte von Chicco aus.

Vittorio Innocenti
località Montefollonico
via Landucci, 10–12
Tel. 0577 669537
Innocenti, ein ehemaliger Philosophieprofessor, zählt zu den meistgeschätzten Persönlichkeiten in der Welt des Montepulciano – und das nicht nur wegen der Qualität seiner Weine, sondern auch wegen seiner Höflichkeit, Freundlichkeit und Gastfreundschaft. Er bewirtschaftet ein Gut mit Kellerei, das ihm sein Vater vererbt hat und zu dem er weiteres Land hinzugekauft hat. Seit 1981 stellt er Vino Nobile, Rosso di Montepulciano, Chianti Colli Senesi, Acerone Rosso di Toscana (Sangiovese; in Barriques ausgebaut) und Vin Santo her. Der Weinkeller befindet sich im Untergeschoss des väterlichen Hauses, dessen älteste Teile aus dem späten 13. Jahrhundert stammen.

Montepulciano

Übernachtung

Il Borghetto
borgo Buio, 7
Tel. 0578 757535
Fax 0578 757354
E-Mail: info@ilborghetto.it
Drei Sterne, 15 Zimmer und 2 Suiten mit Bad, Telefon, Satelliten-TV.
Konferenzsaal, Parkplatz, Garage, Garten.
Preise: EZ € 75, DZ € 85, Dreibettzimmer € 115, Suiten € 125–135.

Dieses einladende Hotel (ein Familienbetrieb) befindet sich in einem Gebäude aus dem 16. Jahrhundert gegenüber den Burgmauern, von dem aus sich ein herrlicher Blick auf die drei Seen des Val di Chiana auftut. Die mit antikem Mobiliar eingerichteten Zimmer sind ungemein gemütlich.

Borgo tre Rose
frazione Valiano
via I Palazzi, 5
Tel. 0578 724231
Fax 0578 724227
E-Mail: nlvoknci@tin.it
Drei Sterne, 8 Zimmer, 21 Appartements mit Bad, Telefon, Satelliten-TV, Klimaanlage, Safe, Minibar.
Restaurant, Konferenzsaal, Parkplatz, Swimmingpool, Tennisplatz, Sportfischen im hoteleigenen See.
Preise: Halbpension, EZ € 65–100, DZ € 105–153, Dreibettzimmer € 152–228, Appartement für sechs Personen € 427–1450 pro Woche.
Ein ausgemacht schöner Ort, der Ruhe und Entspannung bietet. Sowohl die Zimmer als auch die Appartements (mit Kamin) sind komfortabel und funktional eingerichtet. Für sportliche Gäste gibt es einen Swimmingpool im Freien, einen Tennisplatz, einen Reitplatz, einen künstlich angelegten See zum Sportfischen und zahlreiche Möglichkeiten zu Ausflügen per pedes oder mit dem Mountainbike.

Il Duomo
via San Donato, 14
Tel. e Fax 0578 757473
E-Mail: albergoduomo@wind.it
Drei Sterne, 13 Zimmer mit Bad, Telefon, TV.
Parkplatz.
Preise: EZ € 65, DZ € 90.
Das Hotel im Herzen der Altstadt bietet einladende Zimmer,

die im *arte-povera*-Stil mit schmiedeeisernen Betten eingerichtet sind.

Il Marzocco
piazza Savonarola, 18
Tel. 0578 757262
Fax 0578 757530
Drei Sterne, 16 Zimmer mit Bad, TV, Telefon.
Restaurant, Parkplatz.
Preise: EZ € 58, DZ € 80 inklusive Frühstück.
Schöne, komfortable Zimmer und großzügige Terrassen mit Ausblick. Die Führung des Hauses liegt schon seit nahezu hundert Jahren in der Hand derselben Familie. Der Service ist aufmerksam und professionell, der Empfang freundlich.

RESTAURANTS

Osteria Borgo Buio
via di Borgo buio, 10
Tel. 0578 717497
Donnerstags geschlossen.
Betriebsurlaub: 10 Tage im Juli, November bis Januar, mit Ausnahme der Weihnachtszeit.
Gedecke: 65 plus 25 in der Enoteca.
Preise: € 23–25 ohne Wein.
Alle Kreditkarten außer DC.
Das erstklassige, eingespielte und freundliche Personal arbeitet mit Hingabe und Know-how in diesem Lokal, das zwei Kellereien in Montepulciano gehört und seit kurzem von Marcello geleitet wird. Entsprechend große Aufmerksamkeit gilt den Weinen, es erwartet Sie eine Auswahl von Produkten aus Montepulciano, wie Sie sie in keinem zweiten Lokal dieser Gegend antreffen werden. Die Speisekarte richtet sich nach dem, was die Jahreszeit an frischen Zutaten bietet, doch gibt es auch Gerichte, die immer zu haben sind: *pici*, handgemachte Tagliatelle und Gnocchi, Suppen mit Gemüse der Saison: Probieren Sie unbedingt die Zwiebelsuppe mit Bohnen und Erbsen sowie die Tomaten- und die Bohnensuppe. Als Hauptgericht empfehlen wir Schmorbraten in Rotwein (*peposo*), Kutteln in allen Variationen oder Grillfleisch aus dem Chianatal.

Diva e Maceo
via di Gracciano nel Corso, 90–92
Tel. 0578 716951
Dienstags geschlossen.
Betriebsurlaub: zwei Wochen im Dezember.
Gedecke: 60
Preise: € 18–20 ohne Wein.
Alle Kreditkarten.
Hier erwarten Sie schmackhafte, typische Gerichte dieses Landstrichs. Wir empfehlen zum Beispiel den gemischten Aufschnitt, die klassischen *pici*, von Hand gemacht und mit Knoblauchsauce angerichtet, ferner die Bohnensuppe, das Fleisch vom Grill und das gebratene Kaninchen. Hausgemachte Desserts, toskanische Weine von der Karte.

Fattoria Pulcino
strada statale 146, 37
Tel. 0578 758711
Kein Ruhetag.
Ganzjährig geöffnet.
Gedecke: 200
Preise: € 25 ohne Wein.
Alle Kreditkarten.
Das Lokal liegt gleich hinter dem Ort, an der Straße nach Sant'Albino. Man isst drinnen oder im Garten, es werden Erzeugnisse des Betriebs serviert. Die Küche ist bodenständig und rustikal, auf der Karte stehen immer die Bohnensuppe, die *pici* und der gemischte Grillteller. Dazu wird Vino Nobile di Montepulciano gereicht.

La Grotta
località San Biagio, 15
Tel. 0578 757607
oder 0578 757479
Ruhetag: Mittwoch.
Betriebsurlaub: Januar und Februar.
Gedecke: 50
Preise: € 40 ohne Wein.
Alle Kreditkarten außer DC.
Zur Zeit der Errichtung der gegenüberliegenden Kirche San Biagio soll der Architekt Antonio da Sangallo in eben den Räumen gelebt haben, in denen sich heute das Restaurant befindet. Hier erwartet Sie eine toskanische Küche, die von Signora Pierrette Mathieu, der Frau des Inhabers Giancarlo Mazzuoli, leicht abgewandelt wird. Nach dem traditionellen Röstbrot (*crostini*) gibt es wahlweise Tomatensuppe, *pici* mit Entenragout und verschiedenartig zubereitetes Rind- oder Schweinefleisch aus dem Chianatal. Wem der Sinn nach komplexeren Gericht steht, kann auch die Tagliatelle aus Buchweizen mit durchwachsenem Sieneser Speck und Artischocken probieren, oder auch die Entenbrust mit Wacholder und Kastanienhonig sowie Karottenauflauf. Der Service ist professionell, die Weinkarte in Ordnung.

Moderno
piazza Don Minzoni, 9
Tel. 0578 757646
Samstags geschlossen, im Sommer kein Ruhetag.
Betriebsurlaub: wechselnd.
Gedecke: 220
Preise: € 13–18 ohne Wein.
Alle Kreditkarten.
Das Restaurant befindet sich in der Nähe des Parkplatzes bei der Porta al Prato. Es wird gerne von Arbeitern besucht, da es unprätentiös und redlich ist. Hier bekommen Sie bodenständige toskanische Gerichte

in ihrer schönsten Form: *pici* mit Knoblauchsauce, Bohnensuppe, Pasta und Bohnen oder einen gemischten Grillteller. Dazu können Sie unter den Weinen von 18 Kellereien der Gegend wählen.

Ein Kaffee, ein Aperitif

Antico Caffè Poliziano
via Voltaia nel Corso, 25
Tel. 0578 758615
Dieses 1868 eröffnete Lokal wurde 1992 renoviert und erstrahlt jetzt wieder im einstigen Glanz. Drinnen gibt es zwei schöne Räume, draußen einen großen Balkon mit Aussicht. Gute Weinkarte, kleines Angebot an Mittagsgerichten. Es besteht auch die Möglichkeit zu einem stilvolleren Abendessen im Wintergarten oder im Sommer auf der Terrasse.

Einkaufen

Fleisch

Macelleria Augusto Binarelli
via Voltaia nel Corso, 17
Tel. 0578 757025
Die kleine Metzgerei ist ein Familienbetrieb, in dem Sie typische toskanische Wurstwaren (Schinken, Salami, Mortadella, Hartwurst und Speck) erstehen können. Man kann auch Schweine- oder Rindfleisch aus dem Chianatal von hausgeschlachteten Tieren aus der Umgebung kaufen.

Getreide und Hülsenfrüchte

Mulino Giuliotti
località Sant'Albino
viale dei Mulini, 10
Tel. 0578 798054
In der Mühle bekommen Sie sämtliche Getreide- und Hülsenfrüchtearten der Gegend, daneben gibt es Mehlsorten, die sonst nicht so leicht zu finden sind: aus Dinkel, Buchweizen, Hartweizen, Kichererbsen und Bohnen.

Süssigkeiten

Pasticceria Regina
località Sant'Albino
via dei Tulipani, 3
Tel. 0578 798245
Die Pasticceria liegt an der Straße nach Chianciano, eine erste Adresse, um warme Krapfen *(bomboloni)*, Blätterteiggebäck *(millefoglie)* und Mürbteigkuchen mit Marmelade *(crostate di marmellate)* zu probieren.

Obst und Gemüse

Alimentari La Spinella
via Gracciano del Corso, 55
Tel. 0578 757325
Bestes frisches Obst und Gemüse, frische Eier.

Öl

Il Frantoio di Montepulciano
piazza Pasquino, 9
0578 758732
Hier werden die Produkte der Ölmühle in Martiena verkauft. Das kaltgepresste Öl stammt von verschiedenen Olivenarten (Correggiolo, Leccino und Oriolo), die in der Umgebung von Montepulciano angebaut werden. Die Preise sind nicht gerade günstig, aber die Qualität der Produkte ist ihr Geld wert.

Wein

Terra Toscana
via Ricci, 14a
Tel. 0578 757708
Im Angebot ist eine gute Auswahl an Weinen aus dem Montepulciano-Bereich, zu Preisen, die sie sonst nur in den Kellereien selbst finden.

Kunsthandwerk

Bücher

Legatoria Koiné
via Gracciano del Corso, 22
Tel. 0578 756066
Hier gibt es Bücher, Notizbücher und Kalender, in Leder, Leinen oder Papier gebunden. Liebhaber schätzen die Büchlein für Rezepte und für ihre Sammlung von Weinetiketten.

Stoffe

Biagianti
piazza Michelozzo, 5
Tel. 0578 757261
In diesem sehr zentral gelegenen Geschäft gibt es eine breite Auswahl an Stoffen mit alten Mustern aus handwerklich betriebenen Webereien der Toskana und Umbriens. Außerdem: Wer wieder sanfter mit seinem Essen umgehen möchte und längere Garzeiten bevorzugt, findet hier eine komplette Auswahl an bemaltem Terrakotta-Geschirr für den Herd oder das Backrohr.

Kupfergeschirr

Bottega del Rame
via Opio nel Corso, 64
Tel. 0578 758753
Die Kupferschmiede «Rinomata Rameria Mazzetti» wurde vom Großvater von Cesare Mazzetti gegründet, der noch immer qualitativ hochwertige Pfannen und Töpfe aus Kupfer herstellt. Um den – nicht nur kulinarischen – Wert von Kupfer in der Küche wieder zu entdecken, legen wir Ihnen dringend einen Besuch des Ladens ans Herz.

Weinerzeuger

Tenimenti Angelini
Tenuta Trerose
frazione Valiano
via della Stella, 3
Tel. 0578 724018
Seit Jahren setzt dieser Betrieb auf kompromisslose Qualität. Besonders gelungen sind sowohl der Nobile di Montepulciano Simposio (eher klassisch) als auch der La Villa (eher international ausgerichtet), beides Ergebnisse moderner und dennoch nicht übertriebener Technik. Wunderbar auch der weiße Busillis, ein reiner, in Barriques gereifter Viognier.

Avignonesi
via di Gracciano nel Corso, 91
Tel. 0578 757872
oder 0578 757873
Einer der wichtigsten Betriebe in der Geschichte des Weins in Montepulciano. Das Spitzenprodukt heißt 50&50 und ist das Ergebnis einer Zusammenarbeit mit der Kellerei Capannelle: eine in Barriques ausgebaute Assemblage von Sangiovese- und Merlot-Trauben, in der Farbe nahezu violett, im Geruch sehr fruchtig und am Gaumen kraftvoll und elegant. Erwähnung verdient auch der Desiderio in der neuen Version aus Merlot- und Cabernet-Sauvignon-Trauben (also nicht mehr nur reiner Merlot). Richtige Klasse unter den Weißweinen hat der Marzocco, ein in Barriques ausgebautes Chardonnay-Gewächs.

Bindella
località Acquaviva
via delle tre Berte, 10a
Tel. 0578 767777
Vor kurzem hat dieser bedeutende Betrieb weitere Flächen hinzuworben und das Anwesen auf dreißig Hektar aufgestockt; damit steht eine bedeutende Ertragssteigerung an. Fässer wie auch Bottiche zur Weinvergärung sind hier temperaturgesteuert. Es werden zwei Weine erzeugt: ein sehr konzentrierter, markanter und nachhaltiger Nobile di Montepulciano und der Vallocaia, der sich tanninbetont, fruchtig und kräuterwürzig gibt.

Podere Le Berne
via Poggio Golo, 7
località Cervognano
Tel. 0578 767328
Der Ende der Sechzigerjahre von der Familie Natalini gegründete Betrieb verfügt über 16 Hektar Land. Vier davon sind mit Reben bepflanzt und liegen 350 Meter hoch über dem Meeresspiegel genau im Herzen des Territoriums des Vino Nobile di Montepulciano – und ausschließlich diesen Tropfen stellt das Haus her.

Boscarelli
frazione Acquaviva
via di Montenero, 28
Tel. 0578 767277
oder 0578 767608
Der Betrieb der Familie De Ferrari hat in vielen Jahren harter Arbeit mit seiner Seriosität immer mehr begeisterte Weinfreunde um sich scharen können. Die Rebflächen liegen in einer der am besten geeigneten Gegenden, in Cervognano. Drei große Weine werden angeboten: ein einfacher Nobile di Montepulciano, der elegantere und herbere Vigna del Nocio und der tanninbetonte, alkoholstarke und nachhaltige Boscarelli, der «Super-Toskaner» des Hauses.

Canneto
via dei Canneti, 14
Tel. 0578 757737
Dieses Gut liegt am Westhang von Montepulciano in der Nähe von San Biagio. Von den 48 Hektar Gesamtfläche sind zwanzig mit Weinreben bepflanzt. Seit 1997 haben Ottorino De Angelis und Carlo Ferrini den Betrieb von Grund auf neu strukturiert und modernisiert, ohne deswegen mit der Tradition zu brechen. Die Produktion umfasst Nobile und Rosso di Montepulciano, die mindestens zwei Jahre in Fässern aus slawonischer Eiche und Fässchen aus französischer Eiche altern. Anschließend reifen die Weine noch mindestens sechs Monate lang in der Flasche. 90% der Produktion wird ins Ausland verkauft.

Casale
Montepulciano Stazione
via di Nottola, 9
Tel. 0578 738257
Der Familienbetrieb von Aldimaro Daviddi stellt schon immer Wein her (im Weinkeller wird eine Traubenpresse aus dem frühen 19. Jahrhundert aufbewahrt), aber erst 1989 hat sich Aldimaro entschlossen, diesen auch selbst zu vermarkten. Er verfügt über 13 Hektar Rebfläche (davon acht in eigenem Besitz) in den Lagen Gracciano, Abbadia und Valiano; erzeugt werden Vino Nobile, Rosso di Montepulciano und Chianti Colli Senesi.

Fattoria del Cerro
frazione Acquaviva
via Grazianella, 5
Tel. 0578 767722
Vor allem Lorenzo Landi, ehemals der Önologe des Betriebs und jetzt als externer Berater tätig, ist es zu verdanken, dass sich die Qualität der Weine der

Fattoria del Cerro steigern konnte. Der Nobile di Montepulciano Antica Chiusina ist farbintensiv und von großer Eleganz. Der Poggio Golo hingegen ist ein reiner Merlot mit angenehm balsamischer Note. Nicht zu vergessen auch der Nobile Riserva und der Rosso di Montepulciano.

Contucci
via del Teatro, 1
Tel. 0578 757006
Es ist schon einige Zeit her, dass in der großen Kellerei von Alamanno Contucci (Vorsitzender des Consorzio del Nobile di Montepulciano) noch die schwarz-rot gestrichenen Kastanienfässer lagerten. Heute entstehen in denselben Kellergewölben die neuen Weine, die gemäß der Neuausrichtung des Betriebs immer mehr in großen Fässern und *tonneaux* statt in Barriques ausgebaut werden. Erstes dieser neuen Produkte ist ein qualitativ hochwertiger einfacher Nobile di Montepulciano. Erwähnenswert ist auch der Vin Santo.

Crociani
via del Poliziano, 15
Tel. 0578 757919
Arnaldo Crociani, der diesen Betrieb mit seinem Sohn Giorgio führt, ist ein richtiges Multitalent: Schauspieler, Bänkelsänger und Dichter in einem. Seine Reben wachsen in dem zehn Hektar messenden Weingarten Caggiole heran. Die Kellereien befinden sich im Untergeschoss eines Palazzo aus dem 14. Jahrhundert, wo für Besucher auch ein Lokal zur Degustation offen steht. Neben dem Nobile und dem Rosso di Montepulciano ist der Vin Santo erwähnenswert.

Dei
località Villa Martiena, 35
Tel. 0578 716878
Das Schmuckstück des Betriebs von Caterina Dei ist der «Super-Toskaner» Sancta Catharina, eine in Barriques ausgebaute Assemblage von Prugnolo gentile, Syrah und Cabernet Sauvignon. Gleich auf den Plätzen folgen Nobile und Rosso di Montepulciano.

Carlo e Marco Ercolani
strada statale 146
Tel. 0578 716764
der 0578 758711
Der Betrieb befindet sich zwischen Montepulciano und Chianciano Terme und produziert die Klassiker der Gegend: einen Vino Nobile di Montepulciano, auch als Riserva, und einen runden, angenehmen Rosso di Montepulciano; all dies zu vernünftigen Preisen.

Fassati
località Gracciano
via di Graccianello, 3a
Tel. 06 844311
oder 0578 708708
Dieses Gut des bekannten Weinhauses Fazi Battaglia aus den Marken verfügt über gut achtzig Hektar Weinbaufläche. Davon gehören 35 zu Montepulciano. In dem sehr funktional ausgestatteten Keller lagern zahlreiche Barriques und *tonneaux*. Technischer Berater ist Franco Bernabei. Der Nobile di Montepulciano Pasiteo und der Rosso di Montepulciano Selciaia sind die beiden tragenden Säulen des Betriebs.

Tenuta di Gracciano della Seta
via Umbria, 59
Tel. 0578 708340
Dieser historische Betrieb, legitimer Nachfahre der Kellerei Cantine Svetoni aus dem 19. Jahrhundert, wird von Piera Mazzucchelli und ihren Kindern Giorgio und Nicoletta Della Seta Ferrari Corbelli Greco geführt. Von den siebzig Hektar des Guts sind 13 für Vino Nobile und Rosso di Montepulciano bestimmt. Die Keller befinden sich zum Teil im Untergeschoss der Villa aus dem 18. Jahrhundert und zum Teil in den angrenzenden Räumlichkeiten. Jüngst haben sich zu den Stahlbottichen und großen Eichenfässern auch Barriques hinzugesellt. Der Vino Nobile reift mindestens zwei Jahre im Fass und anschließend sechs Monate in der Flasche. Die Produktion ist größtenteils fürs Ausland bestimmt.

Fattoria di Gracciano Svetoni Tenute di Ambrogio e Giovanni Folonari
via Umbria, 63
località Gracciano
Tel. 0578 708676
Die Cantina Svetoni, bereits seit dem Beginn des 19. Jahrhunderts eines der Aushängeschilder des Weinbaus in Montepulciano, wurde 1996 von der Familie Folonari erworben, die auch die Renovierung der Keller und die Neubepflanzung eines Teils der Weingärten in Angriff genommen hat. Die Rebfläche erstreckt sich auf über 18 Hektar, sechs davon sind für den Nobile bestimmt. Neben Letzterem empfehlen wir den Chianti Colli Senesi und den traditionellen Vinsanto di Montepulciano.

Il Conventino
via di Bossona, 20
Tel. 0578 716437
Ursula Müller (für ihre Freunde Uschi), eine nette Frau aus Bayern und ehemalige Weltreisende im Auftrag der FAO, beschloss 1988, in Montepulciano zu leben. Zu diesem Zweck

erwarb sie ein wunderschönes ehemaliges Kloster, in dem man jetzt Urlaub auf dem Land machen kann. Dann begann sie, gewissermaßen als Autodidaktin, biologisch angebauten Wein zu erzeugen. Die etwa zwölf nach Süden ausgerichteten Hektar Grund befinden sich in 400 Meter Höhe über dem Meeresspiegel. Neben Sangiovese, Canaiolo, Mammolo und Grechetto werden auch andere Rebsorten angepflanzt. Der größte Teil der Produktion ist für den deutschen und den Schweizer Markt bestimmt.

Il Macchione
via Provinciale, 18
Tel. 0578 758595
Der Schweizer Robert Kengelbacher war ursprünglich Zahntechniker – mit einer lang gehegten Leidenschaft für den Weinbau. Nach einer Reihe von Kursen für Weinliebhaber und berufsbezogenen Praktika hat er sich 1991 dazu entschieden, diesen Betrieb zu kaufen und Vino Nobile zu erzeugen. Die Reben wachsen auf über vier Hektar Fläche 400 Meter hoch über dem Meeresspiegel. Der Ertrag wird bewusst eher gering gehalten. Gegenwärtig wird ausschließlich Vino Nobile produziert: der einfache reift zwei Jahre lang in slawonischen Eichenfässern, die Riserva hingegen wird in *tonneaux* und Barriques ausgebaut.

Fattoria La Braccesca
località Gracciano
strada statale 326, 15
Tel. 0578 724252
Von Jahr zu Jahr breitet sich die Familie Antinori auch in Montepulciano immer weiter aus. Wenn in Kürze das Gut 300 Hektar umfassen und der neue Keller in Betrieb genommen wird – derzeit altern die Weine noch im Keller der Badia di Montepulciano – ist die Fattoria La Braccesca der größte private Weinbetrieb der Gegend. Sowohl der Merlot als auch der Nobile di Montepulciano, beide mit Charakter und Persönlichkeit, sind technisch einwandfrei vinifiziert. Sehr angenehm, aber mit geringen Abstufungen, ist der Rosso di Montepulciano.

La Calonica
località Valiano
via della Stella, 27
Tel. 0578 724119
Dem Betrieb von Ferdinando Cattani kommt so mancher geographische Vorteil zugute: Das Gebiet von Valiano ist durch die Einflüsse des Lago di Trasimeno begünstigt, der milde Winter und nicht allzu trockene Sommer beschert, beides ideal für die Weingärten, in denen Sangiovese-, Cabernet-Sauvignon- und Merlot-Trauben heranreifen. Der jüngste Spross des Betriebs, der Signorelli, ist ein reiner Merlot, der sofort die Herzen aller Weinfreunde erobert hat. Unbedingt zu erwähnen sind natürlich auch der Nobile und der Rosso di Montepulciano.

La Casella
località Gracciano
via Ciarliana, 29
Tel. 0578 716283
Alfio Carpini, eine der bekanntesten Persönlichkeiten aus der Welt des Weinbaus rund um Montepulciano, ist ein Erzeuger der älteren Generation, der für die Tradition des Vino Nobile einsteht. Letztlich ist es auch seinem Beharren auf Qualität zu verdanken, dass sich dieser Wein auf dem internationalen Markt durchsetzen konnte. Das Anwesen erstreckt sich über 14 Hektar, von denen neun für Vino Nobile und fünf für Chianti Colli Senesi bestimmt sind. Der Nobile reift zwei Jahre in Holz (die Riserva drei Jahre), danach einige Monate in der Flasche. 90% der Produktion geht ins Ausland.

La Ciarliana
località Gracciano
via Ciarliana, 31
Tel. 0578 758423
oder 0335 5652718
Auch wenn der Betrieb von Luigi Frangiosa erst vor einigen Jahren, nämlich 1995, gegründet wurde, so reichen seine Wurzeln doch bis ins Jahr 1964 zurück, als der Großvater die ersten zwei Hektar für die Erzeugung von Nobile di Montepulciano bepflanzte. Vom Vater über den Sohn ist der Betrieb bis zu seiner heutigen Größe gewachsen. Seit 1996 wird eigener Wein bereitet, dessen Trauben auf über 8,6 Hektar Weinbergen heranreifen und nahezu alle das Prädikat Vino Nobile führen dürfen.

Le Casalte
località Sant'Albino
via del Termine, 2
Tel. 0578 798246
oder 06 9306988
Paola Silvestri Barioffi hat 1975 diesen Hof gekauft, aus dem eigentlich ein Landhaus werden sollte. Nach und nach wandelte er sich aber zu einem richtigen Weinbaubetrieb. Seit 1995 wurden im Keller und in den Weinbergen wichtige Veränderungen vorgenommen, was zu einer deutlichen Qualitätsverbesserung des Nobile di Montepulciano führte.

Tenuta Lodola
Nuova Tenimenti Ruffino
località Valiano
via Lodola, 1
Tel. 0578 724032

Dieser Ableger der Kellerei Ruffino in Montepulciano verfügt über fünfzig Hektar Weinbaugebiet, von denen dreißig im DOC-Bereich liegen und zwischen den Gemeinden Valiano und Gracciano aufgeteilt sind. Derzeit sind Erneuerungsmaßnahmen im Gang, was sowohl den Anbau (Sangiovese, Merlot, Cabernet Sauvignon) betrifft als auch den Keller. Hervorzuheben sind selbstverständlich der Nobile und der Rosso di Montepulciano.

Lombardo
località Gracciano
via Lazio
Tel. 0578 708321
Heute sind Francesco und Gino Lombardo Eigentümer dieses Betriebs, den ihr Vater Antonino 1970 gegründet hatte. Er erwarb zehn Hektar Grund und fing an, Wein zu erzeugen, den er offen verkaufte. Heute sind daraus 32 Hektar geworden (von denen sieben gepachtet sind), die Keller des Herrenhauses aus dem 18. Jahrhunderts sind renoviert und vergrößert worden. Neben dem Nobile und dem Rosso wird auch ein Vin Santo hergestellt, der mindestens drei Jahre in kleinen Holzfässern (*caratelli*) reift. Nur ein Drittel des produzierten Weins wird auf Flaschen gezogen, von denen wiederum gut 80% in europäische Länder exportiert werden.

Nottola
località Bivio Nottola
Tel. 0578 707060 oder 0577 685240
Die Ankunft des bekannten *winemaker* Riccardo Cotarella, der neue, sehr funktional eingerichtete und temperaturgesteuerte Keller, der Anbau von Merlot-Rebzeilen und die Erweiterung des Bestandes an Barriques und *tonneaux*, das alles sind untrügliche Kennzeichen des gewaltigen Umbruchs, der im Betrieb der Familie Giomarelli stattgefunden hat. Eines der überzeugendsten Ergebnisse dieser kleinen Revolution ist der Nobile di Montepulciano Vigna del Fattore.

Fattoria di Palazzo Vecchio
località Valiano
via Terrarossa, 5
Tel. 0578 724170
Der Palazzo Vecchio ist ein Gebäude aus dem 14. Jahrhundert mit einer langen, verschlungenen Geschichte. Wein wird dort allerdings erst seit dem vergangenen Jahrhundert bereitet; unter dem derzeitigen Namen sogar erst seit 1982. Die Eigentümer Marco Sbernadori und Alessandra Zorzi haben damit begonnen, den Betrieb zu renovieren. In zwanzig Jahren hat sich die Rebfläche von ursprünglich fünf Hektar verfünffacht. Im Palazzo Vecchio werden heute 350 Hektoliter Vino Nobile produziert, die in Fässern aus französischer Eiche ausgebaut werden.

Fattoria di Paterno
località Sant'Albino
via di Fontelellera
Tel. 0578 798174
Der Betrieb verfügt über fünf Hektar Weinbaufläche. Sein Eigentümer Aldo Fresa wird beraten von dem Önologen Luca D'Attona. Er erzeugt nur Vino Nobile, einfach und als Riserva.

Poliziano
via Fontago, 1
Tel. 0578 738171
Die Fähigkeit von Federico Carletti, dem Eigentümer dieses Schmuckstücks im Gebiet des Nobile, immer wieder hervorragende Weine zu erzeugen, die ebenso regelmäßig mit zahlreichen Auszeichnungen geehrt und natürlich von Weinkennern geschätzt werden, ist schon beeindruckend. Die zwei Meisterstücke des Betriebs sind der Nobile Asinone und der «Super-Toskaner» Le Stanze. Ersterer, voll und ausgewogen, ist wirklich beispielhaft, Letzterer hält zweifelsohne dem Vergleich mit den besten Bordeaux-Verschnitten der Welt stand. Auch wenn der einfache Vino Nobile vergleichsweise eine etwas weniger eindrucksvolle Struktur aufweist, schneidet er doch nicht schlecht ab.

Redi
via di Collazzi, 5
Tel. 0578 757102
Technisch gesehen ist dieser Betrieb der fortschrittlichste der Vecchia Cantina, der einzigen genossenschaftlichen Kellerei im Gebiet des Montepulciano, die für insgesamt 970 Hektar zuständig ist. Die alten großen Fässer aus Kastanienholz wurden durch *tonneaux* und Barriques ersetzt. Neben den Spitzengewächsen wie dem einfachen Nobile di Montepulciano und dem Briareo empfehlen wir den Vin Santo und den neuesten Wein der Familie, den Argo, einen überaus angenehmen, zugänglichen Sangiovese.

Massimo Romeo
località Nottola di Gracciano
via di Totona, 29
Tel. 0578 757127
Die unverwechselbaren Eigenschaften der Weine dieses Betriebs beruhen auf dem geringen Hektarertrag, dem Gebrauch verschiedener Typen von Fässern, aber auch auf der langen Maischung. So erhält man ausgesprochen traditionelle Weine, die nach einer weiteren Verfeinerung in der Flasche zur Bestform auflaufen. Besonders

zu empfehlen der Nobile di Montepulciano, der Lipitresco und der Vin Santo.

Salcheto
via di Villa Bianca, 15
Tel. 0578 799031
In der neuen temperaturgeregelten Kellerei im Untergeschoss lagern einige große Bottiche sowie zahlreiche *tonneaux* und Barriques. Ein separates Gebäude, das eher an einen Tiroler Berghof als an ein toskanisches Landhaus erinnert, wird für die Gärung benutzt. Neues auch bei der Anbaufläche, sie hat sich mehr als verdoppelt, von ehedem fünf Hektar auf nunmehr zwölf. Der Nobile di Montepulciano ist schlicht hervorragend.

Tenuta Sant'Agnese
via Antica Chiusina, 15
Tel. 0578 757266
Dieser von Adamo Fanetti gegründete Betrieb brachte als Erster den Vino Nobile di Montepulciano in den Handel, der bis zu jenem Zeitpunkt nur in geringen Mengen für den Eigenverbrauch vermögenderer Familien produziert wurde. Neben dem Nobile (einfach und als Riserva) und dem Rosso di Montepulciano bietet der Betrieb Tenuta Sant'Agnese auch den Vin del Sasso, einen Cabernet Sauvignon, der in Barriques altert, sowie den Vin Santo Toscano und einen aus Vino Nobile destillierten Grappa.

Fattoria della Talosa
via Talosa, 8
Tel. 0578 758277
Dieser 1972 gegründete Betrieb gehört zu den bestorganisierten und meistgeschätzten im gesamten Anbaubereich Montepulciano. Noch vor etwa zehn Jahren hieß er Fattoria di Fognano. Vier Gutshöfe haben sich hier zusammengeschlossen, deren Gesamtfläche nun 86 Hektar beträgt, von denen dreißig mit Reben bepflanzt sind. Neben einem Nobile und einem Rosso di Montepulciano werden Chianti Colli Senesi und Vin Santo erzeugt. Die Produktion erfolgt in der großen Betriebskellerei (4000 Hektoliter) unter der Aufsicht von Ottorino De Angelis und Enzo Barbi. Der Keller für den Ausbau befindet sich hingegen in der Altstadt von Montepulciano, in einem alten Adelshaus, das sehr umsichtig renoviert wurde.

Triacca
Fattoria Santavenere
Straße nach Pienza 39
Tel. 0578 757774
Einer der beiden toskanischen Ableger – der andere ist die Kellerei La Madonnina, in der Chianti Classico produziert wird – des 1897 von Domenico Triacca gegründeten Betriebs im Veltlin. Das 1990 übernommene und heute von Luca Triacca geführte Gut Santavenere setzt auf die Bereitung eines gleichnamigen Nobile di Montepulciano. Der Betrieb verfügt bereits über gut dreißig Hektar Weinbaufläche und bald auch über einen größeren und moderneren Keller.

Tenuta Valdipiatta
località Gracciano
via Ciarliana, 25
Tel. 0578 757930
Dieser Betrieb wurde in den Siebzigerjahren gegründet und umfasst 25 Hektar Weinbaufläche in etwa 350 Meter Höhe. 1990 wurde er vom gegenwärtigen Eigentümer Giulio Caporali erworben, renoviert und mit neuem Leben erfüllt. Die besten Weingärten sind für eine limitierte Produktion bestimmt, neue Reben wurden gepflanzt, und in dem angrenzenden Tuffsteinhügel ist ein Keller für den Ausbau sowie Räume für die Verfeinerung in der Flasche eingerichtet worden, die beide sehr beeindruckend sind. Erst kürzlich ist Giulios Tochter Miriam mit in die Leitung eingestiegen.

Vecchia Cantina
di Montepulciano
via Provinciale, 7
Tel. 0578 716092
und 0578 716093
Dieser 1937 gegründete Betrieb ist nicht nur die älteste genossenschaftliche Kellerei der Toskana, sondern auch das größte und modernste Zentrum für Weinbereitung in Montepulciano. Am heutigen Sitz, der 1971 eröffnet wurde, befinden sich die Büroräume, das Lager, der Verkaufsraum, die Abfüllanlage und der Keller mit den Fässern aus slawonischer Eiche, in denen der Vino Nobile heranreift. Wenige Kilometer entfernt, in Montepulciano Scalo, werden die Trauben gelesen und vinifiziert. Diese Aufteilung ist der Qualität der Weine der Vecchia Cantina, neben einem Nobile und einem Rosso di Montepulciano auch ein Chianti Colli Senesi, sehr zugute gekommen.

Villa Sant'Anna
frazione Abbadia
Tel. 0578 708017
Neuerdings ist in der Villa Sant'Anna der Önologe Carlo Ferrini als Berater mit an Bord, ein Meister seiner Zunft, dem so mancher Erfolgswein zu verdanken ist. Die Rebfläche wird vergrößert werden, da die Bedürfnisse der Kundschaft mit den bisherigen zwölf Hektar nicht mehr befriedigt werden können. Die Anzahl von Barriques im Keller jedoch, in denen der Vigna il Vallone und zum Teil auch ein Nobile di Montepulciano heranreifen, ist dagegen bereits

beträchtlich gestiegen. Letzterer ist zusammen mit dem Chianti Colli Senesi der beste Tropfen dieses Betriebs.

PIANCASTAGNAIO

ÜBERNACHTUNG

Albergo Capriolo
via Grossetana
Tel. 0577 786611
Drei Sterne, 16 Zimmer
(4 DZ mit Bad).
Restaurant, Garten, Parkplatz.
Preise: EZ € 30, DZ € 50.
Außerhalb der Altstadt an der Straße zum Gipfel des Amiata gelegen. Das Albergo verfügt über ein eigenes Restaurant, in dem man sich die Pilze nicht entgehen lassen sollte. Donnerstags Ruhetag.

RESTAURANTS

Enoteca Saxa Cuntaria
piazza Matteotti 11–12–13
Tel. 0577 784104
Fax 0577 784589
Dienstags geschlossen.
Betriebsurlaub: wechselnd.
Gedecke: 35
Preise: € 18 ohne Wein
Alle Kreditkarten außer AE.
Ein schönes Lokal mit einer Auswahl an hervorragenden Weinen, dazu gibt es leckere kalte Gerichte wie Röstbrot (*crostini*) oder Röstbrot mit Öl und Knoblauch (*fettunta*). Das Speiseangebot wechselt häufig, nie aber fehlen die typischen toskanischen und vor allem sienesischen Gerichte. Es gibt Bohnensuppe, Gemüsesuppe mit Brot, Schalotten- oder Zwiebelsuppe, Pappardelle mit Schwarzen Trüffeln oder auch *pici* mit Knoblauchsauce respektive mit Kichererbsen oder Wurst angemacht (*di piazza*).

Il Piatto delle Streghe
viale Gramsci, 317
Tel. 0577 784088
Montags geschlossen.
Betriebsurlaub: wechselnd.
Gedecke: 60
Preise: € 10 ohne Wein.
Alle Kreditkarten.
In erster Linie eine Pizzeria, doch es gibt auch einige andere Gerichte. Direkt vor der Altstadt.

La Tana del Ragno
via Cavour, 25
Tel. 0577 786013
Dienstags geschlossen.
Betriebsurlaub: wechselnd.
Gedecke: 90
Preise: € 8–10 ohne Wein.
Alle Kreditkarten.
Vier junge Teilhaber haben im Zentrum dieses herrliche Lokal in den ehemaligen Stallungen eines Patrizierpalastes geschaffen. Außer Pizza kann man auch einige typische Gerichte essen, dazu gibt es ein gutes Bier oder guten toskanischen Wein. Jeden Freitag und Samstag ab 22.30 Uhr Livemusik.

PIENZA

ÜBERNACHTUNG

Hotel Relais Il Chiostro
corso del Rossellino, 26
Tel. 0578 748400
Fax 0578 748440
E-Mail: ilchiostro@jumpy.it
Vier Sterne, 4 EZ, 21 DZ, 12 Suiten mit Bad, Telefon, Satelliten-TV, Minibar, Safe.
Restaurant, Bar, Swimmingpool, Solarium, Konferenzsaal, Wäscherei.
Preise: EZ € 90–100,
DZ € 140–150, Suiten € 190–200 inklusive Frühstück.
Dieses Hotel in der Altstadt von Pienza war ursprünglich ein Kloster aus dem 15. Jahrhundert, mit einem mittelalterlichen Kreuzgang, durch den man jetzt zum Hotel gelangt. Die Zimmer und die Suiten, die alle unterschiedlich gestaltet sind, haben nach den letzten Renovierungsarbeiten die Atmosphäre der alten Zeit zu erhalten vermocht und sind dennoch mit allem Komfort ausgestattet. Das kleine Restaurant bietet raffinierte Gerichte sowie lokale Spezialitäten und hat eine herrliche Terrasse mit Panoramablick auf das Val d'Orcia. Von hier gelangt man zum Swimmingpool und zum Solarium.

Hotel Corsignano
via della Madonnina
Tel. 0578 748501
Drei Sterne, 12 EZ, 28 DZ mit Bad, TV, Telefon, Klimaanlage, Safe, Minibar.
Restaurant, Bar, Internetanschluss, Garage, Parkplatz, Wäscherei.
Preise: EZ € 65, DZ € 90.
Ein kleines, einladendes und effizient organisiertes Hotel, das oftmals von amerikanischen Reisegruppen komplett belegt ist. Es liegt nur wenige Schritte vom Hauptplatz oder dem Dom entfernt, ist kürzlich renoviert und vergrößert worden und bietet seinen Gästen Komfort, Herzlichkeit und viel Ruhe. Das angrenzende Restaurant steht nicht nur Hotelgästen offen, es gibt ein Tagesmenü zu € 13 ohne Wein.

San Gregorio Residence
via della Madonnina
Tel. 0578 748059
oder 0578 748175
Fax 0578 748354
Kategorie 2ª, 3 DZ mit Bad, 16 Mini-Appartements mit Whirlpool und Klimaanlage. Parkplatz.
Preise: DZ € 60–75, Mini-Appartements € 80–120.

In dem schönen, aus dem Jahr 1920 stammenden Gebäude des Hotel Residence, das erst vor drei Jahren im Zentrum von Pienza eröffnet wurde, war früher ein Theater untergebracht. 2002 sollen ein Frühstückssaal und ein Konferenzraum eröffnet werden.

Camere Gozzante
corso Rossellino
Tel. 0578 748500
4 DZ
Preise: € 50–80.
Dieses Haus finden Sie unweit der Hauptpiazza von Pienza, genau vor der Fassade von San Francesco. Das sorgfältig restaurierte Gebäude aus dem 18. Jahrhundert schmückt in den Gemeinschaftsräumen ein Fresko aus dem 19. Jahrhundert. Die Zimmer sind mit toskanischen Möbeln und schmiedeeisernen Betten eingerichtet. Auf Anfrage wird das Frühstück aus der fünfzig Meter weiter gelegenen Bar geliefert, die von denselben Inhabern betrieben wird.

Restaurants

Da Fiorella
via Condotti, 11
Tel. 0578 749095
Mittwochs geschlossen.
Betriebsurlaub: Drei Wochen im Juli und drei im November.
Gedecke: 32
Preise: € 25–28 ohne Wein.
Keine Kreditkarten.
Seit nun schon über dreißig Jahren widmet sich Fiorella Pinzuti mit wahrer Liebe und Professionalität der Küche dieser kleinen Osteria, in der man gut daran tut, die klassischen, traditionellen Gerichte der Toskana zu bestellen: zu Beginn eine schöne Zusammenstellung von Vorspeisen, dann Suppen, hausgemachte Pasta, gegrillten Pecorino und Lammkotelett. Dazu toskanische Weine, aber auch aus anderen Gegenden Italiens.

La Porta
località Monticchiello
via del Piano, 1
Tel. 0578 755163
Donnerstags geschlossen.
Betriebsurlaub: in der zweiten Novemberhälfte.
Gedecke: 25 plus 30 im Freien.
Preise: € 20 ohne Wein.
Kreditkarten: Visa, CartaSi.
Dieses Lokal wird ebenso kompetent wie hingebungsvoll von Daria Cappelli geführt. Das Ambiente ist einladend und familiär, die Einrichtung toskanisch rustikal. Im Sommer können Sie auf der schönen Terrasse speisen. Die Gerichte sind schmackhaft, von den hausgemachten Nudeln (pici, Gnocchi und Ravioli) bis zu den klassischen toskanischen Suppen: Bohnensuppe (ribollita), Tomatensuppe (pappa al pomodoro), Dinkel- oder Kichererbsensuppe und natürlich die panzanella, ein Brotsalat mit Sardellen, Zwiebeln und Tomatenstückchen. Als Hauptspeise empfehlen wir insbesondere das gefüllte Kaninchen, die Kutteln und die Leber. Während der Saison gibt es auch Gerichte mit Trüffeln und Pilzen. Hervorragende Auswahl an Weinen, vor allem aus den angrenzenden Weingebieten, die auch im Glas serviert werden.

Taverna di Moranda
località Monticchiello
via di Mezzo, 17
Tel. 0578 755050
Montags geschlossen.
Betriebsurlaub: 15. Januar bis 10. Februar.
Gedecke: 40
Preise: € 33 ohne Wein.
Kreditkarten AE, Visa, CartaSi.
In gemütlichem, einladendem Ambiente erfindet Françoise die toskanische Küche auf geniale Weise neu. Für Gäste, die wirklich an dem interessiert sind, was sie essen, könnte das Essen hier zu einem der leckersten kulinarischen Erlebnisse in der Gegend werden. Einige von zahlreichen Spezialitäten: crostata di pecorino e prosciutto, pici mit Tomatensauce, gefüllte Tauben, und zum Dessert marchesa al cioccolato.

Ein Aperitif, eine Kleinigkeit zu essen

Osteria Sette di Vino
piazza di Spagna, 1
Tel. 0578 749092
Ein kleines Lokal, das Geist und Angebot einer Osteria von einst wieder belebt. Im Sommer kann man draußen sitzen, auf einer etwas abseits liegenden Piazza, und die leckeren warmen und kalten Häppchen genießen: Röstbrot und kleine Bruschette, warme Bohnen und Kichererbsen, gegrillten Pecorino, begleitet von einem rustikalen Wein aus der Gegend.

Einkaufen

Käse und Wurstwaren

La Cornucopia
Emporio delle Fattorie
piazza Martiri della Libertà, 2
Tel. 0578 748150
Das «Füllhorn», vor nunmehr 30 Jahren von Alberto und Mara Del Buono gegründet, bietet eine schöne Auswahl an qualitativ hochwertigen Weinen und Lebensmitteln. Es gibt Weine aus den besten Anbaugebieten Italiens, hervorragende Pasta (von Martelli oder Latini), Spirituosen und allerlei Käsesorten, Wurstwaren und in Öl eingelegtes Gemüse, Pasta- und andere Saucen. Wer will, kann auch per Internet bestellen: www.emporiofattorie.com.

Caseificio Silvana Cugusi
strada statale 146 nach Pienza
Tel. 0578 757558
Täglich werden Ricotta und Raviggiolo frisch zubereitet, und natürlich gibt es auch den Pecorino aus Pienza in verschiedenen Reifegraden: jung, mittelalt, reif und als Riserva (ein mehrere Kilo schwerer Laib über lange Zeit in Asche gereift). Einkaufen kann man entweder in der Käserei selbst oder in Montepulciano im Geschäft La Pecorella, in der Via Gracciano nel Corso 31.

Marusco e Maria
corso Rossellino, 21
Tel. 0578 748222
Hier gibt es ein schönes Angebot an toskanischen, aber auch piemontesischen Weinen. Außerdem Öl, Wurstwaren und Käse von den besten Herstellern der Gegend.

Zazzeri
corso Rossellino, 6
Tel. 0578749145
Zur Auswahl steht eine reiche Palette kulinarischer Köstlichkeiten, die teilweise aus eigener Herstellung stammen. Die Produkte werden nicht nur direkt verkauft, sondern auch in alle Welt versandt. Informationen oder Bestellungen über die Homepage www.zazzeri pienza.com.

Wein

Enoteca di Ghino
via della Mura, 8
Tel. 0578 748057
Ghino Poggiolini beschäftigt sich seit Jahrzehnten mit Wein – eine Leidenschaft, die vor sechs Jahren zur Eröffnung dieser Enoteca führte. Hier können Sie Weine der besten italienischen Erzeuger kaufen und dazu auch einige französische oder australische Gewächse. Gut ist auch die Auswahl an Balsamico, Öl, Grappa, Cognac, Whisky und Rum. Regelmäßig finden themenorientierte Degustationen statt.

Kunsthandwerk

Osvaldo Colombini
corso Il Rossellino, 45
Tel. 0578 748771
Eine handwerklich betriebene Weberei, in der Sie Stoffe und Wäsche kaufen können.

Mario Biagiotti & figli
corso Rossellino, 67
Tel. 0578 748027
Die Eigentümer verfügen über jahrelange Erfahrung in der Bearbeitung von Schmiedeeisen, die Werkstatt liegt etwas außerhalb von Pienza.

Radicofani

Übernachtung

Agriturismo La Palazzina
località Le Vigne
Tel. 0578 55771
oder 0577 897133
Fax 0577 899009
Vier Sterne, 8 Zimmer mit Bad und Telefon.
Restaurant, Park.
Preise: € 53–63 pro Person inklusive Frühstück.
Eine traumhaft renovierte Jagdvilla aus dem 18. Jahrhundert lädt Sie zu einem Urlaub auf dem Land ein. Den Gästen steht ein Restaurant offen, das sich auf toskanische Rezepte aus dem Mittelalter spezialisiert hat. Bei der Zubereitung kommen nur die besten Zutaten in den Topf.

Restaurants

La Grotta
piazza Sant'Agata, 2
Tel. 0578 55866
Dienstags geschlossen.
Betriebsurlaub: eine Woche im Juni, eine im September.
Gedecke: 70
Preise: € 18 ohne Wein.
Alle Kreditkarten außer AE.
Die Räumlichkeiten haben eine alte Geschichte. Ursprünglich waren es die Stallungen eines Klosters aus dem 16. Jahrhundert. Seit 35 Jahren nun wird darin diese ländliche Trattoria geführt, die 1990 von den Schwestern Natalina und Giuseppina Rocchi übernommen wurde. Die Küche steht in toskanischer Tradition, mit hausgemachter Pasta, Wildgerichten und Pilzen, um nur einiges herauszugreifen. Dazu Weine aus der Gegend.

Einkaufen

Fleisch

Macelleria Sandi
via Magi, 5a
Tel. 0578 55993
In der Metzgerei von Sandro Porfirio, die in den Dreißigerjahren eröffnet wurde, können Sie neben hochwertigem Fleisch aus Zuchtbetrieben des Umlandes auch hervorragende hausgemachte Wurstwaren erstehen.

Käse

Cooperativa produttori latte Val d'Orcia
località Contignano
Tel. 0578 52012
Eine Genossenschaft, die 1964 von einigen Schäfern gegründet wurde. Heute aber wird hier die Milch von etwa 150 Betrieben im Val d'Orcia verarbeitet. Der Betrieb liegt etwas außer-

halb des Orts, an der Straße nach Montepulciano. Der Verkaufsraum befindet sich hinter der Käserei.

San Casciano dei Bagni

Übernachtung

Albergo Sette Querce
viale Manciati, 2
Tel. 0578 58174
Fax 0578 58172
E-Mail: settequerce@ftbcc.it
Drei Sterne, 9 Zimmer mit Bad, Telefon, TV, Klimaanlage.
Preise: EZ € 105–180, DZ € 125–200.
Das Hotel ist geschmackvoll eingerichtet. Die Zimmer sind einladend und romantisch und bieten allen Komfort.

Hotels mit Restaurant

Albergo ristorante La Fontanella
via Roma, 38
Tel. 0578 58300
Drei Sterne, 18 Zimmer mit Bad, Telefon, TV.
Restaurant, Parkplatz.
Preise: EZ € 40, DZ € 80.
Dieses Hotel liegt auf dem Weg zu den Thermen. Das Gebäude wirkt etwas anonym und verbirgt auf den ersten Blick seine Vorzüge: Die Zimmer sind zwar einfach, aber komfortabel ausgestattet, und das Restaurant ist wirklich gut, dank der außerordentlich talentierten Nila. Für eine vollständige Mahlzeit bezahlen Sie € 20–25 ohne Wein.

Agriturismo La Crocetta
località La Crocetta
Tel. 0578 58360
Drei Sterne, 8 Zimmer mit Bad und Telefon.
Restaurant, Garten, Parkplatz.
Preise: € 43 pro Person inklusive Frühstück.
Die Räumlichkeiten sind gepflegt, die Zimmer einfach und komfortabel, der Service flink und freundlich. Im Restaurant erwarten Sie bodenständige Gerichte, die fein zubereitet werden, dazu gibt es gute Weine.

Albergo Trattoria La Pace
frazione Celle sul Rigo
via Teatro, 5
Tel. 0578 53716
Zwei Sterne, 7 Zimmer (davon 6 mit Bad).
Restaurant, Parkplatz.
Preise: Halbpension € 43 pro Person.
Das La Pace verfügt über einfache und eher spartanisch eingerichtete Zimmer zu günstigen Preisen. In der Trattoria serviert man toskanische Küche, stets gibt es die hervorragenden, hausgemachten *pici* mit Knoblauchsauce und in Brühe gekochtes Fleisch, mit Tomaten geschmort und scharf gewürzt. Dazu Weine aus der Region und einige gute offene Tropfen von lokalen Erzeugern.

Agriturismo Il Poggio
frazione Celle sul Rigo
località Il Poggio
Tel. 0578 53748
Fax 0578 53587
E-Mail: ilpoggio@ftbcc.it
Fünf Sterne, 5 DZ, 31 Suiten, alle mit Bad, TV, Telefon, Klimaanlage, Minibar.
Restaurant, Parkplatz, Reitstall, Tennisplatz, zwei Swimmingpools.
Preise: € 75–85 pro Person mit Halbpension.
Dieser perfekt restaurierte Hof liegt mitten in der eindrucksvollen Landschaft der Crete Senesi und bietet einen entspannenden und komfortablen Aufenthalt. Im Zentrum steht das Gehöft mit dem Restaurant, in dem nach alten Rezepten gekocht wird. Probieren sie auch die Wurstwaren – das Fleisch stammt von Schweinen aus Freilandhaltung. Um einen kleinen bäuerlichen Innenhof sind die separaten Wohneinheiten gruppiert. Die Zimmer verfügen über jeglichen Komfort, daneben fehlt es nicht an Einrichtungen für verschiedene Sportarten, vom Bogenschießen über den Reitplatz und den Swimmingpool bis hin zum Tennisplatz. Herzlicher Empfang und prompter Service.

Restaurants

Ristorante Daniela
piazza Matteotti, 7
Tel. 0578 58041
Mittwochs geschlossen, im Sommer kein Ruhetag.
Betriebsurlaub: wechselnd.
Gedecke: 80 plus 60 im Freien.
Preise: € 25 ohne Wein.
Alle gängigen Kreditkarten.
Dieses Restaurant entstand 1998, aber es grenzt an eine Bar-Osteria, die von der Familie Boni bereits seit 1930 geführt wurde. Sowohl bei den Primi als auch bei den Hauptspeisen stehen das ganze Jahr über drei Grundgerichte zur Auswahl (die «Klassiker»). Das sonstige Angebot variiert je nach Saison. Wir empfehlen den Hausschinken als Vorspeise, dann die Bohnensuppe und die Ravioli mit Pecorino und Ricotta. Bei den Hauptspeisen gefüllte Wachteln *(quaglie ripiene)*, Lammfrikassee mit Artischocken und Ente mit Gemüse je nach Saison. Lassen Sie etwas Platz für das hervorragende Eis des Hauses! Gut sortierte Weinkarte.

SAN GIOVANNI D'ASSO

Restaurants

Ristorante della Grancia
località Montisi
via Umberto I, 3
Tel. 0577 845159
Dienstags geschlossen.
Ganzjährig geöffnet.
Gedecke: 50
Preise: € 15–18 ohne Wein.
Alle gängigen Kreditkarten.
Hier erwartet Sie eine gute Auswahl an toskanischen Suppen (Dinkel-, Brennnessel- und Bohnensuppe) sowie andere typische Gerichte der Region, wie zum Beispiel Kutteln und Wurst mit Bohnen, dazu Weine aus der Gegend. Abschließend gibt es Pinolata (kleine, mit Schokolade überzogene Hefeteigkugeln) oder Mandelkekse mit Vin Santo.

Ein Kaffee, eine Kleinigkeit zu essen

Bar alimentari Giannetti
località Lucignano d'Asso
Tel. 0577 803109
Der typische alte Laden auf dem Land, der als öffentliche Telefonstelle fungiert, ein bisschen von allem verkauft und spezialisiert ist auf kalte Gerichte mit Käse und Wurst. Gegessen wird in dem kleinen schönen Raum drinnen oder draußen unter einer Pergola mit einem wirklich unbezahlbaren Panorama.

Einkaufen

Käse

Le Vergelle
località Vergelle
Tel. 0577 834046
Vor etwa vierzig Jahren ist die Familie Cosseddu aus Sardinien in dieses Gebiet mit seinen großen Weideflächen gezogen. Hier hat sich Giovanni der Schafzucht gewidmet und 1990, auf Drängen seiner Kinder, beschlossen, die Milch selbst zu Käse zu verarbeiten. Heute gibt es Pecorino der Crete Senesi verschiedener Art: frisch, reif, mittelalt mit Tomate, mit Pfeffer, mit Paprika, mit Nüssen, mit Kräutern, mit Trüffeln oder in Kräuteröl eingelegt.

Öl

La Romita Antica Fattoria
località Montisi
via Umberto I, 144
Tel. 0577 845186
Dieser Betrieb hat sein Bio-Öl zum Aushängeschild gemacht. Hergestellt wird es in Verschnitten der verschiedenen Olivensorten wie Correggiolo, Moraiolo, Leccino und Felciaio, verkauft wird es dann mit einem Hinweis auf den Zeitpunkt der Pressung: Das Öl vom Oktober ist bitterer, das vom Dezember milder. Die Familie Bindi (Carlo Alberto ist der Ölexperte und Sommelier) leitet auch ein gutes Restaurant, in dem alte Rezepte in der Tradition der Etrusker und der Renaissance wieder entdeckt werden. Sie können hier auch Urlaub auf dem Land machen, die Appartements sind einladend und komfortabel. Weitere Informationen finden Sie unter: www.romita.it.

Kunsthandwerk

Terrecotte Artistiche Senesi
località Ampella
Tel. 0577 803000
Hier finden Sie Blumenvasen in allen Formen sowie Krüge, die einst der Lagerung von Öl dienten: handwerklich hergestellte Terrakotta-Produkte, der Vergangenheit gleichermaßen wie der Zukunft verbunden.

SAN QUIRICO D'ORCIA

Übernachtung

Hotel Residence Casanova
località Casanova
strada statale, 146
Tel. 0577 898177
Fax 0577 898190
E-Mail: casanova.h.r@libero.it
Drei Sterne, 72 Zimmer mit Bad, TV, Telefon, Klimaanlage. Restaurant, Swimmingpool, Fitness-Center, Parkplatz.
Preise: Halbpension
EZ € 88–103, DZ € 65–88, Suiten € 73–93.
Dieses neue und komfortable Hotel liegt etwas außerhalb von San Quirico, an der Straße nach Pienza. Es gibt ein Restaurant (€ 20–23 ohne Wein) und einen Swimmingpool.

Hotel Le Terme
località Bagno Vignoni
Tel. 0577 887150
Fax 0577 887497
E-Mail: info@albergoleterme.it
Drei Sterne, 35 Zimmer mit Klimaanlage, Satelliten-TV, Telefon.
Restaurant, Bar.
Preise: EZ € 38–40,
DZ € 65–70.
Ein Hotel in Familienbesitz mit Blick auf das historische Becken der Therme. Besonders angenehm ist das typisch toskanische Restaurant, das nicht nur Hotelgästen offen steht. Es bietet eine ordentliche Auswahl an Weinen der Gegend. Wünschen Sie Halb- oder Vollpension, so müssen Sie mindestens zwei Nächte bleiben.

Hotel Posta Marcucci
località Bagno Vignoni
via Ara Urcea, 43
Tel. 0577 887112
Fax 0577 887119
E-Mail: info@hotelpostamarcucci.it
Drei Sterne, 46 Zimmer mit Bad, Satelliten-TV, Telefon. Restaurant, Swimmingpool, Konferenzsaal, Sport- und Tennisplatz, Parkplatz.
Preise: EZ € 47–57,
DZ € 94–114.
Ein historisches Hotel mit einem herrlichen Thermalbad. Die Zimmer sind funktional ausgestattet, schön ist auch die Terrasse vor dem Hotel, auf der man im Sommer im Freien essen kann. Im Hotel kann man typische toskanische Produkte kaufen. Weiterführende Informationen unter: www.hotelpostamarcucci.it.

Locanda del Loggiato
località Bagno Vignoni
piazza del Moretto, 30
Tel. 0577 888925
E-Mail: locanda@loggiato.it
8 Zimmer mit Bad, Klimaanlage.
Preise: EZ € 75–100,
DZ € 100–125 inklusive Frühstück.
In dieser Herberge herrscht eine angenehme Atmosphäre, vier motivierte junge Männer leiten sie mit Herz und Hingabe. Die Gemeinschaftsräume sind einladend und entspannend, die Zimmer komfortabel und gemütlich. Hervorragendes Frühstück.

Agriturismo Il Rigo
località Casabianca
Tel. 0577 897575
oder 0577 897291
Fax 0577 898236
E-Mail: ilrigo@iol.it
13 Zimmer mit Bad.
Restaurant, Parkplatz.
Preise: € 40 pro Person inklusive Frühstück, € 58 pro Person mit Frühstück und Abendessen. Dieser Hof liegt mitten auf dem Land, zwischen San Quirico und Pienza. Abends gibt es eine ausgezeichnete kreative Küche mit Zutaten aus der eigenen Landwirtschaft, die Ihnen Lorenza und Vittorio Cipolla zubereiten. Die Atmosphäre ist angenehm und freundlich. Weiterführende Informationen finden Sie unter: www.agriturismoilrigo.com.

RESTAURANTS

Al vecchio forno
via Piazzola, 8
Tel. 0577 897380
Mittwochs geschlossen.
Betriebsurlaub: im Januar.
Gedecke: 60
Preise: € 20 ohne Wein.
Keine Kreditkarten.
Dieses Restaurant existiert seit 25 Jahren, seit sechs Jahren wird es von Roberto Genovese geführt. Rustikales Ambiente und ein wunderschöner Garten, in dem man im Sommer essen kann. Viele Gerichte mit Gemüse und Wildbret stehen auf der Karte, daneben hausgemachte frische Pasta. Der Weinkeller bietet eine reiche Auswahl auch an Weinen aus anderen Regionen.

Osteria del Leone
località Bagno Vignoni
Tel. 0577 887300
Montags geschlossen.
Betriebsurlaub: Zwei Wochen im Januar und zwei Wochen im November.
Gedecke: 60
Preise: € 28 ohne Wein.
Alle Kreditkarten.
Diese historische Osteria wurde gerade erst renoviert und von einem neuen Pächter übernommen. Nun findet sie wieder Anklang bei den Feinschmeckern der Gegend.

Il Loggiato
località Bagno Vignoni
Tel. 0577 887174
Geöffnet von Freitagabend bis einschließlich Sonntag.
Betriebsurlaub: wechselnd.
Gedecke: 40
Preise: € 15–18 ohne Wein.
Kreditkarten: Visa, Mastercard.
Eine kleine Weinstube ganz aus Stein, die vor einigen Jahren von vier jungen Männern eröffnet wurde. Es stehen gute kalte Gerichte auf der Karte, aber auch warme, eher traditionelle Speisen. Neben einer breiten Auswahl an toskanischen Weinen ist auch der eine oder andere Tropfen aus anderen italienischen Regionen geboten.

Il Tinaio
via Dante Alighieri, 35a
Tel. 0577 898347
Donnerstags geschlossen.
Betriebsurlaub: im Februar.
Gedecke: 60
Preise: € 18–20 ohne Wein.
Kreditkarten: Visa, Mastercard.
Die reizvollen Räumlichkeiten des Restaurants gehörten früher zum Gärkeller der Fattoria Chigi aus dem 17. Jahrhundert. Typisch toskanische Küche. Wir empfehlen besonders die hausgemachte frische Pasta (herausragend die *pici* mit Brotbröseln) und die Wildgerichte. Ans Restaurant angeschlossen ist eine Enoteca, wo Sie die besten toskanischen Weine degustieren und kaufen können.

EIN KAFFEE, EIN APERITIF

Bar caffè Italiano
via Dante Alighieri, 37a
Tel. 0577 897501
Die vor der Stiftskirche gelegene Bar nahm in den Zwanzigerjahren ihren Betrieb auf. Es wur-

den seither Modernisierungen durchgeführt, und so ist sie heute in zwei Räume unterteilt: In dem einen, der im alten Stil eingerichtet ist, gibt es eine Enoteca, wo Sie degustieren und regionale Produkte kaufen können, im anderen, moderneren Raum befindet sich die eigentliche Bar mit zwei Terrassen, eine geht zum Garten hinaus, die andere zur Straße.

Einkaufen

Feinkost

Panificio Adriano Caselli
via Canneti, 39
Tel. 0577 898097
Die etwas außerhalb der Porta Nuova gelegene Bäckerei stellt das absolut beste Brot der Gegend her.

Panificio Le delizie del Corso
via Dante Alighieri, 83
Tel. 0577 898156
Samstags gibt es hier köstliche Ravioli, und immer *ricciarelli*, das typische weiche Mandelgebäck.

Öl

Azienda agricola Malintoppo
località Malintoppo
via del Poggio, 19
Tel. 0577 897524
Den Hof der Familie Simonelli gibt es schon über hundert Jahre. In der Steinmühle werden Oliven der Sorten Coreggiolo und Oriolo gemahlen. Es werden im Jahr etwa dreißig Doppelzentner ausgezeichnetes Olivenöl gewonnen, das nach traditioneller Methode kalt gepresst wird.

Azienda agricola Riguardino
via Dante Alighieri, 68
Tel. 0577 897562
Der Betrieb mitten in den Wäldern des Val d'Orcia hat zwei Gehöfte, Riguardino und Colle Sant'Alfredo, wo man Urlaub auf dem Land machen kann. Dort und auch in den Geschäften und Restaurants der Gegend können Sie das feine Olivenöl verkosten und erwerben, das in der Mühle des Ortes kalt gepresst wird.

Regionale Produkte

Alimentari Ines Fe
via Dante Alighieri, 28
Tel. 0577 898040

Non solo latte
via Dante Alighieri, 51
Tel. 0577 898142

Möbel

Gaia
via Cassia, 29
Tel. 0577 897525 oder 0577 898270
Eine gute Adresse für Fans von schmiedeeisernen Möbeln, allesamt handwerklich hergestellt. Der Schwerpunkt liegt auf Gartenmöbeln.

Sarteano

Übernachtung

Residenza Santa Chiara
piazza Santa Chiara, 30
Tel. 0578 265412
Fax 0578 266894
Drei Sterne, 7 Zimmer mit Bad. Restaurant, Garten.
Preise: DZ € 115 inklusive Frühstück, Suite € 140.
In einem ehemaligen Kloster aus dem 16. Jahrhundert wurde dieses Hotel eingerichtet. Tiefer Friede und eine herrliche Aussicht machen seinen Reiz aus. Die Schlichtheit der Zimmer erlaubt einen Aufenthalt im Einklang mit der Landschaft, und auch das Restaurant verdient Erwähnung. Probieren sollten Sie die Ravioli mit Löwenzahn und Borretsch, die Tortelli mit einer Füllung aus zarten Artischockentrieben, und als Hauptspeise dann Perlhuhn oder Kaninchen. Gute Weinkarte.

Relais Club Le Anfore
via di Chiusi, 30
Tel. 0578 265871
Fax 0578 265969
Drei Sterne, 3 Suiten, 7 Zimmer mit Bad, Telefon, TV, Minibar. Restaurant, Parkplatz, Tennisplatz, Swimmingpool, Solarium.
Preise: EZ € 50–55,
DZ € 70–80, Suiten € 90–110 inklusive Frühstück.
Die Räumlichkeiten in diesem restaurierten Gehöft sind elegant und einladend, und die antiken Möbel in den Zimmern verbreiten wohlige Behaglichkeit. Für alle, die sich nicht nur ausruhen wollen, ist so mancherlei geboten: Tischtennis, Tennis, Schwimmbad, Bogenschießen, Mountainbikes. Im Restaurant (nur für Hotelgäste) erwartet Sie die bodenständige Küche der Toskana.

Restaurants

Osteria da Gagliano
via Roma, 5
Tel. 0578 268022
Dienstags geschlossen.
Betriebsurlaub: im Winter, wechselnd.
Gedecke: 20
Preise: € 18–20 ohne Wein.
Keine Kreditkarten.
Das kleine, sympathische Lokal mitten in der Altstadt ist ein Familienbetrieb. Als Primo empfehlen wir die köstlichen Gnoc-

chi, die es immer donnerstags gibt, Nudeln auf traditionelle Art und die Suppe mit Kichererbsen und Steinpilzen. Im Sommer gibt es leckeres gefülltes Gemüse, im Winter ausgezeichnete Kutteln. Hervorragend auch das Kaninchen nach Bäuerinart und der gebratene Schweinenacken *(capocollo al forno)*.

Seggiano

Hotels mit Restaurant

Albergo ristorante Silene
località Pescina
Tel. 0564 950805
Montags geschlossen.
Betriebsurlaub: 7. Januar bis 10. Februar.
Gedecke: 100
Preise: € 28 ohne Wein.
Alle Kreditkarten.
Eine hübsche Herberge mit sieben Zimmern für alle, die nach einem hervorragenden Essen nicht mehr fahren möchten. Roberto Rossi führt diese ruhmreiche Hochburg guter Küche auch nach dem frühen Tod seines Teilhabers Maurizio Landi weiter, dem Sohn der legendären Silene. Es gibt vor allem Produkte der Amiata: Pilze, wilden Spargel, Weiß- und Sommertrüffeln. Robertos Steckenpferd sind die Nachspeisen: Crêpes aus Kastanienmehl mit einer Füllung aus Ricotta und Rosinen, mit warmer Schokoladensauce übergossen; oder die «Winterrose» *(la Rosa d'inverno)* aus knusprigem Blätterteig mit einer Apfelfüllung. Erlesen die Weinkarte. Schnörkelloses Ambiente mit hölzernen Decken und Böden und schöner Tischwäsche.

Antica Tenuta Le Casacce
località Casacce, 2
Tel. 0564 950895
8 voll eingerichtete Appartements, ausgestattet mit Kamin und eigener Heizung, Telefon, Satelliten-TV, Wasch- und Spülmaschine.
Restaurant, Swimmingpool, Boccia-Platz, Organisation von Ausflügen, Vermietung von Mountainbikes.
Preise: Appartements € 400–1050 pro Woche, einschließlich Wäschewechsel, wöchentlicher Reinigung, Licht, Gas, Kaminholz, Benutzung des Pools und des Boccia-Platzes. Alle Kreditkarten außer AE.
Fährt man von Montalcino nach Seggiano, sieht man rechts den Wegweiser zu diesem wunderschönen Bauernhof mit Blick auf das Val d'Orcia. Auf den über 200 Hektar Grund wird Olivenöl aus der Sorte Olivastra Seggianese gewonnen, außerdem umfasst der Grund ein Jagdrevier und die Aufzucht von halbwild lebenden Rindern. Die Produkte können Sie im Verkaufsraum des Betriebs erwerben. Im Bauernhof und den anliegenden Gebäuden sind acht unterschiedlich große Appartements untergebracht. Die Pasta ist hausgemacht, es gibt hervorragendes Wildbret und Fleisch aus eigener Aufzucht.

Restaurants

La Scottiglia
località Pescina
Tel. 0564 950993
Mittwochs geschlossen.
Betriebsurlaub: im November.
Gedecke: 250
Preise: € 18–20 ohne Wein.
Alle Kreditkarten.

Eines der langlebigsten Restaurants dieser Gegend – es wird bereits in der fünften Generation geführt. Auch wenn es sehr groß ist, bleibt das Ambiente doch familiär, aus der Küche kommt traditionelle Hausmannskost nach toskanischer Art – wie zum Beispiel die *scottiglia*, die auch dem Restaurant seinen Namen gab, eine dicke Brotsuppe mit diversen klein geschnittenen Fleischstücken, das Ganze leicht scharf. Hausgemachte frische Pasta.

Einkaufen

Käse

Caseificio Seggiano
viale Trento e Trieste, 50
Tel. 0564 950991
oder 0564 950459
Die Cousins Gabriele Fabbri und Roberto Governi haben diese Käserei wieder eröffnet, nachdem sie zehn Jahre lang geschlossen war. Es gibt Käse verschiedener Reifegrade aus der Milch von Schäfern, die ihre Herden auf den Hängen des Amiata weiden lassen. Exzellent sind der Marzolino («Märzkäse»), der mittelalte und der reife Pecorino.

Öl

Frantoio Tosco Amiatino
viale Armando Diaz, 1
Tel. 0564 950580
oder 0564 950938
Früher gab es in Seggiano 14 Mühlen, heute sind es nur noch zwei. Das Olivenöl aus dem Frantoio Amiatino ist leicht und fein, es wird aus den kleinen Seggiano-Oliven gewonnen, die von Hand gepflückt und in der traditionellen Steinmühle gemahlen und anschließend kalt

gepresst werden. Kaufen können Sie es im Lebensmittelladen der Familie, ein paar Schritte von der Mühle entfernt.

TREQUANDA

HOTELS MIT RESTAURANT

Azienda agraria La Selva
località La Selva, 16
Tel. 0577 662017
oder 0577 47833
Drei Sterne, 14 Appartements mit Bad.
Restaurant, Garten.
Preise: € 75 pro Person.
Dieser Hof liegt an der Straße von Trequanda nach Asciano. Sie können in einem der 14 gemütlichen und ruhigen Appartements übernachten, oder aber das ausgezeichnete Olivenöl kaufen, das hier hergestellt wird.

La Fattoria del Colle
località Il Colle
Tel. 0577 662108
Fax 0577 662202
E-Mail: holiday@cinellicolombini.it
Fünf Sterne, 2 Zimmer, 19 Appartements mit Bad.
Restaurant, Parkplatz, drei Schwimmbecken, Tennisplatz.
Preise: Appartement für 4 Personen € 475–850 pro Woche, DZ € 80–85.
Es ist fast schon ein kleines Dorf, was da zwischen Weinbergen und Olivenhainen liegt: Eine große Villa aus dem 16. Jahrhundert, eine Kapelle, ein Brunnen, eine Osteria – in der etwa 40 regionale Gerichte im Wechsel angeboten werden. Im alten Weinkeller können die hochwertigen Weine und das Öl verkostet und er-

worben werden. Der Hof verfügt neben einigen historischen Zimmern über 19 Appartements, das kleinste mit zwei Betten, das größte mit 14. Eingerichtet sind sie rustikal, mit Möbeln aus toskanischem Massivholz. Das ganze Jahr über gibt es kulturelle und kulinarische Veranstaltungen unter der Leitung der Inhaberin Donatella Cinelli Colombini. Informationen unter: www.cinellicolombini.it.

Casal Mustia
località Castelmuzio
piazza della Pieve, 3
Tel. 0577 665310
Drei Sterne, 7 Zimmer mit Bad.
Gartenrestaurant.
Preise: EZ € 45,
DZ € 60 inklusive Frühstück.
Eine Bar für jeden Anlass, ein Treffpunkt in dem kleinen Dorf aus dem 9. Jahrhundert, im ersten Stock gibt es ein kleines Restaurant, in dem Sie die unverfälschten Gerichte von Evio genießen können (€ 18 ohne Wein). Im obersten Stock gibt es auch Zimmer zum Übernachten, mit Möbeln aus dem frühen 20. Jahrhundert.

RESTAURANTS

Il Conte Matto
via Maresca, 7
Tel. und Fax 0577 662079
Dienstags geschlossen.
Betriebsurlaub: im Januar und eine Woche im November.
Gedecke: 85
Preise: € 20–30.
Alle Kreditkarten.
Hier erwartet Sie die typisch toskanische Küche, mit klassischer hausgemachter Pasta (*pici* und Pappardelle) mit Entenfleisch- oder Wildschweinsauce,

und danach gegrilltes Fleisch. Während der Saison gibt es Schwarz- oder Weißtrüffeln. Einen Stock tiefer können Sie in einer kleinen Enoteca toskanische Lebensmittel und Weine erwerben.

EINKAUFEN

FLEISCH

Macelleria Ricci
via Traversa dei Monti, 4
Tel. 0577 662252
Hier gibt es Rind- und Schweinefleisch aus dem Chianatal von Tieren, die in freier Natur aufwachsen, Pecorino auch aus Rohmilch, Wein und andere biologische Produkte, alles in bester Qualität und fast alles aus dem Betrieb des Cariplo-Guts. Der *conte matto*, der verrückte Graf also, nach dem das Restaurant des Ortes benannt wurde, hinterließ bei seinem Tod einen Berg Schulden. Das Kreditinstitut Cariplo übernahm als Gegenleistung den gräflichen Besitz in dieser Gegend.

KÄSE UND WURSTWAREN

Fattoria Belsedere
Località Belsedere, 222
Tel. 0577 662307
Ein Bio-Betrieb, 1988 gegründet und geführt von der Familie De Gori. Das Schweinefleisch von frei laufenden Tieren wird zur Herstellung von roher Salami, Finocchiona und Würstchen verwendet, außerdem werden Schinken und Schweinekamm zur Reifung eingelagert. Auch der Pecorino wird aus der Milch der eigenen Schafherde gewonnen. Es gibt einen Direktverkauf, aber auch einen Laden für alle Kunden, und zwar in Siena, Via Camomilla 25, Tel. 0577 47090.

Azienda agricola San Polo
località San Polo, 1
Tel. 0577 665321
Dieser Bauernhof gehört der Familie Armellini. Er liegt einige Kilometer vom Ortskern von Pienza entfernt, mitten in den Crete Senesi. Hier werden etwa 900 frei laufende Schafe gehalten, deren Milch zur Herstellung von drei verschiedenen Pecorino-Sorten verwendet wird: reif, mittelalt und frisch (auch in der Qualität Centomuffe). Gut ist auch die gesalzene Ricotta. Alle Produkte werden direkt verkauft. Optimales Preis-Leistungs-Verhältnis.

Öl

Il Lecceto Cooperativo Olivicoltori Associati
località Castelmuzio
via della Trove
Tel. 0577 665358
Fax 0577 6665117
1984 hat eine Gruppe von kleinen Olivenbauern aus der Gegend von Trequanda und San Giovanni d'Asso diese Genossenschaft ins Leben gerufen, um die eigenen Produkte zu verbessern und aufzuwerten. Etwa 60 Betriebe sind angeschlossen, jeder einzelne bestellt seine eigenen Olivenhaine mit den Sorten Frantoio, Moraiolo und Leccino. Das Öl wird mit zwei Etiketten abgefüllt: eines als IGP Toscana unter dem Namen «Olio di Podere», das andere als IGP Toscana biologico.

Brot und Gebäck

**Forno Pasticceria
di Roberto e Cinzia Mancini**
via Diaccetto, 16
Tel. 0577 662288
Roberto und Cinzia Mancini backen im Holzofen täglich toskanisches, leicht gesalzenes Brot sowie streng naturbelassene Grissini ohne Zusätze. Beim süßen Gebäck können Sie wählen zwischen Mandelkeksen (*ricciarelli*), Kringeln mit Zuckerguss (*taralucci*) und mit Hagelzucker bestreuten Napfkuchen (*ciambellini*).

Kunsthandwerk

Die nachfolgenden Adressen empfehlen wir aufgrund ihrer Auswahl an traditionellen, für die Crete Senesi typischen Terrakotta-Vasen.

Maurizio Benocci
frazione Petroio
via delle Scalelle, 1
Tel. 0577 685218

F.A.T.A.P.
frazione Petroio
località Madonnino dei Monti
Tel. 0577 665011

FA.PA.
frazione Petroio
località Madonnino dei Monti
Tel. 0577 665281

Marrangoni
frazione Petroio
località Madonnino dei Monti
Tel. 0577 665004

Manifattura Terrecotte Raffaelli
frazione Petroio
località Madonnino dei Monti
Tel. 0577 665262

Verzeichnis der Orte

Abbadia San Salvatore
  46, 48, 50
Asciano 96

Bagni San Filippo
  53, 54, 56–57
Buonconvento 37–38

Campiglia d'Orcia 53
Casteldelpiano 51
Castelmuzio 86
Castelnuovo dell'Abate 41
Castiglioncello del Trinoro 131
Castiglione d'Orcia 53, 57–58
Celle di Rigo 123
Cetona 120–122
Chianciano Terme 114
Contignano 130

La Foce 128, 131
Lucignano d'Asso 82–83

Montalcino 23–36
Montefollonico
  92, 97, 111–112
Montepulciano
  99–109, 111, 113
Monte Oliveto Maggiore 85, 87
Monticchiello 68, 71–72

Montisi 88–89
Murlo 34

Palazzone 122–123
Pescina 46
Petroio 86
Piancastagnaio 51–53
Pienza 67–69, 71–72,
  73–76, 77, 80, 113

Radicofani
  127, 129–130
Rocca d'Orcia 58, 59

San Casciano dei Bagni
  115–117, 122–123
San Giovanni d'Asso
  84, 85, 90–92
San Quirico d'Orcia 32–33,
  57, 58, 60–61, 77, 79
Sant'Angelo in Colle 35
Sant'Antimo
  30–31, 36, 39–41
Sarteano 114, 119–120
Seggiano 41–45, 49

Trequanda 92–94

Vivo d'Orcia 49